자기실현의 동력으로서의

욕망

자기실현의 동력으로서의

욕망

고려대 철학연구소 지음

KSI 한국학술정보(주)

머리말

인간은 항상 무엇인가를 원하고-바라고-추구하며 살아간다. 원하고-바라고-추구하는 일이 성취되지 못할 때 인간은 고통스러워하며 스스로를 불행하다고 여기지만, 원하고-바라고-추구하는 일을 그만두어버린다면 인간의 삶은 전원이 고갈된 시계처럼 동력을 잃고 그 자리에 멈춰 서게 될 것이다. 욕망이 충족되지 못하는 삶도 불행하지만, 과도한 욕망은 오히려 인간을 상대적 궁핍과 결핍감으로 몰아넣으며, 다른 한편으로 아예 욕망자체가 결여된 삶은 인간을 무기력과 권태에 빠지게 한다. '잘 살기'(well-being) 위해서는 욕망에 대한 심층적인 성찰과 균형 잡힌 사유가 필요한 이유가 바로 여기에 있다.

현대사회를 특징짓는 뚜렷한 징표 중의 하나는 '욕망의 과잉'이다. 가시성 · 효율성 · 물신성으로 대변되는 자본주의 체계는 질적인 행복을 양적 풍요로 대체하면서 인간을 '사물화'(Verdinglichung)의 길로 내몬다. 효율성에 대한 숭배와 물질에 대한 욕망은 한 개인의 힘으로 거부하거나 전복시킬 수 없는 거대한 문명사적 흐름이다. 동일성의 잣대와 정량화된 기준으로는 재단할 수 없는 '삶'(Lebens)의 고유한 영역들이 동일성의 잣대에 의해 재단되고 억압받는 데서 현대인의 비극은 탄생된다. 비극적 상황에서 벗어나기 위해서는, 깊은 산 중의 미로에서 탈출하는 일과 마찬가지로, 일단 지형도를 확보하는 일이 필요하다. 이 책은 바로 과잉 욕망의 덫에서 벗어나기 위해 개념적 지형도를 그려보려는 작업의 일환이다.

원하고-바라고-추구하는 인간의 행위(및 심적 상태)에 관한 진술은 동・서양을 막론하고 처음에는 동사어로 표기되었지만, 인류 지성사의 전개와 더불어 이러한 단어들은 차츰 명사화되고 추상화됨으로써 다양한 철학적 담론으로 자라나게 되었다. 한자어의 원망(願望)・욕구(欲求)・욕망(慾望) 등도 그렇지만, 영어의 desire・want・demand・need, 불어의 désir・besoin・souhait・voeu, 그리고 독어의 Begierde・Wunsch・Trieb 등의 단어는 모두 원하고・바라고・추구하는 인간의 행위(및 심적 상태)를 지시하는 명사어들이다. 각기 다른 시기에 서로 다른 문화권에서 생겨난 다양한 '욕망' 관련 어휘들을 하나의 번역어로 통일하는 일은 애당초 가능하지 않은 일이다. 각각의 어휘들이 사용되는 언어적 맥락에 따라 어감이 달라지기도 하지만, 개별 철학자들이 바탕에 깔고 있는 철학적 전제와 논의의 맥락에 따라 각 어휘들은 제각기 고유한 의미를 발휘하기 때문이다. 통약불가능성(incommensurability)이라는 난관에도 불구하고 과거와 현재 그리고 동양과 서양의 대화는 지속되지 않으면 안 된다. 형이상학적 믿음이 붕괴되고 인식론적 확실성이 사라진 현 시점에서 그나마 철학이 인류에게 기여할 수 있는 유일한 작업은 대화이기 때문이다.

이 책은 한국연구재단의 중점연구소 지원사업((KRF-2008-411-J04401)의 도움을 받아 지난 3년간 고려대 철학연구소에서 진행한 연구결과를 집성한 것이다. 총 3단계(9년)로 설계된 중점연구소 사업은 전체 방향을 '감성적 인간'(homo aestheticus)으로 설정하고, 제1단계에서는 '욕망하는 인간'(homo desiderance), 제2단계에서는 '느끼는 인간'(homo sentiens), 그리고 제3단계에서는 '기품있는 인간'(homo decorus)을 세부주제로 설정하고 연구를 진행 중이다. 도구적 합리성에 매몰된 '경제적 인간'(homo economicus)에서 탈피하여 새로운 시대를 열어갈 '감성적 인간'의 범형을 창출하는 것이 본 연구의 장기적인 목표이다. 이번에 펴내는 책은 제1단계 연구주제인 '욕망하는 인간'에 대한 지난 3년간의 연구결과를 모은 것이다. 누구나 욕망을 추구하며 살아가지만 정작 욕망에 관한 철학적 분석과 심도 있는 성찰은 찾아보기 어려운 것이 국내학계의 현실이며, 동양철학과 서양철학 간에 유의미한 의사소통이 이루어지기 어려운 것 또한 국내학계가 당면한 현실이다. 다행히 고려대 철학연구소에서는 동양철학과 서양철학 분야에서 일가견이 있는 우수한 연구자들을 초빙하여 공동연구를 진행할 수 있어서 모처럼 동·서를 횡단하고 과거와 현재를 아우르는 값진 결과물을 산출할 수 있었다. 그동안 함께 연구에 매진해준 연구자들에게 감사드리며, 앞으로 한층 수준 있는 연구로 그 결과물을 사회에 환원할 것을 약속드린다.

2011년 8월 1일

고려대학교 철학연구소 소장 이승환

| 목차 |

욕망하는 본성과 도덕적 본성의 융합
-茶山 丁若鏞의 嗜好說을 중심으로-

김형찬

1. 머리말
2. 理一分殊의 인간과 神形妙合의 인간
3. 욕망하는 본성과 도덕적 본성
4. 타고난 본성과 만들어진 덕성
5. 인간 마음의 삼중 구조와 욕망의 조절
6. 맺음말

1. 머리말

유학에 따르면, 세상에는 보편적인 도덕적 가치가 존재하며, 그러한 도덕적 가치를 인식하고 이를 실현할 방법을 체득한 성현들의 가르침에 따라 인간 개개인이 그 가치를 지향하는 삶을 살아가려고 노력함으로써 사회는 조화로운 질서를 유지하게 된다. 유학의 이러한 도덕적 이상사회론은 모든 사람이 그러한 삶을 지향할 수 있는 가능성을 가지고 있다는 것을 전제로 한다.

모든 인간은 순선하고 완전한 도덕적 본성을 타고나므로 그 본성이 왜곡 없이 드러나도록 노력해야 한다고 설파한 孟子뿐 아니라, 인간은 기본적으로 이기적이고 나태한 본성을 가지고 있다고 주장한 荀子조차도, 인간이 그러한 가능성을 가지고 있다는 점은 인정하였다. 다만, 荀子는 그 가능성을 구현하기 위해서는 맹자가 주장한 바와 같은 도덕적 성향에 의존하기보다 禮義와 法度를 통해 이기적이고 나태한 성향을 조절하는 것이 현실적인 방안이라고 주장하였다.

두 성향 중 어느 쪽을 더 본질적인 것으로 보느냐에 대해서는 견해차가 있을 수 있겠지만, 맹자가 말한 순선하고 완전한 도덕적 성향과 순자가 주장한 이기적이고 나태한 성향이 인간에게 병존한다는 것은 부정하기 어렵다. 그리고 어느 쪽을 인간의 보다 본질적인 성향으로 보든, 유학의 목표는 바로 이기적이고 나태한 성향을 제어하고 순선한 도덕적 성향을 일상적 삶에서 구현하는 데 있다.

주자학을 기반으로 한 조선성리학의 전통에서는 순선한 도덕적 본성이 온전하게 인간에게 주어져 있다는 맹자의 설이 心性論 관련 논의의 주된 기반이 되었다. 그러므로 조선성리학에서 공부 또는 수양의 방향은 본성의 순선·완전성에 대한 명확한 인식과 신뢰를 강조하거나 그러한 본성의 발현에 장애가 되는 요소를 제거하는 쪽으로 맞추어졌다. 四端과 七情을 善惡의 기준으로 선명하게 구분하고 未發공부를 강조했던 退溪 李滉의 理氣心性論과 修養論이 전자의 방식이라면, 氣質의 變化를 통해 본성 발현의 여건을 최적화해야 한다고 주장했던 栗谷 李珥의 경우는 상대적으로 후자에 해당한다. 물론 이들도 食色을 지향하는 이기적 욕망을 부정하지는 않았지만, 그것은 늘 中節 또는 時中의 원리에 따라 통제되어야 할 부차적인 것으로 여겨졌다. 논의의 초점은 늘 어떻게 하면 순선·완전한 도덕적 본성을 온전히 드러낼 것인가에 맞추어졌다.

茶山 丁若鏞의 嗜好說은 바로 이러한 성리학의 성선론적 본성론에 대한 근본적인 문제의식에 기초하고 있다. 그것은 조선성리학의 理氣心性論에서 부차적인 것으로 간주되어 온 인간의 이기적 욕망을 인간 본성의 일부로 인정하였다는 점에서 기존 논의의 틀을 벗어난 것이었다. 그럼에도 결국은 조선성리학이 지향해 온 도덕적 가

치를 당대의 현실 속에서 보다 효과적으로 실현할 방안을 모색한 것이라는 점에서는 유학 또는 성리학적 논의의 연장선상에 있다고 평가할 수 있다. 또한 기호설은 '性卽理'를 부정한다는 점에서는 그 기반이 되어 온 맹자의 성선설 역시 부정하였다고 볼 수 있지만, 그 嗜好가 결국 '선을 좋아하고 악을 미워하는 경향성'으로 규정된다는 점에서는 여전히 성선설의 맥락에 있다고 할 수 있다.[1]

기호설의 배경에는 18세기 말~19세기 초의 현실에 효과적으로 대응하지 못한 조선성리학에 대한 반성으로부터 비롯된, 조선성리학 심성론의 실효성에 대한 정약용의 문제의식이 있었던 것으로 보인다. 그는 특히 이기적 욕망의 현실적 힘에 대한 인식을 통해, 악을 원천적으로 배제한 성리학의 인성론에 대한 근본적인 비판과 재구성을 시도하였다. 본 논문에서는 이황·이이의 성리설과의 비교를 통해, 정약용이 이기적 욕망을 유학의 체계 속에서 어떻게 수용하여 도덕적 성향과 더불어 인간 본성으로 재규정하였는지 고찰하고, 나아가 그의 嗜好說이 조선유학의 心性論 연구에서 가지는 의미를 살피고자 한다.

1) 이와 같은 기호설의 양면성으로 인해 기호설의 어느 측면에 주목하느냐에 따라 평가도 달라진다. 윤사순은 기호설이 선악의 행위를 선택할 '자주의 권능'을 인간만의 독특한 능력으로 간주한다는 점을 긍정적으로 평가하는 데 반해, 이상익은 상제가 인간에게 선악을 선택할 수 있는 자주권을 주었다는 관점을 '인간에 대한 근원적 불신'의 입장으로 평가절하 하였다. 한편 백민정은 정약용이 자율적 주체의 선택을 강조하면서도 상제가 부여한 '天命之性'을 통해 性善의 문제를 다시금 역설하였다고 평가하였다. 이처럼 정약용의 기호설에 관한 기존의 논의들은 대체로 성리학의 성선론적 기반과 自主權에 대한 비교·평가가 주를 이룬다. 윤사순, 「정약용의 인간관」, 『정다산연구의 현황』, 민음사, 1985; 이상익, 「정약용 윤리 사상에 대한 주자학적 반론」, 『동방학지』119, 연세대 국학연구원, 2003; 백민정, 『정약용의 철학』, 이학사, 2007, 338~339쪽.

2. 理一分殊의 인간과 神形妙合의 인간

순선·완전한 도덕적 성향이 인간에게 본성으로 주어져 있다는 맹자의 인성론에 따를 경우 현실에서 드러나는 인간의 악한 성향 또는 비도덕적 행위는 본성의 불완전한 발현 또는 왜곡된 발출이라고 설명된다. 이것은 개체의 본성이 하늘의 명으로 주어진다는 『中庸』의 첫 구절 '天命之謂性'으로 뒷받침되고, 개체의 본성이 곧 보편적 이치와 일치한다는 성리학 핵심 명제 '性卽理'의 근거가 된다. 이러한 본성론에 따른다면 인간과 다른 존재들과의 차이는 순선·완전한 본성을 얼마나 온전하게 발현하는가에 따라 결정된다.

성리학에서는 유학의 전통적인 인간 중심적 관점에 근거하여 인간이 만물 중 가장 맑은 氣로 구성되었다는 이론을 제시하였고, 자연의 보편적 이치와 근본적으로 동일시되는 개체의 본성[性卽理]은 개체를 구성하는 氣의 淸濁粹駁에 따라 온전한 발현 여부가 결정된다는 점에서 인간은 도덕적 존재로서 최적의 조건을 갖추고 있다. 그럼에도 인간 본성은 氣中之理로서 氣 안에 놓여 있으므로 氣의

淸濁粹駁에 따라 그 발현 과정에서 장애를 받을 가능성이 있다. 이이가 氣發理乘一途說을 주장하면서 氣質의 변화를 위한 공부・수양을 역설한 것은 바로 濁駁한 氣質의 淨化를 통해 '性卽理'로서의 인간 본성을 온전히 드러낼 수 있다고 생각했기 때문이었다.

그러나 이러한 理同氣異의 설명 방식은 본성의 온전한 발현 여부가 실질적으로 氣에 의해 좌우되는 것으로 이해될 수 있다는 점에서 '理主氣從'이라는 理・氣의 역할을 전도시킬 우려가 있다. 이에 비해 程頤의 理一分殊說은 근원적 동일성과 현상적 다양성의 관계를 좀더 理 중심으로 이해할 수 있게 해 준다. 유일하고 보편적인 하나의 이치[理一]는 그 자체 내에 이미 현상적 다양성을 내포하고, 온갖 개체에 부여된 본성을 통해 드러나게 되는 현상적 다양성[分殊]은 순선・완전한 보편적 이치를 내포한다는 것이다. 이처럼 근원적 동일성과 현상적 다양성의 상호 내포 관계로 설명될 때 그러한 본성 이외의 氣質과 같은 것은 부차적인 것으로 간주될 수 있다. 이황이 사단과 칠정을 각각 理發과 氣發로 나눈 것은, 개체 내에 分殊된 본성이 온전하게 드러나는 이상적인 도덕적 감정을 나머지 감정과 선명하게 구분함으로써, 도덕적 감정 발현의 지향점을 명확히 하려는 것이었다. 이는 결국 인간이 인간인 이유는 바로 理一分殊로서의 본성을 온전히 발현하며 살아갈 수 있는가의 여부에 달려 있다고 보았기 때문이었다.

이에 비해 정약용은 인간 역시 생물이고 동물이라는 것을 전제로 하여 도덕적 분별력[義]을 인간의 특성으로 이해하였다.

물과 불은 氣는 있으나 생명[生]이 없고, 초목은 생명은 있으나 지각[知]이 없으며, 금수는 지각은 있으나 도덕적 분별력[義]이 없지만, 사람은 氣도 있고 생명도 있고 지각도 있으며 도덕적 분별력도 가지고 있다.[2)]

이것은 순자의 설을 따른 것으로서 '인간만이 도덕적 분별력[義]을 가지고 있으므로 천하에서 가장 고귀하다'는 뜻을 담고 있다.[3)] 이러한 관점이 理同氣異나 理一分殊에 근거한 본성론과 다른 점은 인간 역시 초목금수가 가진 氣, 생명, 지각을 가지고 있다는 점을 명시적으로 인정하면서 도덕적 분별력을 인간만의 특성으로 지적하였다는 사실이다. 이는 바로 도덕적 분별력을 인간만의 특성 또는 우월성으로 규정하는 한편, 그렇다고 해서 인간이 생물 또는 동물의 한 종으로서 가진 특성과 한계를 초월한 존재일 수는 없다는 의미를 내포한다.[4)]

理와 氣는 서로 떨어질 수도 없고 뒤섞일 수도 없다[理氣不相離·不相雜]는 것은 성리학 理氣論의 기본 원칙이지만, 조선성리학자들은 일반적으로 理主氣從의 역할 차이에 주목하며 논의의 초점을 理와 氣의 차별성에 맞추었다. 이로 인해 理氣心性論에서도 氣質보다는 性卽理로서의 본성에 더 주목하였고, 理와 氣가 二而一·一而二의 관계임을 강조했던 이이의 경우에도 이기심성론의 논

2) 丁若鏞, 「孟子要義」, 『與猶堂全書』, 282:126a(한국문집총간 제282권, 126쪽 상단 우측. 이후 '한국문집총간'의 인용은 이 형식을 따름). "荀子曰, 水火有氣而無生, 草木有生而無知, 禽獸有知而無義, 人有氣有生有知有義."

3) 『荀子』의 「王制篇-第九」에 있는 원문은 다음과 같다. "水火有氣而無生, 草木有生而無知, 禽獸有知而無義. 人有氣有生有知亦且有義, 故最爲天下貴也."

4) 정약용은 초목·금수와 다른 인간의 특성에 대해 "義" 대신 "靈明神妙之用"이나 "靈"·"善"이라는 용어를 사용하기도 한다. 하지만 그 내용은 "好德恥惡"의 성향이라는 점에서 순자가 말한 "義"와 같은 맥락에 있다. 丁若鏞, 「論語古今註」, 『與猶堂全書』, 282:340b. "凡天下有生有死之物, 止有三等. 草木有生而無知, 禽獸有知而無靈, 人之大體, 旣生旣知, 復有靈明神妙之用, 故含萬物而不漏, 推萬理而盡悟, 好德恥惡, 出於良知, 此其迥別於禽獸者也."; 「中庸講義補」, 『與猶堂全書』, 282:086a. "臣對曰, 性有三品, 草木之性, 有生而無覺, 禽獸之性, 旣生而又覺, 吾人之性, 旣生旣覺, 又靈又善. 上中下三級, 截然不同."

지는 부차적인 기질을 정화함으로써 理로서의 본성을 온전히 드러내야 한다는 데 있었다.[5)]

그러나 정약용은 인간이 근본적으로 정신적 요소와 물질적 요소의 미묘한 결합으로 구성된 존재라는 사실을 심성론 논의의 전제로 삼았다. 정약용은 이를 "神形妙合(정신과 신체의 미묘한 결합)"이라고 표현하였다.[6)] 이 관점에 따른다면, 설령 인간에게 정신적 요소인 본성이 완전한 것으로 주어져 있다고 가정할지라도, 인간이 살아가는 동안 물질적 요소인 신체는 끊임없는 변화의 과정을 거치게 된다는 것을 고려해야 한다. 정신적 본성은 妙合 관계에 있는 신체의 변화에 따른 영향을 고려하지 않을 수 없으며, 더욱이 인간의 몸은 食色의 욕망을 비롯하여 다양한 욕망에 흔들리기 쉬운 성향을 가지고 있다. 물론 정약용도 맹자의 설을 수용하여 정신적 요소인 神과 신체적 요소인 形을 각각 大體와 小體로 구분하였다는 점에서, 신체적 요소보다는 정신적 요소를 더 중시했다고 볼 수 있다.[7)] 하지만 그는 주로 신체로부터 비롯되는 이러한 욕망을 기존의 조선성리학자들처럼 선한 본성의 왜곡이나 불완전한 발현으로 간주한 것이 아니라 인간 본성의 일부로 인정하였다. 그는 本然之性과 氣質之性 또는 天命之性과 氣質之性에 대한 재규정을 통해 바로 이러한 욕망을 인간 본성에 포함시켜 설명하였다.

---

5) 이이의 氣質變化說에 관해서는 김형찬, 「氣質變化, 욕망의 정화를 위한 성리학적 기획: 栗谷 李珥의 心性修養論을 중심으로」, 『철학연구』38, 고려대 철학연구소, 2009 참조.

6) 丁若鏞, 「心經密驗」, 『與猶堂全書』, 282:038a, "神形妙合, 乃成爲人."

7) 丁若鏞, 「孟子要義」, 『與猶堂全書』, 282:142b. "大體者, 無形之靈明也, 小體者, 有形之軀殼也. 從其大體者, 率性者也, 從其小體者, 循欲者也. 道心常欲養大, 而人心常欲養小. 樂天知命則培養道心矣, 克己復禮則制伏人心矣. 此善惡之判也."

3. 욕망하는 본성과 도덕적 본성

本然之性과 氣質之性[8])은 성리학에서 인간 본성을 설명하는 전형적인 방식의 하나이다. 일반적으로 개체의 心 안에 부여되어 있는 본성[天命之謂性]에 대해, 그 본성이 자리 잡고 있는 心의 氣와 더불어 '氣中之理'로서의 본성을 가리킬 때 기질지성이라고 하고, 心의 氣를 제외한 '性卽理'로서의 본성만을 가리켜서 말할 때 본연지성이라 한다. 이것은 인간의 본성이 본래 순선·완전한데 기질의 장애로 말미암아 왜곡될 수 있다는 것을 理氣論의 방식으로 설명하는 데 유용하다.

그런데 정약용은 본연지성과 기질지성을 대비시키는 데 대해 반대하였다. 인간을 神形妙合의 존재로 보았던 정약용은 도덕적 성향이 인간의 몸을 통해 구현되는 과정에 주목하였다. 그에 따르면, 인간의 본성이란 "道義와 氣質이 합하여 하나의 본성이 된"[9]) 것이

8) 氣質之性과 대비될 경우 일반적으로 本然之性, 天地之性, 天命之性은 모두 같은 의미로 사용된다. 그러나 정약용은 本然之性과 天命之性의 의미를 구분하고, 本然之性 대신 天命之性이라는 용어를 사용한다. 이에 관한 상세한 내용은 뒤에 설명한다.

9) 丁若鏞, 「孟子要義」, 『與猶堂全書』, 282:137a. "蓋人性者, 合道義氣質二者而爲一性者也, 禽獸

므로 순선·완전한 본성으로서의 본연지성과 기질에 의해 둘러싸인 기질지성을 대비시키는 것은 무의미하다. 본연지성과 기질지성의 대비는 결국 순선·완전한 도덕적 본성만을 인간의 본성으로 인정하는 것이기 때문이다. 정약용에 따르면 하늘의 명으로 부여된 도덕적 본성이란 순선·완전한 것으로서 부여된 것[本然之性]이 아니라 선을 좋아하고 악을 미워하는 도덕적 성향의 嗜好[天命之性]일 뿐이고, 그러한 嗜好가 현실에서 어떻게 실현될 것인가 하는 것은 인간 자신에 의해 좌우된다.[10]

이에 정약용은 本然之性과 氣質之性 대신 天命之性과 氣質之性의 구도로 인간의 본성을 설명한다.

> 기질지성은 단 것을 좋아하고 쓴 것을 싫어하며 향기를 좋아하고 악취를 싫어한다. 천명지성은 선을 좋아하고 악을 미워하며 義를 좋아하고 탐욕을 미워한다.[11]

정약용에 따르면 "단 것을 좋아하고 쓴 것을 싫어하며 향기를 좋아하고 악취를 싫어"하는 것은 금수가 가진 본성과 특별히 다를 것이 없다. 이러한 본성은 인간이 육체를 가지는 한 불가피하게 동반하게 되는 성향이라는 점에서 기질지성이라고 하였다. 한편 그는 누구나 선하다고 할 때 기뻐하고 악하다고 할 때 싫어하는 것을 보

性者, 純是氣質之性而已."

10) 丁若鏞, 「心經密驗」, 『與猶堂全書』, 282:38c. "嗜好有兩端, … 一以畢竟之生成爲嗜好, … 今論人性, 人莫不樂善而恥惡."; 「孟子要義」, 『與猶堂全書』, 282:148d. "若云稟命之初, 其分已定, 則君子小人, 孰不分定. 分定者正是自家心中, 秤量義理, 自定其分也. 君子之道, 達不離道, 窮不失義. 禹稷以過門, 行其所性, 顔回以陋巷, 行其所性. … 余嘗以性爲心之嗜好, 人皆疑之, 今其證在此矣. 欲樂性三字, 孟子分作三層, 最淺者欲也, 其次樂也, 其最深而遂爲本人之癖好者性也. 君子所性, 猶言君子所嗜好也, 但嗜好猶淺, 而性則自然之名也."

11) 丁若鏞, 「梅氏書平—南雷黃宗羲序」, 『與猶堂全書』, 283:275c. "氣質之性, 嗜甘而惡苦, 嗜香而惡臭. 天命之性, 嗜善而惡惡, 嗜義而惡貪." '本然之性'이 본래 불교에서 사용되던 용어라는 사실도 정약용이 '本然之性' 대신 '天命之性'을 고집하는 또 하나의 이유이다.

면, 인간에게는 선을 좋아하고 악을 미워하는 본성이 있다는 것을 알 수 있다는 의미에서, 이것을 天命之性이라고 하였다. 이처럼 그는 기질지성과 천명지성을 각각 그 지향하는 대상을 달리하는 '嗜好'라고 보았다. "의리가 나의 마음을 기쁘게 하는 것은 마치 고기가 내 입을 기쁘게 하는 것과 같다"는 맹자의 말은 바로 바로 기질지성과 천명지성이 모두 嗜好로서의 인간 본성임을 설명한 것이라는 주장이었다.[12)]

성리학에서 이러한 도덕적 본성을 가리키는 용어는 본연지성이지만, 정약용은 본연지성이라는 용어 대신에 天命之性(또는 道義之性)이라는 용어를 사용하였다. 이는 본연지성이라는 용어가 理一分殊와 性卽理의 원리에 따라 모든 개체에게 주어진 순선・완전한 도덕적 본성을 의미하기 때문이었다. 앞서 인용문에서 확인할 수 있었듯이, 정약용은 도덕적 분별력[義]을 인간만이 가진 것이라고 생각하였다.[13)] 그는 본연지성 대신 천명지성이라는 용어를 사용함으로써 기질지성 또한 인간의 본성이라는 점을 인정하고, 도덕적 성향이란 하늘로부터 인간에게만 부여된 독특한 특성이라는 점을 드러내고자 하였다. 이는 理의 순선・완전성을 모든 개체가 分有한다는 것을 부정하는 것으로서, 바로 理 개념 자체에 대한 정약용의 비판적 인식과 연관되어 있다.

---

12) 丁若鏞, 「梅氏書平-南雷黃宗羲序」, 『與猶堂全書』, 283:275c. "孟子謂口之於味同所嗜, 耳之於聲同所聽, 目之於色同所美, 廣引易牙・師曠・子都之等, 以明心之於義同所嗜. 乃曰理義之悅我心, 猶芻豢之悅我口. 斯則明引彼性之嗜好, 以證此性之嗜好, 所謂氣質之性・天命之性, 非皆以嗜好得名者乎?"

13) 丁若鏞, 「孟子要義」, 『與猶堂全書』, 282:137d. "氣質之性, 明明人物同得, 而先儒謂之各殊, 道義之性, 明明吾人獨得, 而先儒謂之同得, 此臣之所深惑也."

4. 타고난 본성과 만들어진 덕성

성리학에서 인간 본성이 순선·완전하다는 주장의 근거는 理의 순선·완전성에 있다. 순선·완전한 理는 天命에 따라 인간에게 본성으로 부여되고, 이 본성은 理一分殊·性卽理의 원리에 따라 理와 동일하게 순선·완전성을 가진다. 다만, 이 理와 결합된 氣의 방해 여부에 따라 본성의 순선·완전성은 온전히 드러나기도 하고 왜곡되어 드러나기도 한다. 성리학에서는 仁義禮智로 상징되는 도덕적 본성이 어떠한 방식으로 드러나는가를 탐구하면서 순선·완전한 도덕적 본성이 최대한 온전하게 드러나도록 하는 방법을 모색한다.

그런데 정약용은 인간 본성의 근원인 理의 역할에 대해 의문을 제기하였다. 그가 주목한 것은 "理는 본래 지각도 없고 위엄과 능력도 없는 것"이라는 사실이었다. 그는 이러한 "하나의 理에게 命, 性, 道, 教를 모두 돌려버린다면 사람들이 경계하고 삼갈 바가 어디 있으며 두려워하고 무서워할 바가 어디 있겠는가"[14]라고 우려하였다. 理는 원리・법칙을 의미하는 개념으로서 無情意・無計度・無造作[15]이라는 특성을 가진다고 규정된다는 점에서 정약용의 비판은 타당성이 있었다. 그러나 理는 물리법칙과 도덕규범의 의미를 겸하고,[16] 나아가 성리학의 이념을 함축적으로 내포한다는 점에서, 理의 의미와 역할에 대한 해석은 본래 그렇게 제한적이지만은 않았다.

理의 역할을 적극적인 의미로 해석하려 했던 이황의 경우에는 원리・법칙인 理가 發・動・到한다고 주장한 바 있었다. 이것은 無情意・無計度・無造作이 理의 體로서의 특성을 말하는 것이고, 理의 用이라는 면에서는 情意・計度・造作이 가능하다는 體用論的 해석에 기반한 것이었다.[17] 또한 실질적 작용은 氣가 할지라도 그러한 氣의 작용이 철저하게 물리법칙과 도덕규범으로서의 理에 따라 이루어질 경우, 이는 理가 發・動・到 또는 情意・計度・造作하는 것으로 이해할 수 있다는 것이었다.[18] 하지만 정약용은 이러한 이황의 설이 도덕적 이상의 실천이라는 면에서 가지는 의의를 인정하면서도 이는 理氣 개념을 인간의 마음에 한정된 의미로 특수하게 해석한 것으로 간주하였다.[19] 결국 정약용은 理가 일반

14) 丁若鏞, 「中庸自箴」, 『與猶堂全書』, 282:049a. “今以命性道教, 悉歸之於一理, 則理本無知, 亦無威能, 何所戒而愼之, 何所恐而懼之乎.”

15) 朱熹, 「理氣 一」, 『朱子全書』(中和堂, 1988), 49:3a.

16) 윤사순은 李滉의 理氣心性說을 통해 존재론과 가치론의 일치를 지향하는 조선성리학의 특성을 밝힌 바 있다. 윤사순, 「존재와 당위에 관한 退溪의 一致視」, 『한국유학사상론』, 열음사, 1986.

17) 李滉, 「答奇明彦-別紙」, 『退溪集』(한국문집총간본), 029:467b. “是知無情意造作者, 此理本然之體也, 其隨寓發見而無不到者, 此理至神之用也. 向也但有見於本體之無爲, 而不知妙用之能顯行. 殆若認理爲死物, 其去道不亦遠甚矣乎.”

18) 이황의 理發・理動・理自到의 의미에 관한 상세한 내용은 김형찬, 「마음의 理氣와 자연의 理氣: 정약용의 四端七情論爭 평가에 대한 재평가」, 『한국학논집』40, 계명대 한국학연구원, 2010, 310~315쪽 참조.

19) 丁若鏞, 「理發氣發辨 一」, 『與猶堂全書』, 281:258a. “蓋退溪專就人心上八字打開. 其云理者是本然之性, 是道心, 是天理之公. 其云氣者是氣質之性, 是人心, 是人欲之私. 故謂四端七情之發, 有公私之分, 而四爲理發, 七爲氣發也.”

적 의미에서는 無情意·無計度·無造作라는 특성을 가진다고 본 셈이었다. 그는 인간 본성의 근거를 그처럼 무기력한 理에 두어서는 사람들이 그 理를 존중하고 두려워하며 성즉리로서의 도덕적 본성을 보존하고 구현하기 위해 노력하도록 하기가 어렵다고 여겼다.[20] 이에 그는 인간 본성의 근거를 理가 아닌 天命에서 찾았고, 인간의 노력을 통한 그 본성의 실천 과정에 주목하였다.

정약용은 仁義禮智가 사람의 마음속에 내재해 있다는 기존 성리학의 주장에 대해 의문을 품어 왔다.[21] 기존 성리학에서 도덕적 본성으로 간주되는 仁義禮智란 타고나는 것이 아니라 惻隱之心, 羞惡之心, 辭讓之心, 是非之心의 실천을 통해 형성되는 덕목이라는 것이 정약용의 생각이었다. 앞 장에서 보았듯이, 그는 인간의 본성이 하늘의 명에 의해 주어진 것이지만, 그것은 순선·완전한 것이 아니라 단지 선을 좋아하고 악을 미워하는 경향성, 즉 嗜好일 뿐이라고 주장하였다. 이에 따르면 仁義禮智로 상징되는 도덕적 본성은 완성된 것으로 본성에 내재하는 天理가 아니라, 선을 좋아하고 악을 미워하는 嗜好에 따라 노력하고 실천함으로써 가지게 되는 후천적 德性이 된다.[22] 理一分殊說이나 性卽理說에 따를 경우 인

20) 性卽理로서의 理를 이렇게 이해할 경우 도덕적 실천의 근거가 매우 약화된다는 데 정약용의 문제의식이 있었던 것으로 보인다. 이에 대해 장동우는 다음과 같이 설명한다. "주자의 개념 규정대로라면 性은 시시각각 변화하는 사태에 능동적으로 대응하는 도덕 주체가 될 수 없다는 것이다. ... 도덕적 행위는 시비선악에 대한 판단 기준을 전제로 요구하므로, 주자학의 체계는 실천이 아니라, 끝없는 도덕 기준의 확인 작업에로 사람을 매몰시켜 버리는 결과가 된다." 장동우, 「茶山의 人性論」, 『태동고전연구』15, 한림대 태동고전연구소, 1998, 139쪽.

21) 丁若鏞, 「西巖講學記」, 『與猶堂全書』, 281:465d. "鏞按惻隱之心, 行之則爲仁, 羞惡之心, 行之則爲義, 辭讓之心, 行之則爲禮, 是非之心, 行之則爲智, 今云仁義禮智伏於人心之中, 可疑也."

22) 丁若鏞, 「大學公議」, 『與猶堂全書』, 282:006c. "心本無德. 惟有直性, 能行吾之直心者, 斯謂之德. 行善而後德之名立焉, 不行之前, 身豈有明德乎." 한재훈은 기존 성리학의 내재적 天理로서의 본성과 정약용의 실천적 획득에 의한 德性의 차이에 주목하여, 각각의 특성을 "先在"와 "後名"으로 대비시켜 설명하였다. 한재훈, 「'先在'와 '後名'의 대립구도로 읽은 다산의 심성론」, 『한국실학연구』16,

간은 본성의 순선·완전성에 대한 확신을 가지고 판단·행위하거나, 그것의 실현에 장애가 되는 요소들을 제거하면 된다. 하지만 天命으로 주어진 것이 단지 도덕적 성향의 嗜好라고 여긴다면, 인간은 악으로 흐를 가능성을 제거하고 선을 지향하기 위해서 훨씬 더 많은 노력을 기울여야 한다. 또한 인간에게 순수·완전한 도덕적 본성이 선천적으로 주어져 있다고 할 경우 그러한 도덕적 본성이 온전하게 드러나도록 하는 것은 당위적인 일이지만, 樂善惡惡의 기호로 볼 경우에는 그러한 당위성은 사라지고 도덕적 삶의 선택 여부에 대한 책임은 대부분 인간 자신에게 넘겨진다. 정약용은 인간이 이기적 욕망을 억제하고 도덕적 성향을 실현하면서 사는 것이 현실적으로 매우 어려운 일이라는 사실의 인식을 바탕으로, 선하게 살아가기 위한 보다 실효성 있는 방안을 모색하였다.

한국실학학회, 2008.

5. 인간 마음의 삼중 구조와 욕망의 조절

기호설은 인간 본성의 순선·완전성을 상정하지는 않지만 그 지향점은 기존 성리학의 심성론과 근본적으로 다르지 않다. 즉, 사람들이 仁義禮智로 상징되는 유학의 가치를 실현하면서 도덕적인 이상사회를 만들며 살아가도록 하는 것을 목표로 한다는 것이다. 하지만 본성의 순선·완전성에 대한 신뢰를 기반으로 하여 본성을 도덕적 판단·행위의 주체로 여겼던 기존 성리학과 달리, 정약용은 선 지향의 嗜好[천명지성]와 食色의 욕망[기질지성]을 모두 인간의 마음이 가진 특성이라고 보았다. 이것은 인간의 도덕적 성향에 대한 정약용의 신뢰가 이황에 비해 부족했기 때문이라고 할 수 있겠지만, 이는 또한 인간이 도덕적 판단·행위를 하는 과정의 현실적 어려움에 대한 보다 면밀한 성찰의 결과라고도 볼 수 있다.

정약용은 性善說, 性善惡混說, 性惡說 등 인간 본성에 관해 전통적으로 논의되어 온 세 가지 설을 검토하며 인간의 도덕적 성향을 아래와 같이 세 측면으로 나누어 설명하였다.

> 하늘이 靈知를 부여함에 才도 있고, 勢도 있고, 性도 있다. 才란 그 능력[能]이요 그 권형[權]이다. ... 사람은 그 才가 선을 행할 수도 있고 악을 행할 수도 있으니, 능력은 自力에 달려 있고 권형은 自主에 달려 있다. 그러므로 선을 행하면 그를 칭찬하고 악을 행하면 그를 꾸짖는다. 양웅은 이를 보았기 때문에 "선과 악이 섞여 있다"고 말하였지만, 그것을 性이라고 말한 것은 잘못이다. 勢란 그 처지[地]요 그 기틀[機]이다. 食色은 안에서 유혹하고 名利는 밖에서 끌어당기며, 또한 氣質의 사사로움은 안일함을 좋아하고 수고로움을 싫어한다. 그러므로 그 勢가 선으로 향하는 것은 높은 데 올라가는 것과 같고 악으로 향하는 것은 무너져 내리는 것과 같다. 天이 알지 못하고 그렇게 하도록 한 것이 아니다. 이와 같이 된 후에야 선을 행하는 것이 귀해지기 때문이다. 순자는 이를 보았기 때문에 "性은 악하다"고 말했지만, 그것을 성이라고 말한 것은 잘못이다. 성을 아는 사람은 오직 맹자뿐이로다. 대체로 天命之性은 善과 義를 좋아하여 스스로를 기르니, 이것은 마치 氣質之性이 고기를 좋아하여 스스로를 기르는 것과 같다. 반드시 嗜好를 性이라고 보아야 비로소 그 뜻이 분명해진다.[23]

기존 성리학의 심성론에서는 하늘이 순선·완전한 도덕적 본성을 인간에게 부여해 주었다고 간주하는 데 비해, 정약용은 하늘이 인간에게 신령스런 지혜[靈知]를 부여해 주었음에도 그것은 완벽한 도덕적 성향만을 가지고 있는 것이 아니라고 보았다. 그에 따르면 하늘이 부여해 준 靈知에는 세 가지 속성이 있다. 그 하나는 才로서, 이것은 선을 행할 수도 있고 악을 행할 수도 있는 자주적인 능력을 의미한다. 선악의 선택은 인간 개개인의 판단과 의지에 달려 있다는 것이다. 또 하나는 勢로서, 氣質로 인한 특성, 즉 食色과 名利에 이끌리고 안일함을 좋아하는 인간의 성향을 가리킨다. 이

---

23) 丁若鏞, 「梅氏書平-南雷黃宗羲序」, 『與猶堂全書』, 283:276a~b. "天之賦靈知也, 有才焉有勢焉有性焉. 才者其能其權也. ... 人則其才可善可惡, 能在乎自力, 權在乎自主. 故善則讚之, 惡則訾之. 揚子有見乎是, 故曰善惡渾, 以之言性則非也. 勢者其地其機也. 食色誘於內, 名利引於外, 又其氣質之私, 好逸而惡勞. 故其勢從善如登, 從惡如崩. 天非不知而使之然也. 爲如是然後其爲善者可貴也. 荀子有見乎是, 故曰性惡, 以之言性則非也. 知性者, 其惟孟子乎. 夫天命之性, 嗜善義以自養, 如氣質之性, 嗜芻豢以自養. 必以嗜好爲性, 斯義乃明也." 백민정이 밝힌 바와 같이 「梅氏書平-南雷黃宗羲序」(1827)의 "才"·"勢"·"性"은 「心經密驗」(1815)에서 언급된 "權衡"·"行事"·"性"에서 발전된 개념이다. 백민정, 『정약용의 철학』, 이학사, 2007, 330~333쪽.

러한 성향이 있기에, 이를 극복해야만 이룰 수 있는 도덕적 삶은 더 소중해진다는 것이다. 또 한 가지는 선과 의를 좋아하는 도덕 지향성이다. 이것은 바로 인간이 초목금수와 구별되는 핵심적 이유라는 점에서 인간 본성이란 바로 이러한 성향을 가리킨다. 하지만 현실에서 이러한 인간 본성만 믿다가는 그 본성을 온전히 실현하며 살기가 어렵다. 정약용이 이렇게 才・勢・性이라는 세 가지 특성을 거론한 것은, 인간 스스로가 악의 유혹에 빠지기 쉬운 성향을 가지고 있음을 인정하고 선악 선택의 자주적 능력을 가지고 있다는 사실을 인식할 때, 樂善惡惡의 본성을 온전히 실현할 수 있다는 사실을 강조하고 싶었기 때문일 것이다. 다만, 그는 '才'에 주목하여 性善惡混說을 주장한 양웅이나 '勢'에 초점을 맞춰서 性惡說을 주장한 순자도 완전히 그릇된 것은 아니지만, 진정으로 인간의 본성을 제대로 본 것은 '性'에 근거하여 性善說을 주장한 맹자뿐이라고 평가하였다.

기존 조선성리학의 심성론과 달리 인간이 이러한 세 가지 성향을 모두 가지고 있다고 명시적으로 인정한 것은 현실 속에서 선 지향의 본성을 구현하며 살아가는 것이 매우 어려운 일이란 사실을 고려한 것이라고 할 수 있다. 그렇다면 공부・수양론의 측면에서도 기존의 성리학과는 다른 차원의 방법이 필요하게 된다. 정약용이 주목한 것은 이러한 靈知를 부여해 준 '上帝'였다. 그에게 上帝는 곧 天의 다른 이름으로서 인간에게 樂善惡惡의 嗜好를 본성으로 부여해 준 존재이지만, 다른 한편으로는 늘 인간을 지켜보면서 樂善惡惡의 기호를 실현하며 살아가는지를 확인하고 상벌을 내리는 존재이기도 하다. 정약용이 공부와 수양의 방법으로 강조한 '愼獨'

은 바로 上帝에 대한 두려움을 바탕으로 한다.[24] 인간이 악으로 기울 수 있는 가능성을 최대한 경계하고 선하게 살아가기 위해서는 바로 그 樂善惡惡의 嗜好를 부여하고 감시하는 上帝에 대한 두려움에 의지해야 한다는 것이다.[25]

그렇다고 해서 上帝가 인간과 별개의 존재로서 저 멀리 하늘에만 존재하는 것은 아니다. 상제는 "하늘의 주재자"로서 저 위에서 인간들을 굽어보고 있지만,[26] 또 한편으로 상제의 마음인 天命은 道心으로서 인간을 통해 드러난다.[27] 푸른 하늘에 저 높이 존재하는 상제의 뜻은 바로 道心으로서의 인간의 마음과 일치한다는 것이다.[28] 이렇게 보면 樂善惡惡하는 嗜好의 실현은 단지 상제에 대한 두려움에서 피동적으로 이루어지거나 혹은 인간의 자율적 판단에 맡겨지는 것이 아니라, 상제의 대해 인간의 道心이 늘 外感內應

24) 丁若鏞, 「中庸自箴」, 『與猶堂全書』, 282:049d. "愼獨之能致中和何也. 未發者喜怒哀樂之未發, 非心知思慮之未發. 當此之時, 小心翼翼, 昭事上帝, 常若神明照臨屋漏, 戒愼恐懼, 惟恐有過, 矯激之行, 偏倚之情, 惟恐有犯, 惟恐有萌, 持其心至平, 處其心至正, 以待外物之至, 斯豈非天下之至中乎."

25) 이러한 정약용의 上帝說에 대해 성태용은 상제에 의존도가 너무 큰 "타율적인 도덕론"에 귀착한 것이라고 평가하였지만(성태용, 「다산의 인성론」, 『철학연구』14, 철학연구회, 1979, 90~91쪽), 그렇다고 해서 정약용이 강조한 인간의 自主적 능력이 무의미해지는 것은 아니다. 이에 대해 문석윤은 '마음'의 도덕적 '결단' 자체를 가능케 하는 마음 자체의 '의지'에 주목할 것을 주장한 바 있다.(문석윤, 「다산 정약용의 새로운 도덕 이론」, 『철학연구』90, 대한철학회, 2004, 99쪽).

26) 丁若鏞, 「孟子要義」, 『與猶堂全書』, 282:146d. "天之主宰爲上帝, 其謂之天者, 猶國君之稱國, 不敢斥言之意也."; 「中庸自箴」, 『與猶堂全書』, 282:049a. "君子處暗室之中, 戰戰慄慄, 不敢爲惡, 知其有上帝臨汝也."

27) 丁若鏞, 「中庸自箴」, 『與猶堂全書』, 282:049b. "天命不但於賦生之初, 畀以此性, 原來無形之體妙用之神, 以類相入, 與之相感也. 故天之儆告, 亦不由有形之耳目, 而每從無形妙用之道心, 誘之誨之, 此所謂天誘其衷也. 順其誘而從之, 奉天命者也, 慢其誘而違之, 逆天命者也."

28) 전성건은 정약용이 외재적 존재인 상제를 실재하는 본체[無形之體]로 주장하는 동시에 그와 동일한 본체가 인간에게 내재적으로 존재한다[靈明之體]는 점을 지적한 바 있다(전성건, 「'靈知' 개념의 분석을 통해 본 性嗜好說의 의미」, 『철학연구』37, 고려대 철학연구소, 2009, 4~5쪽). 이를 '본체'로 볼 수 있는가에 대해서는 논란의 여지가 있겠지만, 상제와 인간 마음의 관계에 대한 이해는 嗜好說에서 상제에 대한 의타성과 인간의 자율성 문제를 해명하는 핵심 문제라고 할 수 있다. 정약용의 수양론을 '治心'과 '事天'의 두 축으로 본 금장태의 관점도 같은 맥락에 있다고 할 수 있다(금장태, 『다산실학탐구』, 소학사, 2001, 131~170쪽).

하는 방식으로, 愼獨과 같은 인간의 끊임없는 노력을 통해 이루어지는 것임을 알 수 있다.[29]

29) 이러한 外感內應의 관계는 性卽理로서의 도덕적 본성의 능동성을 주장하는 한편 天命(또는 上帝)에 대한 敬畏心을 강조하면서도 둘 사이의 관계를 명확하게 설명하지 않았던 이황의 난점(김형찬, 「內聖外王을 향한 두 가지 길: 퇴계철학에서의 理와 上帝를 중심으로」, 『철학연구』34, 고려대 철학연구소, 2007 참조)에 대한 정약용의 해결방식이라고 할 수 있다. 이에 관한 논의는 별도의 논의가 필요하므로 이후의 과제로 남겨 둔다.

6. 맺음말

맹자의 성선설과 순자의 성악설은 동양의 대표적인 인성론으로 받아들여지지만, 실제로 인간에게 도덕적 성향과 이기적 욕망이 모두 존재한다는 것은 부정하기 어렵다. 맹자의 성선설에 기반하여 심성론을 구축한 성리학에서는 본연지성과 기질지성이라는 틀로 이러한 인간 본성의 양면성을 설명해 내려 하였다. 자연의 보편적인 이치가 개체의 마음에 본성으로 부여되고(天命之謂性; 性卽理), 마음 안의 본성만을 지목할 때는 本然之性이라 하며, 그 본성을 둘러싼 마음[氣]과 함께 氣中之理를 가리킬 때는 氣質之性이라고 한다는 것이다.

그러나 정약용은 인간의 삶이 신체의 조건을 고려하지 않고 이루어질 수 없다는 점에서 인간을 神形妙合의 존재로 보았고, 그러한 의미에서 사실상 기질을 배제한 본연지성을 인간 본성으로 인정한 기존 성리학의 인성론을 받아들일 수 없었다. 정약용에 따르면 神形妙合의 존재인 인간은 기본적으로 동물과 같이 기질지성을 가지지만, 단지 금수초목과 달리 도덕적 분별력(義)을 가지고 있다. 다시 말해서 인간은 선천적으로 부여 받은 순선·완전한 본성을 구현하며 살아가는 존재가 아니라, 도덕적 분별력을 가지고 이기적 욕망을 조절하며 현실 속에서 살아가야 하는 神形妙合의 존재라는 것이다. 정약용에게 도덕성이란 완성된 것으로 주어진 것이 아니라 인간이 삶 속에서 만들어 가야 하는 덕목이다. 그러한 의미에서 天(또는 上帝)이 인간에게 부여한 도덕적 본성[天命之性]이란 선을 좋아하고 악을 미워하는 嗜好라고 규정하였다.

이에 정약용이 또 한 가지 주목한 것이 인간의 자율성이었다. 현실에서 부딪히게 되는 도덕적 성향과 이기적 욕망의 갈등 사이에서 어떤 길을 선택할 것인가는 인간 개개인에게 달려 있다는 것이다. 그에 따르면 도덕적 삶이란 기존 성리학에서처럼 필연적이고 당위적인 것이 아니라 개개인의 선택에 맡겨진 것이다. 이것은 한편으로는 인간의 자유의지를 인정한 것이지만, 다른 한편으로는 이기적 욕망을 통제하며 도덕적 삶을 살아가기의 현실적 어려움을 고려한 것이었다. 이에 그는 인간에게 선 지향의 기호를 본성으로 부여한 天 또는 上帝에게 주목하였다. 상제는 인간에게 선 지향의 嗜好를 부여한 것으로 그 역할이 끝나는 것이 아니라, 늘 저 하늘에서 인간들이 살아가는 것을 지켜보고 계시므로, 인간 개개인은 늘 상제를 두려워하며 愼獨의 자세로 살아가야 한다는 것이다. 또한 상제의 뜻은 道心으로서 인간의 마음을 통해 확인된다. 이는 도덕적 삶의 실천에서 인간이 도덕적 삶을 살아갈지 여부를 판단하고 행위할 자율성을 가졌다는 것을 인정하지만, 또한 愼獨의 대상으로서 外感할 뿐 아니라 道心을 통해 內應하기도 하는 상제의 존재를 전제로 한 것이라는 점에서 보다 견고한 공부·수행의 방안을 제시하는 것이기도 하다.

정약용에 따르면 인간은 樂善恥惡의 도덕적 성향과 難善易惡의 이기적 욕망을 인정하고 可善可惡의 자주적 능력[30]으로 上帝를 敬畏하면서 선 지향의 경향성을 구현하며 살아가야 한다. 이것은 맹자의 性善說, 순자의 性惡說, 양웅의 性善惡混說, 고자의 性善惡未定說 등 전통적인 인성론에 대한 검토와 반성, 그리고 당시 천주교의 영향과 혼란한 현실 등을 종합한 성과라고 할 수 있다. 그러나 정약용이 이를 통해 구현해 가려는 가치가 왜 기존 성리학의 가치와 다르지 않았는가, 성리학의 가치관에 대해서 왜 근본적인 반성을 할 수 없었는가는 또 다른 과제로 남는다.

30) 丁若鏞, 「心經密驗」, 『與猶堂全書』, 282_039c. “天旣予人以可善可惡之權衡, 於是就其下面, 又予之以難善易惡之具, 就其上面, 又予之以樂善恥惡之性.”

참고문헌

荀　子, 『荀子集解』(王先謙 撰), 北京:中華書局, 1992
李　滉, 『退溪集』(韓國文集叢刊 29~31), 서울: 민족문화추진회, 1989
丁若鏞, 『與猶堂全書』(韓國文集叢刊 281~286), 서울: 민족문화추진회, 2002
朱　熹, 『朱子全書』, 서울: 中和堂, 1988

금장태, 『다산실학탐구』, 소학사, 2001
김형찬, 「內聖外王을 향한 두 가지 길: 퇴계철학에서의 理와 上帝를 중심으로」, 『철학연구』34, 고려대 철학연구소, 2007
_____, 「氣質變化, 욕망의 정화를 위한 성리학적 기획: 栗谷 李珥의 心性修養論을 중심으로」, 『철학연구』38, 고려대 철학연구소, 2009
_____, 「마음의 理氣와 자연의 理氣: 정약용의 四端七情論爭 평가에 대한 재평가」, 『한국학논집』40, 계명대 한국학연구원, 2010
문석윤, 「다산 정약용의 새로운 도덕 이론」, 『철학연구』90, 대한철학회, 2004
백민정, 『정약용의 철학』, 이학사, 2007
성태용, 「다산의 인성론」, 『철학연구』14, 철학연구회, 1979
윤사순, 「정약용의 인간관」, 『정다산연구의 현황』, 민음사, 1985
_____, 「존재와 당위에 관한 退溪의 一致視」, 『한국유학사상론』, 열음사, 1986
이상익, 「정약용 윤리 사상에 대한 주자학적 반론」, 『동방학지』119, 연세대 국학연구원, 2003
장동우, 「茶山의 人性論」, 『태동고전연구』15, 한림대 태동고전연구소, 1998
전성건, 「'靈知' 개념의 분석을 통해 본 性嗜好說의 의미」, 『철학연구』37, 고려대 철학연구소, 2009
한재훈, 「'先在'와 '後名'의 대립구도로 읽은 다산의 심성론」, 『한국실학연구』16, 한국실학학회, 2008

대동(大同): 욕망의 동력으로 이루는 유가공동체
-康有爲의 『大同書』에 나타난 '욕망론'을 중심으로-

김철운

1. 들어가는 말

강유위(康有爲: 1858～1927)는 격동의 시대이자 변혁의 시대인 19세기 후반부터 20세기 초반까지 현실 세계의 모든 차별적인 사회 제도들에 대한 강한 '현실 개혁의지'를 드러낸 사회 개혁가이자 고통으로 가득 찬 현실 세계를 초탈한 이상 세계의 도래에 강한 열망을 보인 유토피아 사상가였다. 그의 파란만장한 정치 역정 속에서 대동 이상의 실현을 위한 '현실 개혁 의지'를 보여주는 개혁가로써의 모습과 "이론과 상상의 영역에 정신을 내달리어 현실을 초탈하는"[1] 유토피아 사상가로써의 모습을 가장 잘 보여주는 저서가 바로 『대동서』(『大同書』)[2]이다. 이 책의 목적은 '인'(仁)에 근본하여 '사람의 본질'과 '하늘의 본질'의 동일성을 자각함으로써 사람이 하늘로부터 독립적이고 평등한 권리를 부여 받은 존재이고, 그와 같은 존재는 모두 동일한 기질과 욕망을 가지기 때문에 욕망

1) 蕭公權, 『近代中國與新世界』(江蘇: 江蘇人民出版社, 2007.), 汪榮祖 譯, 309쪽 참조 바람.

2) 康有爲가 『大同書』를 저술한 동기와 과정은 정인재의 「강유위 대동사상 연구」(서강대학교 동아연구소, 『동아연구』 38권, 2000, 121～127쪽.)와 배영동의 「강유위 대동사상의 형성과정」(한국정치학회, 한국정치학회보, 15집, 1981.)에 잘 정리되어 있다. 참조 바람.

은 모든 사람에게 동일하게 실현되어야 하며, 그것을 실현하기 위해서는 현실 세계의 '고통'의 원인인 "아홉 가지 경계"(九界)의 '차별'을 제거하고 물질문명을 발전시켜야 한다고 강조하는 '인류 구제를 위한 대동 세계의 실현'에 있다.

『대동서』의 '대동 개념'은 본래 강유위가 중국 전통 사상에서 빌려온 것이지만[3] 그는 그 개념에 이전과는 확연히 다른 내용을 첨가하고 그 의미를 더욱 풍부하게 하여 그 자신의 원대한 정치적이고 사회적인 이상 세계를 그려낸다. 그래서 그의 대동사상은 그의 "경학과 제자학의 심오한 말을 합치고, 유교와 불교의 은밀한 뜻을 찾으며, 중국과 서양의 새로운 리(理)를 참조하고, 하늘과 사람의 오묘한 변화를 연구하고, 여러 교(敎)를 수합한 것이다."[4]는 말처럼, 동양의 전통사상과 서양 근대의 여러 사상을 혼합하고 절충하여 인류구제의 이상을 그려낸 이상세계론이다. 다시 말해 그것은 '유가의 『예기』(『禮記』) 「예운편」(「禮運篇」)의 소강대동설(小康大同說)과 『춘추공양전』(『春秋公羊傳』)의 삼세설(三世說: 거난세據亂世, 승평세升平世, 태평세太平世)을 진화론적으로 결합하고, 그것에 도가의 자연사상, 묵가의 사회사상, 불교의 초월사상(특히, 선종과 화엄종), 육구연과 왕수인의 심학(心學), 서양 근대의 진화론·과학 사상·공상적 사회주의 이론 등을 그 자신의 독특한 하나의 체계로 융합하여 인류의 역사발전 과정과 이상 세계를 묘사한

3) 「예운편」에 근거하면, 소강' 사회는 여전히 사사로움(私)에 맞물려 있는 사회이고, '대동' 사회는 천하 공공의 의리(公義)의 구현으로 모든 사사로움(私)이 제각각의 공능을 다하고 도덕적으로 인애(仁愛)로 공공의 의리(公)에 융화되는 사회이다. 이러한 '대동'과 '소강'의 묘사는 인류의 공평·정의와 아름다운 미래에 대한 추구일 뿐만 아니라 또한 정치의 합리성·합법성에 대한 기대를 의미한다.[김철운, 『유가가 보는 평천하의 세계』(철학과현실사, 2000)]

4) 康有爲, 『康南海自編年譜』(上海: 上海古籍出版社, 1953.), 166쪽 참조.

중국 근대의 유토피아니즘(utopianism)이라고 할 수 있다.'[5)]

그래서 『대동서』는 중국의 전통 사상과 그 당시에 유행하던 서양 사상의 집합소를 방불케 하는 아주 복잡한 구조 체계를 가지는데, 강유위가 그러한 사상들을 수용하고 이해하는 태도는 아주 분명하다. 비록 그가 '서체중용'(西體中用)이 아닌 '중체서용'(中體西用)', 즉 "옛것을 가지고 새것을 해석하고 중국 고유의 안목에서 서양 전래의 문화를 비평"[6)]하는 태도를 보이지만 그것은 어디까지나 서구의 근대성에 기반 하면서 서양 사상에 기초하여 동양 사상을 해석하는 것이다. 예컨대, 그는 서구의 근대 과학사상(물리적 개념인 以太: ether)에 기초하여 공자의 '인'을 해석하고, 서구의 18세기 계몽사상의 '천부인권론'(天賦人權論: '사람은 자유롭고 평등하며 행복을 추구할 수 있는 권리를 가짐.)에 기초하여 중국의 전통적 인간론을 해석하고, 서구의 공상적 사회주의(空想的社會主義, utopian socialism: 특히 샤를 푸리에(Charles Fourier, 1772~1837)는 계급투쟁이 아닌 사회의 평화적 개조에 의해서 이상 사회의 실현이 가능하다고 본다.)에 기초하여 중국 전통의 사회 구조체계를 해석한다. 이런 속에서 그는 자신의 '대동사상'이라는 원대한 철학적 토대를 마련한 것이다.

그럼 강유위가 그려내는 대동 세계는 어떠한 내용과 구조 체계를 가지는가? 간단하게 말해, 그것은 사회가 필연적으로 발전하다는 '역사 진화론'에 근거한다. 이러한 역사 진화론적 입장은 그의 '삼세설'(三世說: 據亂世→升平世→太平世)에 그대로 투영되는데,

5) 배영동, 같은 글, 358쪽 참조.

6) 馮友蘭, 『中國哲學史(下)』, 박성규 역(서울: 까치, 2007.), 682쪽.

이를 근거로 그는 "고도의 물질문명을 경제토대로 삼고, 모든 사람이 노동하고 재산을 공유하는 것을 기본 원칙으로 삼으며, 정치의 민주와 개인의 평등과 자유를 사회구조로 삼는 대동 세계를 주장한다."[7] 물론 '과학적 사회주의'의 입장에서 보면, '공상적 사회주의'의 주장에 근거하는 그의 대동사상은 한편으로 "당시 현실 투쟁과 완전히 유리되어 아무런 관계를 가지지 못하던 부르주아 자유주의 식의 유토피아였으며, 사상누각과 같은 미래의 '지상낙원'에 대한 계몽자의 낙관적인 신념이자 바람일 뿐이었다."[8]는 비판을 피하기가 쉽지 않을 것이다. 하지만 그의 대동사상이 '인'(仁)이라는 도덕률에 근거하는 '인류 개조와 개량을 위한 교육과 계몽'을 통하여 현실 세계의 모든 차별적인 사회 제도들의 구조 체계를 개혁하고자 하는 그 자신의 '현실 개혁 의지'에서 출발하였다는 점을 고려한다면 그의 대동사상은 또 한편으로 그러한 비판으로부터 어느 정도 자유로울 수 있을 것이다. 왜냐하면 그의 대동사상은 중국 전통의 대동사상처럼 사람들을 더욱 더 착취하고 압박하는 현실 세계에 대한 실천적 해결을 통해서 사람들이 추구하는 이상 세계(대동 세계)로 나아가는 구조 체계이지 현실 세계의 차별적이고 억압적인 문제들을 배제한 채 이상 세계(대동 세계)로 나아가는 구조 체계가 아니기 때문이다.[9] 그의 이러한 개혁 의지는 결국 '박애주

---

7) 李澤厚, 『中國近代思想史論』, 임춘성 옮김(서울: 한길사, 2005), 264쪽.

8) 李澤厚, 같은 책, 187쪽.

9) 陳正炎・林其錟에 의하면, "대동사상은 고대 인민이 추구한 이상 사회에 대한 아름다운 소망을 총괄 집대성한 것이며, 사유제에 기초한 암흑사회의 현실을 부정하기 위하여 출현하였다. 때문에 이것은 중국의 수천 년 역사 속에서 시종 착취와 압박을 반대하고 부패를 일소하여 암흑을 소멸시키고, 사회의 진보와 광명을 쟁취하려는 사람들을 고무하는 한 폭의 빛나는 깃발이었다. 허다한 진보적 사상가와 정치가, 그리고 사회의 진보를 쟁취하려는 어진 사람・뜻 있는 선비들도 모두 여기서 사상과 역량을 흡수하여 투쟁 목표를 제시했다. 수천 년 이래 많은 사상가와 사회 개혁가들은 비록 그 용어는 달라도 모두 대동

의'(博愛主義)로 귀결되는데, 즉 그는 '인'의 실현을 통한 개인의 독립적이고 평등한 권리의 실현을 강조하며, 현실 세계의 모든 차별적인 사회 제도들을 개혁하고 개인의 욕망을 실현하기 위한 물질문명의 발전(진보, 진화)을 강조한다. 결국 그의 대동 세계는 개인의 자유와 평등이 보장되고, 개인의 욕망이 실현되며, 모든 것이 공유(共有)되는 공동체적 삶을 지향하는 '도덕적 유토피아'(Moral Utopia)라고 할 수 있다.

사상을 반추했다."는 것이다.[陳正炎·林其錟, 『중국의 유토피아사상』, 李成珪 역(서울: 지식산업사, 1993), 130쪽.]

2. 평등한 인간 권리의 실현 – '인(仁)'

1) '인'(仁)의 실현 – "不忍之心"(博愛)

강유위는 '유가의 대동 관념을 자신의 사상적 기반으로 삼고, 경험적 자아와 세계를 어떻게 소통시킬 수 있는가에 자신의 문제의식을 집중하여 사람과 사람, 사람과 사물의 모든 폐쇄적 경계를 타파하는 평등적 유대관계, 즉 무차별적 소통성(通)을 본질로 갖는 대동 관념을 주장한다.'[10] 그러한 평등적 유대 관계의 가능 근거는 바로 '인'이다. 그렇다면 그에게서 '인'은 구체적으로 어떠한 함축적 내용과 의미를 가지는가? 이 문제를 해결하기 위해서 우리는 먼저 그가 그 당시 주자학(朱子學)적 전통의 '이기이원적'(理氣二元的) 세계관이 아닌 '기일원론적'(氣一元論的) 우주론의 입장에서 '인'을 해석하고 있음에 주목할 필요가 있다. 왜냐하면 그가 볼 때에 그 당시 '리'(理: 禮)를 중시하는 주자학적 전통은 개인·가족·국

10) 이규성, 『강유위의 세계의식과 이상사회』(서울대 철학사상연구소, 『철학사상』 17권, 2003), 78쪽.

가에 이르는 사회 전체를 그것으로 얽어매어 더욱 더 각박하게 만들기 때문에[11] 그것으로는 하늘로부터 부여받은 개인의 권리인 '자유'와 '평등'을 답보하기 어렵다는 것이다. 그래서 그는 장재의 '기론적'(氣論的) 사유에 서양 과학 사상의 물리적 기초 개념(以太, ether)을 절충하여 천지만물이 하나의 원기(元氣)에 의해 구성된 것으로 파악하고 "원기를 본질로 삼고"(以元爲體) "인을 주체로 삼는"(以仁爲主)[12] "원기"와 "인"의 '소통'(疏通)을 강조한다.

> 크고 큰 원기는 하늘과 땅을 만들었다. 하늘이란 하나의 사물의 혼질(魂質)이고, 사람 또한 하나의 사물의 혼질이다. 비록 형체에 크고 작음이 있다 하더라도 태원(太原)에서 호기(浩氣)가 나누어졌다는 점은 큰 바다에서 물방울을 떠내는 것과 다를 바가 없다. 공자는 "땅은 신기로 가득한데, 신기는 바람과 번개이다. 바람이 일고 번개가 일어나는 가운데 모든 생물이 드러나 생겨난다."고 하였다. 신(神)이란 지각이 있는 전기와 같다. 빛과 전기는 가지 않는 곳이 없고, '신'과 기(氣)는 감응하지 않은 것이 없다. 신귀와 신제는 하늘과 땅을 만들었고, (그 가운데의 생물들은) 그 '신'을 모두 받기도 하고 일부분만 받기도 하는데, 오직 위대한 사람만이 온전히 받았다. 미묘하기도 하구나, 신의 감응을 받음이구나. 사물이 없으면 감응도 없고 신도 없으니, 신이란 것은 지기(知氣)이며, 혼기(魂氣) 정상(精爽), 영명(靈明), 명덕(明德)이다. 그 명칭이 여럿이 있지만 실제로는 한가지이다. 지각이 있으면 끌어들이는 힘이 있다. 자석도 그러한데 하물며 사람에게는 어찌 끌어들이는 힘이 없겠는가? 불인(不忍)이란 끌어들이는 힘인 것이다.(吸攝之力) 그러므로 (사람에게는) 인(仁)과 지(智)가 똑같이 간직되어 있지만 '지'가 우선하며, '인'과 '지'가 함께 작용하지만 '인'이 귀하다.[13]

---

11) 조성환, 「淸末變法思想에 있어서의 道德的理想主義」(21세기 정치학회, 『21세기 정치학회보』, 10권 2호, 2000.), 32~33쪽 참조 바람. "강유위의 기일원론은 우주론의 제설통합(syncretism)으로 평가되고, 이는 송대 신유학자 장재의 원리(태극)/원질의 감응론을 원천으로 19세기 서양 과학사상의 물리적 기초개념(이태: ether)이 절충된 것이다."(같은 글, 33쪽)

12) 康有爲, 『康南海自編年譜』, 166–167쪽. 참조.

13) 康有爲, 『大同書』(7), 第一, 「緖言」, 4쪽, "夫浩浩元氣, 造起天地. 天者, 一物之魂質也. 人者, 亦一物之魂質也. 雖形有大小, 而其分浩氣于太元, 挹涓滴于大海, 無以異也. 孔子曰, '地載神氣, 神氣風霆, 風霆流形, 庶物露生.' 神者有知之電也. 光電能無所不傳, 神氣能無所不感. 神鬼神帝, 生天生地, 全神分神, 惟元惟人. 微乎妙哉, 其神之有觸哉. 無物無電, 無物無神. 夫神者, 知氣也. 魂

여기서 보듯이, 강유위는 "원기"·"혼기"(魂氣)·"신기"(神氣)·"지기"(知氣)·"인"(仁)·"불인지심"(不忍之心)을 명칭은 다르지만 동일한 것으로 간주한다. 이와 같이 "원기"와 "인"이 서로 동일한 것이라면 '인'은 우주 공간에 가득 차 있는 것으로, 우주 만물을 관통하는 하나의 본체라고 할 수 있다. 그래서 "원기"에 의해 구성된 생명체는 모두 태어나면서 "지기" - "인" - "불인지심"을 가지며, 그것들은 동일한 위치에서 서로 소통할 수 있다. 하지만 사람은 "신기"(神氣)의 작용을 온전히 받았고, 기타 생명체들은 그 일부분만을 받았기 때문에 "불인"(不忍)의 본성인 '인'의 실현은 그 중에서도 가장 영명(靈明)한 사람에 의해서만 가능하다. 이러한 '인'의 실현을 통해서 사람은 비로소 '하늘과 사람'이 하나의 "원기"에 의해서 구성된 존재임을 깨닫고, '사람의 본질과 하늘의 본질의 동일성'을 자각할 수 있는 것이다. 여기서 그는 '인'의 보편성을 확인하는데, 즉 '인'은 '생성 소멸하지 않고 영원히 변치 않는 인류의 본성이며 자연법칙과 세계의 실체라는 것이다.'[14] 그의 그러한 '인'에 대한 주장은 기본적으로 정명도(程明道)의 "인은 천지만물을 일체로 삼는다."와 왕양명(王陽明)의 "대인은 천지 만물을 일체로 삼는다."는 주장의 연장선에 있음을 보여준다고 할 수 있다.[15]

知也, 精爽也, 靈明也, 明德也, 數者異名而同實, 有覺知則有吸攝, 磁石猶然, 何況于人. 不忍者, 吸攝之力也. 故仁智同藏而智爲先, 仁智同用而仁爲貴矣."[康有爲 관련 글은 『康有爲全集(1~12)』(國家淸史編纂委員會, 文獻叢刊, 中國人民大學出版社, 2007.)에 근거함.]

14) 李澤厚, 같은 책, 212쪽.(康有爲, 『春秋董氏學』(2), 卷六下, 「仁」, 389쪽, "孔子以天地爲仁,……取仁于天, 而仁此爲道本.……凡百條理從此出矣.……大同之治, 不獨親其親, 子其子, 老有所終, 壯者所用, 鰥寡孤獨廢疾者有養, 則人參天矣." 康有爲, 같은 책, 「天地人」, 375쪽, "孔子本天, 以天爲仁人, 受命于天, 取仁于天.")

15) 馮友蘭, 같은 책, 682쪽.(『遺書』, 卷2上, "仁者以天地萬物爲一體.", 『大學問』, "大人者, 以天地萬物爲一體者也")

이제 강유위는 다소 견강부회한 감은 없지는 않지만 당시 유입된 서양의 물리적 개념에 기초하여 '인'을 해석한다. 즉, '인'은 "차마 하지 못하는 마음"(不忍之心)으로, '자석'과도 같고 '전기'와도 같고, 특히 '이태'와도 같다는 것이다. (1) '인'은 '모든 철을 끌어당기고 주위에 자기장을 만드는 **'자석'**(磁石, magnet)과 같이 모든 것을 '끌어들이고 끌어당기는 힘'이고, (2) '인'은 '물질 안에 있는 전자의 이동으로 생기는 에너지의 한 형태'인 **'전기'**(電氣, electricity)와 같이 "흐를 때에 멀고 가까움이 있지 않고 통하지 않는 것이 없는"[16] 에너지이며, (3) '인'은 '빛이라는 파동을 전달하는 매질(媒質)로써 일종의 탄성을 지닌 물질'로 가상되었던 **'이태'**(以太, ether)[17]와 같이 우주에 가득 차 있어 '차마 하지 못하는 마음'(不忍之心)을 언제나 우주 공간의 구석구석까지 전달해 주는 우주의 물질이다. 사람의 본성이 모두 선한 이유도 사람이 모두 이러한 '인'을 가지고 있기 때문이라는 것이다.[18] 이러한 설명 방식은 '중국 근대 지식인들의 공통된 시도로, 그 목적은 우주 공간에 가득 차 있는 인을 실현하기 위한 한 방편이고, 앞서 말한 우주만물의 본체를 구성하는 "원기"(元氣)와 "인"이 서로 소통(疏通)한다고 주장하는 원인이기도 하다.'[19] 결국 그는 '사람이 서로 짝이 되어 끌어당길 수 있는' 것은 "전기의 힘"(電力)과 같은 그 내면에 "사

16) 康有爲, 『中庸注』(5), 371쪽, "電氣流徙, 無有遠邇, 莫不通焉."

17) 중국에서 'ether'(以太) 개념은 1898년 『淸議報』에 처음 소개되었다. 이러한 주장은 마이컬슨(Michelson, Albert Abraham, 1852~1931)-몰리의 실험으로 그 모순이 발견되었으며, 아인슈타인(Einstein, Albert, 1879~1955)의 상대성 이론으로 그 실재(實在)를 논의할 필요가 없게 되었다.

18) 康有爲, 『孟子微』(5), 卷一, 「總論」第一, 414쪽, "不忍之心, 仁也, 電也, 以太也. 人人皆有之, 故謂人性皆善."

19) 이연도, 「대동과 유토피아: 강유위 사상의 특색」(한국철학사상연구회, 『한국철학논집』 18집, 2006.) 254~255쪽 참조.

랑의 힘"(愛力)을 갖추었기 때문이고, 그래서 그 '인'은 '사람'을 벗어날 수 없고, 사람은 언제나 '인'을 실현해야 한다고 주장한다. 이것이 바로 그의 "박애"(博愛) 철학으로써, '전기'가 '지기'(知氣)이고, '인'이며, "사랑의 힘"이라는 사실에서 출발한 것이다.

> 인(仁)이란 하늘에서는 낳고 낳는 이치(生生之理)가 되고 사람에서는 널리 사랑하는(博愛) 덕이 된다.......인은 두 사람의 관계에서 생긴 것이며, 사람의 도(人道)는 서로 짝이 되어 끌어당긴다는 뜻을 가지고 있다. 즉 '사랑의 힘'(愛力)이다. 사실은 '전기의 힘'이다. 사람이 이 '사랑의 힘'을 갖추고 있으므로 인은 바로 사람이다. 진실로 이 '사랑의 힘'이 없으면 사람이 될 수 없다.[20]

그런데 강유위는 '인'을 또 다른 개념으로 해석하는데, 그것은 현실 세계에서 보다 실천적 의미를 갖는 "사랑의 본성"(愛質)이다. 그에 의하면 '사람의 도'(仁道)로 무리를 합할 수 있고 태평세를 이룰 수 있는 것은 그 근본에 있는 "사랑의 본성"(愛質)을 확충(擴充)해 나갔기 때문이고[21], 그래서 사람은 결코 그러한 "사랑의 본성"을 끊어버리지 말아야 한다. 그의 말대로, 만약 '산은 기가 끊기면 무너지고, 몸은 맥이 끊기면 죽게 되고, 땅은 기가 끊기면 흩어지듯이, 사람에게 있는 "사랑의 본성"(愛質)을 끊어 버린다면 그것은 바로 사람의 도를 끊어 없애는 것이다. 즉 사람의 도를 끊어 없앤다는 것은 오로지 그 문명을 끊고 야만으로 되돌아가는 것이고, 그 야만마저도 단절시켜 금수의 본질로 돌아가는 것일 뿐이다.'[22] 이

---

20) 康有爲, 『中庸注』(5), 같은 책, 379쪽, "仁者, 在天爲生生之理, 在人爲博愛之德.......仁從二人, 人道相偶, 有吸引之意, 卽愛力也, 實電力也. 人具此愛力, 故仁卽人也. 苟無此愛力, 卽不得爲人矣."

21) 康有爲, 『大同書』(7), 第七, 「申部」, 「四禁」, 183쪽, "夫天演者, 無知之物也. 人義者, 有性識之物也. 人道所以合群, 所以能太平者, 以其本有愛質而擴充之."

22) 康有爲, 같은 책, 第七, 「甲部」, 「緒言」, 4쪽, "山絕氣則崩, 身絕脉則死, 地絕氣則散. 然則人絕其

렇게 본다면 '인'의 실현이란 사람의 내면에 있는 "사랑의 힘"(愛力)을 자각하여 사람의 본질이 곧 하늘의 본질임을 깨닫는 동시에 "사랑의 본성"(愛質)을 확충하여 '사랑'을 바깥으로 넓혀 나가는 것이라고 할 수 있다. 이것은 바로 '사람이 사람 되는 도리'(人道)의 근거이자 근본정신인 것이다.

결국 우리는 오로지 '인'의 실현을 통해서 '사람의 본질과 하늘의 본질의 동일성'을 깨달을 때에만 단순히 현실 세계의 비판을 위한 이상으로서가 아니라 현실 세계 내부의 근본적 변화를 이끌어 내어 '외부 사물'과의 구분이 없는 완전한 일체성을 이룰 수 있다. 만약 그렇지 않는다면 우리는 결코 인류 구제를 위한 대동 세계를 향하여 단 한 걸음조차도 내 딛지 못하고, 끝내 고통 속에서 허우적거리면서 삶을 마칠지도 모른다. 왜냐하면 "모든 인정(仁政)은 차마 하지 못하는 마음에서 나와 만 가지로 변화하는 세계가 되고 모든 근원이 된다……인도의 인애(仁愛)와 인도의 문명 그리고 인도의 진화는 태평 대동에 이르러 그곳에서 나오기 때문이다."[23] 그리하여 그는 "나의 대지의 대동, 나의 인(仁)이 대지에 미칠 수 있다."[24]라는 강한 자신감을 토로하고, '인'의 실현은 현실 세계의 모든 차별적인 사회 제도가 제거되고("破除九界"), 사람이 모두 평등한 권리를 가질 때에 비로소 가능하다고 본다. 따라서 사람이 평등한 권리를 가질 수 있는 근거는 바로 '인'이며, 인류에 대한 보편적 사랑을 드러내는 "박애"(博愛)[25]인 것이다.

不忍之愛質乎. 人道將滅絕矣. 滅絕者, 斷其文明而還于野蠻, 斷其野蠻而還于禽獸之原質也夫.

23) 康有爲, 『孟子微』(5), 卷一, 「總論」第一, 414쪽, "一切仁政, 皆從不忍之心生, 爲萬化之海, 爲一切根, 爲一切源.……人道之仁愛, 人道之文明, 人道之進化, 至于太平大同, 皆從此出."

24) 康有爲, 『大同書』(7), 第五, 「有國之害」, 119쪽. "卽吾大地大同, 吾之仁能及大地矣."

2) 인간 권리의 보장 – '天民'(平等)

앞서 보았듯이, '인'은 사람과 사람의 불평등한 관계(차별)를 제거하고 평등한 관계를 갖게 하는 근원적 힘이고, 이러한 '인'의 실현 속에서 사람은 하늘로부터 부여받은 독립적이고 평등한 권리를 보장 받을 수 있다. 하지만 현실 세계에서 사람과 사람의 불평등한 관계는 엄연히 존재하며, 이런 속에서 사람은 자신의 평등한 권리를 박탈당하고 언제나 '차별'을 받으면서 살아간다. 그 이유는 무엇인가? 강유의가 볼 때에 그것은 '하늘이 낳고 하늘의 본성을 동일하게 가지는' 사람이 모두 '동포'(同胞)이자 '형제'(兄弟)라는 사실을 알지 못하기 때문이다. 그에게서 사람은 모두 오직 '태어나면서 하늘로부터 독립적이고 평등한 권리를 부여받은 존재'일 뿐이다. 이러한 주장은 그가 맹자의 "하늘의 백성"(天民) 개념에 서양 계몽사상의 "천부인권"(天賦人權) 개념을 결합시킨 결과인데, '이러한 사람에 대한 평등 의식은 그가 근대 사상가로써의 면모를 지니고 있음을 충분히 보여준다고 할 수 있다.'[26]

> 천하의 사람은 본래 모두 하늘이 낳았으며, 이 하늘의 본성을 동일하게 갖고 있기에 원래부터 동일한 형제이다.[27]

---

25) 康有爲, 『孟子微』(5), 455쪽, "仁者博愛." 『中庸注』(5), 379쪽, "孔子以天地爲仁, 故博愛."[이런 이유로 梁啓初는 康有爲의 사상을 博愛派 철학이라고 한다.(梁啓初, 「康南海傳」(『飮永室合集』一卷, 中國: 中華書局, 1996), "先生之哲學, 博愛派哲學也."]

26) 정인재, 같은 글, 134쪽 참조 바람.

27) 康有爲, 『論語注』(6), 卷之十二, 顔淵第十三, (凡二十四章), 473~474쪽, "天下之人, 本皆天生, 同此天性, 自同爲兄弟也." 康有爲, 『春秋董氏學』(2), 六上, 「仁智」, 393쪽, "孔子之仁, 專以愛人類爲主." 康有爲, 『春秋董氏學』(2), 卷6下, 「王」, "孔子本仁, 最重兼愛."

> 사람마다 모두 하늘이 낳은 까닭에 '나라의 백성'(**國民**)이라 말하지 않고 '하늘의 백성'(**天民**)이라 말하였다. 사람마다 모두 이미 하늘이 낳았으니, 곧바로 하늘에 예속되어 있고 사람마다 모두 독립되어 평등하다. 사람마다 모두 동포이며 서로 형제 같이 친하다.[28]

이와 같이 강유위에서 '사람은 모두 하늘이 낳고 하늘의 본성을 동일하게 가지기 때문에 하늘로부터 부여받은 몸이 있다는 것은 바로 그들에게 모두 독립적이고 평등한 권리가 있음을 의미한다. 그래서 그 권리를 침해하는 것은 사람이 "하늘로부터 부여받은 권리"(天權)를 침해하는 것이고, 그 권리를 양보하는 것은 사람이 "하늘로부터 받은 직분"(天職)을 포기하는 것이다.'[29] 예컨대, 그의 말대로 사람의 몸은 한 사람 몸의 자립을 가지고 있어 사사로움이 없지만, 간혹 부모가 자기 마음대로 자식을 조종하고 명령하거나 어머니가 한쪽으로 치우친 사랑에 휩싸여 손자를 학대하는 등 다른 사람들에게 고통을 주는 행위들을 한다면 이것들은 모두 '불인'(不仁), 즉 '사람의 도'(人道)를 상실시키는 행위이며, 결국 사람이 하늘로부터 부여받은 '독립적이고 평등한 권리'를 손상시키는 행위일 뿐이다. 따라서 사람은 모두 자신의 평등한 권리를 타인으로부터 결코 침해당하지 말아야 하고, 또한 그 자신도 스스로 평등한 권리를 포기하지 말아야 한다.

> 사람은 모두 하늘이 낳았다. 부모의 살아 있는 몸에 의탁하여 사람이 되었지만 부모가 전할 수 있는 바가 아니다. 사람마다 곧바로 하늘에 예속되어 있다. 아무

28) 康有爲, 『孟子微』(5), 卷一, 「總論」 第一, 417쪽, "人人皆天生, 故不曰國民而曰天民. 人人旣是天生, 則直隷于天, 人人皆獨立而平等, 人人皆同胞而相親如兄弟."

29) 康有爲, 『大同書』(7), 第二, 「論女」, 「不得充議員」, 55쪽, "人者天所生也, 有是身體卽有是權利, 侵權者謂之侵天權, 讓權者謂之失天職."

> 도 그것을 가로막아 통제할 수 없다. 대개 한 사람의 몸은 한 사람 몸의 자립을 가지고 있어 사사로움이 없다. 그러나 간혹 아버지가 아내의 말을 듣고 그 자식을 괴롭히거나 어머니가 편애하는 성질을 가지고 그 손자를 학대하는 것은 모두 인도의 독립된 뜻을 잃고 천부인권의 리(理)를 손상시키는 것이다.[30]

즉, 강유위에서 사람이 본래 모두 자립하여 성인이 될 수 있는 독립적이고 평등한 존재라고 한다면 사람은 모두 선천적인 차이가 없기 때문에 현실 세계에서 문왕과 백성, 왕자와 서인, 군자와 소인 등으로 구분 짓는 행위는 오로지 무의미한 일일 뿐이다.[31] 그러한 구분들은 오직 현실 세계의 모든 차별적인 사회 제도들의 산물(産物)에 지나지 않는다. 즉, '나'는 오로지 '남'·'가족'·'사회'·'국가'로부터 그 어떠한 차별도 받지 않는 평등한 존재일 뿐이다. 하지만 위의 구분들처럼, 현실 세계에서는 사람과 사람의 차이가 엄연히 존재하고 있고, 그 차이는 끊임없이 차별을 낳으면서 더욱 강화된다. 그렇다면 과연 그러한 차이는 어디에서 오는 것인가? 뒤에서 보겠지만, 강유위에서 그 차이는 배웠느냐 배우지 않았느냐는 사람의 '기질에 속하는 후천적 습득'과 깊은 관계가 있다. 그리하여 그는 그 습득의 방법으로 장병린(張炳麟)이 주장한 급진적인 혁명(革命)의 방법[32]이 아닌 점진적인 진화의 방법을 채용하고, 이를

---

30) 康有爲, 같은 책, 第一, 「緖言」, 「壓制之苦」, 36쪽, "人天所生也, 托藉父母生體而爲人, 非父母所得傳也. 人人直隸于天, 無人能間制之. 蓋一人身有一人身之自立, 無私屬焉. 然或父聽後妻言而毒其子, 母有偏愛之性而虐其孫, 皆失人道獨立之義, 而損天賦人權之理者也."

31) 康有爲, 『孟子微』(5), 卷一, 「總論」 第一, 418쪽, "人人性善, 文王亦不過性善, 故文王與人平等相同. 文王能自立爲聖人, 凡人亦可自立爲聖人. 而文王不可時時現世, 而人當時時自立, 不必有所待也." 康有爲, 『春秋董氏學』卷六上, 「本天」, 375쪽, "人人爲天所生, 人人皆爲天之子. 但聖人姑別其名稱, 獨以王者爲天之子, 而庶人爲母之子, 其實人人皆爲天之子." 康有爲, 『張興學記』(1), 341쪽, "夫性者受天命之自然, 至順也. 不獨人有之, 禽獸有之, 草木充有之, 故孔子曰, 性相近也. 夫相近, 則平等之謂, 故有性無學, 人人相等, 同是食味·別聲·被色, 無所謂小人, 無所謂大人也. 有性無學, 則人與禽獸相等, 同是視聽運動, 無人禽之別也"

32) 馮友蘭, 『현대중국철학사』(서울: 이제이북스, 2006), 정인재 역, 40~44쪽 참조.

통해 인류 개조와 개량(改良)을 위한 교육과 계몽을 주장함으로써 사람과 사람의 차이를 극복하고 인간 평등의 실현을 위한 대동 세계를 주장한다. 이것은 그가 '개량주의자'로 분류 되는 이유이기도 하다. 결국 그의 대동사상에서 '인'의 실현은 사람의 독립적이고 평등한 권리를 보장한다는 측면에서 아주 중요한데, 그는 그것으로 사람과 사람, 사람과 사물의 소통(疏通)이 이루어지고, 인류의 인애(仁愛)와 인류의 문명 그리고 인류의 진화가 실현될 수 있다고 보았던 것이다.[33]

---

33) 蕭公權은 강유위의 "대동은 인류 최후의 귀착지로써, 그 조건은 가족과 국가와 남과 나의 경계를 제거하고 일체의 박애와 평등의 실현에 있다. 세계 대동이란 인류의 박애와 평등한 생활을 실현하는 이상적인 제도이다. 박애가 대동의 기초라면, 평등은 대동의 작용이다. 박애가 대동의 동기라면 평등은 대동의 결과이다."라고 주장한다.(蕭公權, 『中國政治思想史』, 최명・손문호 역, (서울대학교 출판부, 2004), 1121쪽 참조.)

3. 인간의 자연스러운 본성의 확장 – '욕(欲)'

1) 욕망과 본성(性)의 관계

앞서 보았듯이, 강유위에서 사람은 모두 하늘이 낳고, "하늘의 본성"(天性)을 동일하게 가진다고 한다면 사람은 본질적으로 모두 평등한 권리를 가지고, 이와 함께 동일한 '기질'(性)과 '욕구'(욕망)를 가진다고 할 수 있다. 특히, 사람의 '욕망'이 모두 동일하다면 그것은 모두에게 동일하게 실현되어야 하기 때문에 그것은 언제나 긍정되어야 한다. 이제 우리는 그의 '성'(性)과 '욕망'에 관한 주장을 통해서 그러한 '욕망' 긍정의 함축적 의미를 살펴볼 것이다. 왜냐하면 그것은 그의 대동사상이 그 이전의 사상과 어떠한 차별성을 보이며, 또한 그것이 어떠한 성격을 가지고 출발하는가를 규정짓는 아주 중요한 논의이기 때문이다.

강유위의 '성'(性)에 대한 주장은 기본적으로 '자연인성론'(自然人性論)에 기초한다. 그래서 그는 '성'을 '의리'(義理)와 '기질'(氣

質)로 나누는 장재(張載)·정이(程頤)·주자(朱子) 등의 '성론'(性論)을 비판하고, 고자(告子)의 '성론'을 받아들이면서 사람의 '본성'(性)을 하늘로부터 부여 받은 자연스런 것으로(天生), '생의 바탕'으로(生之質), '기질'(氣質)로 규정한다. 그래서 그는 '성' 자체에 '선'과 '악'이 없는, 즉 사람의 선한 본성이 선천적으로 존재하지 않는다고 주장한다.[34] 그렇다면 그가 이러한 주장을 하는 이유는 무엇인가? 간단하게 말해, 그는 만약 사람의 선한 본성이 선천적으로 존재한다고 하면 이것은 결과적으로 사람의 '욕망'이 사람의 선한 본성에 의해서 부정되고 억압되는 지배 구조를 낳게 되고, 결국 그러한 구조는 현실 세계에서 물질문명을 발전시켜서 "두루 백성을 구하고 널리 중생을 구제하려는"[35]) 그 자신의 대동 이상의 기반을 상실시키는 결과를 가져온다고 보기 때문이다. 여기서 우리는 그가 그 당시 주자학적 전통에서 '천리'(天理)와 '인욕'(人欲)을 나누어 보는 '천리인욕론'(天理人欲論)에 반대하여 '천리'(天理)와 '인욕'(人欲)을 '인리'(人理)와 '천욕'(天欲)으로 바꾸어 설명하는 것에 주목할 필요가 있다.

> 리(理)란 사람이 세워놓은 것이다.......그러므로 리란 사람의 리(人理)이다. 눈과 귀의 모든 몸, 그리고 혈기심지는 하늘이 먼저 부여한 것이다. 갓난아이는 무지하지만 이미 욕구를 가지고 있다. 인사에 관여함이 없다. 그러므로 욕구란 자연스러운 것이다.......대체로 천은 욕구하고(天欲) 사람은 다스리는 것이다.(人理)[36]

34) 康有爲, 『長興學記』(1), 341쪽, "告子生之謂性, 自是確論, 與孔子說合,......程子 張子 朱子分性爲二, 有氣質, 有義理,......合附會孟子. 實則性全是氣質, 所謂義理, 自氣義理." 康有爲, 『萬木草堂口說』(2), 「中庸」, 166쪽, "性者, 生之質也, 未有善惡." 康有爲, 같은 책, 「荀子」, 186쪽, "凡論性之說, 皆告子是而孟非." 康有爲, 같은 책, 같은 곳, 188쪽, "性是天生, 善是僞." 康有爲, 같은 책, 「春秋繁露」, 188쪽, "性之有質, 無善惡."

35) 康有爲, 『論語注』(6), 卷之六, 雍也篇第六(凡二十八章), 424쪽, "普救生民, 博濟衆生."

혹자의 해석에 따르면, 강유위에서 "인욕은 결코 악이 아니며 인욕을 억압하는 리(理), 즉 천리(理)는 결코 선이 아니다. 성 자체라야 비로소 선하다. 그런데 '성' 자체는 오히려 '인욕'(고통을 버리고 즐거움을 구함)에 지나지 않는다. 봉건 전통이 악(人欲)이라고 여긴 것을 여기서는 '선'(人性자체)으로 여겼고, 봉건 전통이 '선'(人欲을 억압)이라고 여긴 것을 여기서는 악(이런 억압이 자연스런 본성의 발전을 위배했기 때문에)으로 여겼다."[37]는 것이다. 물론 여기서 봉건 전통은 그 당시 주자학적 전통을 가리키는 것으로 보이는데, 그러한 전통에서 전적으로 '천리로 인욕을 억압하는, 즉 천리를 선으로 보고 인욕을 악으로 보았다'는 주장에는 다소 이론의 여지가 있을 지도 모른다. 하지만 여기서 한 가지 분명한 사실은 강유위가 볼 때에 '성'과 '욕'을 이원화해서 '성'에 본래 '선'이 있다고 보는 주장이 결국 사람이 하늘로부터 부여 받은 자연스런 본성인 '욕망'을 가로 막아 사람이 사람 되는 도리를 끊어버린다는 것이다. 이런 이유로, 그는 '인'(仁)을 '사람'(人)으로 보고 그의 사상적 중심에 '사람'을 두고서 대동 이상을 실현하려고 한 것이다.

그런데 만약 사람의 '본성'에 '선'이 있다고 한다면 이때의 '선'은 구체적으로 무엇인가? 강유위에서 그것은 오직 "기질에 속하는 후천적인 습득"[38]일 뿐이다. 그렇다면 '선'과 '악'은 하늘로부터 부여받은 자연스런 본성인 '욕망'을 벗어나서 이해될 수 없을 것이다. 그 '욕망'의 속성은 오직 "고통을 제거하고 즐거움을 추구하는 것"

36) 康有爲, 『康子内外篇』(1), 「理氣篇」, 110쪽, "理者, 人之所立……故理者, 人理也. 若耳目百體, 血氣心知, 天所先與. 嬰兒無知, 己有欲焉, 無與人事也. 故欲者, 天也……盍天欲而人理也."

37) 李澤厚, 같은 책, 214쪽 참조.

38) 李澤厚, 같은 책, 213쪽.

일 뿐이고, 여기서 '사람의 도'(人道)가 세워진다. 즉, "사람에 근거하는 도는 고통과 즐거움뿐이다. 사람을 위해 도모하는 것은 그들의 고통을 제거하고 즐거움을 추구하는 것뿐이다."[39]와 "사람의 도에는 고통을 구하고 즐거움을 제거하는 것이 없다."[40]가 그것이다. 그런데 사람은 지각을 가진 존재여서 외부의 자극에 대하여 반드시 쾌적하고 합당한 반응을 하거나 그렇지 못하거나 하게 되는데, 즉 "적합하고 알맞은 것은 정신이 즐거워하고, 적합하지 못하고 알맞지 못한 것은 정신이 괴로워한다."[41] 이와 같이 '즐거움'과 '고통'이 외계의 자극에 의한 알맞음과 알맞지 못함의 여부에 따라서 결정된다면 우리는 반드시 '알맞지 않는 것'은 고통을 주기 때문에 제거해야 하고, '알맞은 것'은 즐거움을 주기 때문에 추구해야 할 것이다. 여기서 '선'과 '악'이 결정된다. 즉, '고통을 제거하고 즐거움을 추구하는' 것은 '선'이고, '고통을 많게 하고 즐거움을 적게 하는 것은 '악'이라는 것이다.

> 법도를 수립하고 종교를 창안하여 사람들에게 즐거움을 주고 고통을 없애는 것은 선(善) 가운데 선(善)이고, 사람들에게 즐거움이 많게 하고 고통이 적게 할 수 있는 것은 선(善)하기는 하지만 아직 완전한 선(善)은 아니다. 사람들에게 고통을 많게 하고 즐거움을 적게 하는 것은 불선(不善)이다.[42]

---

39) 康有爲, 『大同書』(7), 第一, 「緖言」, 6쪽, "依人之道, 苦樂而已. 爲人謀者, 去苦以求樂而已."

40) 康有爲, 같은 책, 같은 곳, 7쪽, "人道無求苦去樂者也."

41) 康有爲, 같은 책, 같은 곳, 6쪽, "夫生物之有知者, 腦筋含靈. 其與外物之觸遇也, 則有宜有不宜焉, 有適有不適焉. 其于腦筋適且宜者, 則神魂爲之樂. 其于腦筋不適不宜者, 則神魂爲之苦. 況于人乎, 腦筋尤靈, 神魂尤淸, 明其外物之感人于身者尤繁夥・精微・急接, 而適不適尤著明焉. 適宜者受之, 不適宜者拒之."

42) 康有爲, 같은 책, 같은 곳, 7쪽, "立法創敎, 能令人有樂而無苦, 善之善者也. 能令人樂多苦少, 善而未盡善者也. 令人苦多樂少, 不善者也."

이상으로 본다면, 강유위에서 "고통을 제거하고 즐거움을 추구하는" '욕망'은 사람이 하늘로부터 부여 받은 자연스러운 본성이다.[43] 그래서 그는 '몸'이 있으면 이 '몸'의 욕망이 있기 때문에 동양 사람이든 서양 사람이든 모두 동일한 욕망을 가진다는 것이다. 물론 이때의 욕망은 '생리적 욕구'와 '물질적 욕망' 그리고 '정신적 욕망' 등을 모두 포함하는 통합적 개념이다.[44] 그리하여 성인도 사람 몸에 본래 있는 재물을 좋아하고 여색을 좋아하며 즐거움을 좋아하는 욕망을 금지 하지 않았고, 그것을 미루어서 사람들과 함께 하려고 하였듯이,[45] 사람들의 '욕망'은 현실 세계에서 그 어떤 경우라고 하더라도 결코 금지시켜서는 안 된다는 것이다. 만약 그것을 금지시킨다면 그것은 사람의 본성을 끊어버리는 것이고, 사람이 사람 되는 도리의 근거를 끊어버리는 것일 뿐이다. 여기에 강유위가 '사람의 도'(人道) 그 중심에 '사람'을 두고[46] "고통을 제거하고 즐거움을 추구하는" 욕망은 모든 사람에게 동일하게 실현되어야 한다고 강조한 이유가 있다. 이런 속에서 사람의 본성은 비로소 선해지는 데, 결국 사람이 물질문명을 발전(진보, 진화)시키려는 것도 모두 그러한 욕망을 실현하기 위한 것이라고 할 수 있다.

43) 康有爲, 같은 책, 第一, 「緖言」, 「愿欲」, 32쪽, "人生而有欲, 天之性哉"

44) 康有爲, 『大同書』(7), 第三, 85쪽, "人之有是四肢五官也, 有是體卽有是體之欲, 此中西人之所同也."

45) 康有爲, 『孟子微』(5), 卷四, 「同民」第十, 462쪽, "孔子之道, 本諸身, 人身本有好貨, 好色, 好樂之欲, 聖人不禁, 但欲其推以同人. 盖孔孟之學在仁, 故推之而彌廣. 朱子之學在義, 故斂之而愈嗇. 而民情實不能絕也."

46) 康有爲, 『中庸注』(5), 370쪽, "然非人所共有, 不謂之道."

2) 욕망의 충족과 확장

(1) '고통'(苦, 苦惱, 疾苦)의 제거

강유위의 주장처럼, 사람이 모두 하늘로부터 부여받은 "고통을 제거하고 즐거움을 추구하는" '욕망'이 있다면 현실에서 그들의 욕망 충족은 당연한 것이며, 그들은 언제나 고통 없는 행복한 삶을 살아가야 할 것이다. 그러나 현실 세계를 보면 사람은 모두 여전히 고통 있는 불행한 삶을 살아갈 뿐이다. 그렇다면 과연 그 이유는 무엇인가?

먼저 위의 문제를 해결하기 위해서는 강유위가 말하는 '고통'의 종류에 어떠한 것들이 있는지를 알아 둘 필요가 있다. 즉, 그는 '고통'이 현실 세계의 모든 차별적인 사회 제도의 산물임을 자각하고, 그 '고통'을 7개의 범주로 분류하고 그 종류를 38가지로 열거하여 각 종류마다 다양한 자료들을 제시하면서 비판적으로 검토해 나간다. '그가 열거한 것들은 대체로 경제·정치·사회·문화 및 개인적 감정(사랑과 원한 등)에 관한 것이다. 특히, 그의 주요 관심은 제왕과 종교적 교주의 존재, 남녀 차별, 계급의 분열, 국가와 가족의 존재, 질병과 빈곤 및 야만상태 등이다.'[47] 그 내용은 구체적으로 말하면 '(1) 사람에 의한 7가지 고통, (2) 천재지변에 의한 8가지 고통, (3) 인간관계에 의한 5가지 고통, (4) 정치상에 의한 7가지 고통, (5) 인정(人情)에 의한 6가지 고통, (6) 부러움의 대상에 의한 5가지 고통' 등이다.[48] 이렇듯이, 강유위는 사람이 현실 세계에 태

47) 이규성, 같은 글, 104쪽 참조 바람.

어나는 동시에 고통 속에서 삶을 살아갈 수밖에 없다고 본 것이다. 특히, (5)에 근거하여 보면, 여기서의 '고통'은 주로 사람의 몸과 마음에 아주 큰 영향을 미치는 심리적 불안감과 깊은 관련이 있다. 그러한 불안감이 심화되면 될수록 사람은 자신의 감정에 대한 조절 능력의 상실로 그것에 지배되어 더욱 더 고통 속에서 삶을 살아갈 뿐이다. 때문에 강유위는 단호하게 고통의 원인을 찾아서 제거하는 것이 그 무엇보다도 중요하다고 강조한다.

그럼 그러한 '고통'의 원인은 무엇이고, 그것은 어떻게 제거 될 수 있는가? 강유위는 '선종'(禪宗) 특히 화엄종(華嚴宗)의 영향 하에서 그 고통이란 "아홉 가지 경계"(九界)의 '차별'에서 발생하며, 그러한 '차별'을 제거하고 경계를 허물어야지만 사람은 고통에서 벗어나 '차별이 없고'(無差別) '경계가 없는'(無境界) '극락세계'(極樂世界)라는 대동 이상에 도달할 수 있다고 본다. 그래서 그는 자신의 심경을 다음과 같이 토로한다. "심하구나, 사람의 불행이여. 사람은 태어나면서 아홉 가지 경계(의 차별)가 존재하는 세상의 그물에 던져져 질고가 매우 많다……병을 알면 약을 살 수 있는 것이니, 이 아홉 가지 경계(의 차별)를 제거해야 한다……내가 사람들을 고통으로부터 구하는 도는 바로 아홉 가지 경계(의 차별)를 제거하는 데에 있을 뿐이다."[49] 이와 같이, 그는 바로 그 당시 사람

48) 康有爲, 『大同書』(7), 8쪽, 주)2 참조.) 苦痛의 종류는 '(1) 잉태, 요절, 불구, 야만인, 변경 거주인, 노비 여자 등으로 인해 발생되는 고통, (2) 홍수와 가뭄에 의한 기근, 전염병, 화재, 수재, 화산폭발, 건물 붕괴, 선박 침몰, 메뚜기 떼 등으로 인해서 발생되는 고통, (3) 홀아비와 과부, 고아와 무자식, 노인, 질병에 의사가 없는 것, 빈궁, 비천 등으로 인해서 발생되는 고통, (4) 형벌과 투옥, 가혹한 세금, 병역, 계급, 압제, 국가의 존재, 가정의 존재 등으로 인해서 발생되는 고통, (5) 우둔함, 원한, 사랑과 그리움, 얽매임, 힘들과 고생스러움, 소원과 욕망, 억압당함, 계급차별 등으로 인해서 발생되는 고통, (6) 부자, 귀인, 장수자, 제왕, 신・성인・신선・부처(부처를 포함한 모든 사람이 고통을 겪음) 등으로 인해서 발생되는 고통' 등이다.

49) 康有爲, 『大同書』(7), 25쪽, 주4), "甚矣, 人之不幸也. 生茲九界, 投其網羅, 疾苦孔多……知病卽

들이 고통 속에서 삶을 살아가는 것을 목도하고, '즐거움을 추구하는' '욕망'을 실현하기 위해 '고통'의 원인인 "아홉 가지 경계"의 '차별'을 제거하고 물질문명을 발전시켜서 그들이 공동체 안에서 진정한 행복을 누릴 수 있기를 기대한 것이다.

그래서 강유위는 고통의 원인인 "아홉 가지 경계"(九界)의 '차별'에 관한 문제를 다양한 자료들에 근거하여 조목조목 비판하면서 그 '차별'이 어떻게 사람들의 고통을 더욱 더 공고화(鞏固化)시켰는가에 대한 논의를 진행한다. 그 기본 내용은 (1) 영토와 부락을 나누는 국계(國界), (2) 귀천과 청탁을 나누는 급계(級界), (3) 황인종・백인종・갈색인종・흑인종으로 나누는 종계(種界), (4) 남자와 여자로 나누는 형계(形界), (5) 부자・부부・형제의 친분을 사사롭게 하는 가계(家界), (6) 농업・공업・상업을 사유화하는 업계(業界), (7) 불평등・편파성・부당성・불공성한 법을 두는 난계(亂界), (7)사람과 기타 생명체를 구별하는 유계(類界), (9) 고통이 끊임없이 유전되는 고계(苦界) 등이다.[50] 그런데 강유위에서 위의 "아홉 가지 경계" 내의 모든 차별적인 사회제도들은 본래 사람의 '차별'을 전제로 출발하지 않았지만 시간이 지나도 개선되지 않는 수준 미달과 그 자체의 결함으로 인하여 '욕망'의 충족보다도 사람을 구속하고 억압하고 차별하는 등 오로지 '고통'만을 주는 제도로 변질되었다는 것이다. 이렇듯이 현실 세계의 '고통'은 사람이 하늘로부터 부여 받은 것이 아니라 현실 세계의 모든 차별적인 사회 제도들의 구조적 결함과 모순에서 발생하기 때문에 사람은 그러한

藥. 破除其界……吾救苦之道, 卽在破除九界而已."

50) 康有爲, 같은 책, 같은 곳, 같은 쪽 참조바람.

제도들에 대한 근본적인 개혁 없이는 결코 '고통'에서 벗어날 수 없다. 따라서 "고통을 제거하고 즐거움을 추구하는" 욕망을 실현하기 위해서는 반드시 고통의 원인인 "아홉 가지 경계"의 차별을 제거해야 하는 것이다.

그래서 강유위는 동양과 서양의 여러 사상을 혼합하고 절충해서 만들어낸 그 자신의 독특한 이론 체계에 근거하여 "아홉 가지 경계"의 '차별'을 제거하고 "즐거움을 추구하는" 욕망의 실현을 위한 '인류 구제의 대동 이상'으로 나아가는 과정을 설명한다. 그 구체적인 내용은 '(1) 국계(國界: 국경)의 제거－세계의 통일, (2) 급계(級界: 계급차별)의 제거－사람과 민족의 평등화, (3) 종계(種界: 인종차별)의 제거－인류의 통합, (4) 형계(形界: 남녀의 차별)의 제거－남녀의 독립을 보장, (5) 가계(家界: 가족 차별)의 제거一'천민'의 실현, (6)업계(業界: 직업차별)의 제거－생업의 공공화, (7) 난계(亂界: 정치적 차별)－태평을 이룸, (8) 유계(類苦: 사람과 동물의 차별)의 제거 모든 생명의 사랑, (9) 고계(苦界: 고통의 세계)의 제거 －극락세계에 이름' 등이다. '이러한 아홉 가지 이상적 방향은 객관적으로는 탈국지화 과정을 통한 세계정부의 수립에서 정점에 이르며, 주관적으로는 탈물질화 혹은 탈집착의 과정을 통해 영혼의 자유와 불멸을 향유하는 단계에서 끝난다. 만인의 신선화가 대동의 귀숙이다. 객관적 과정은 경제・정치・사회 각 수준에서의 제도의 현실과 이상을 포함하고, 주관적 과정은 인간정신의 고양을 포함한다는 것이다.'[51]

51) 이규성, 같은 글, 5쪽.

(2) '즐거움'(樂)의 추구

강유위가 제출한 '대동 세계'는 결코 완성된 세계가 아니라 끊임없이 진화하는 세계이다. 이때의 진화는 어느 한 시점에서 멈추는 것이 아니라 물질문명의 발전 과정과 더불어서 끊임없이 진행된다. 이러한 진화의 과정에서는 근본적으로 "아홉 가지 경계", 즉 모든 차별적인 사회 제도들에 대한 근본적인 개혁을 통하여 현실 세계의 '고통'을 제거하는 것이 무엇보다도 중요하다. 하지만 현실 세계에서 그러한 사회 제도들은 여전히 막강한 힘을 발휘하여 '차별'을 더욱 조장하고 사람의 욕망 충족을 철저하게 가로막고 있기 때문에 그러한 '고통의 제거'는 결코 쉽지가 않다. 왜 그럴까? 그것은 사람 본성에 있는 이기심 때문이다.[52] 즉, 개인의 '이기심'이 충족되는 중에 사회의 공익성이 한쪽으로 편중된다면 사람의 본성 안에 있는 '이기심'이 더욱 드러나서 사회의 혼란을 가중시킨다는 것이다. 따라서 공익성을 해치는 개인의 '이기심'은 결코 충족 되지 말아야 하며, 반드시 절제되고 제거되어야 할 것이다.[53]

그래서 강유위는 그러한 공익성을 해치는 "네 가지의 금지 조항"(四禁)을 말한다. 그 구체적인 내용은 다음과 같다. (1) "게으름의 금지이다."(禁懶惰) 대동 세계는 유희를 즐기는 세계이지만 각자 부단히 자신의 일을 해나가야 한다. 이 세계는 물질문명의 진보에 기초한 세계이므로, 퇴보를 막아야 한다. (2) "혼자만을 존귀하게 여기는 것의 금지이다."(禁獨尊) 대동 세계는 누구에게나 평등

52) 康有爲, 『大同書』(7), 第七, 「第三禁競爭」, 183쪽, "人之性也, 莫不自私."

53) 康有爲, 같은 책, 第一, 「緖言」, 「愿欲」, 32쪽, "人生而有欲, 天之性哉, 欲無可盡, 則當節之."

한 사회이므로, 결코 존귀하거나 천한 사람이 없다. (3) "경쟁의 금지이다."(禁競爭) 대동 세계는 모두가 동포이므로, 살생을 부추기고 다른 사람이 가진 것을 쟁취하는 경쟁이 없다. "사랑의 본질"(愛質)을 확충해야 한다.[54] (4) "인공유산의 금지이다."(禁墮胎) 대동 세계는 가정이 없고 부모와 자녀의 관계도 없다. 아이는 사람이 낳아 사적으로 기르는 존재가 아니라 하늘이 낳아 공적으로 기르는 존재이므로, 부녀자는 하늘을 대신하여 아이를 낳는 것이다.[55] 여기서 '게으름'·'존귀함'·'경쟁'·'인공 유산', 이 네 가지는 철저하게 개인의 '이기심'에서 나오는 것으로, 오로지 "아홉 가지 경계"의 '차별'을 더욱 공고화하여 사람에게 고통만을 줄 뿐이다. 때문에 "즐거움을 추구하는" 욕망은 반드시 그러한 이기심이 배제되고 절제되는 속에서 실현되어야 한다. 그래서 그는 그러한 이기심의 배제 속에서 "즐거움을 추구하는" 욕망을 실현하기 위해 현실세계의 고통의 원인인 "아홉 가지 경계"의 차별을 제거하고 물질문명을 발전시킬 것을 강조한다. 이렇게 본다면 그의 대동 세계는 욕망을 금지하는 사회가 아니라 물질문명의 끊임없는 진보와 개량을 통한 물질적 풍요 속에서 개인들마다 "즐거움을 추구하는" 사회라고 할 수 있다. 그리하여 그는 '즐거움을 추구하는' 욕망에 각종 '생리적 욕구'와 '물질적 욕망', 그리고 '정신적 욕망' 등을 모두 포함시켜서, 이것들의 실현이야말로 "사람의 큰 소원이며 지극한 즐거움"이라고 강조한다.

54) 康有爲, 같은 책, 第七, 「第三禁競爭」, 183쪽, "人之性也, 莫不自私. 夫惟有私, 故事競爭, 此自無始以來受種已然……其始只知有身, 有身而自私其身, 于是爭他身之所有以相殺……以其本有愛質而擴充之."

55) 康有爲, 같은 책, 第七, 182~184쪽 바람.

> 사람이 태어나면서부터 욕망이 있는 것은 하늘이 준 본성이다. 욕망이란 끝이 없으니 마땅히 절제해야만 한다. 욕망을 가까이 다하면 그것을 얻으려 하니, 욕망을 가까이 다한다는 것은 무엇인가? 사람마다 모두 얻으려 하는 것을 나인들 어찌 얻으려 하지 않겠는가? 얻을 수 없으면 다른 사람과 비교해서 부끄러워하고 얻을 수 있으면 살아 있는 사람의 마음인 이상 응당 기뻐하게 마련이다. 살아있는 사람들의 즐거움과 인정(人情)이 원하는 것이 무엇인가? 입은 아름다운 음식을 욕구하고, 사는 집은 아름다운 궁실을 욕구하며, 몸은 아름다운 의복을 욕구하고, 눈은 아름다운 색깔을 욕구하며, 코는 아름다운 향기를 욕구하고, 귀는 아름다운 소리를 욕구하며, 다니는 것은 민첩한 배와 수레를 욕구하고, 쓰는 것은 훌륭한 기계를 사용하기를 원하고, 지식은 학문도서를 욕구하며, 유람하는 이는 아름다운 정원, 수풀, 산, 연못을 원하며, 몸은 질병이 없기를 바란다. 살아있는 사람을 잘 부양하고 죽은 사람을 공손히 장사 지내는 데에는 결함이 없기를 바라며, 몸은 노닐며 올라가고 내려다보고 즐기기를 워하며 조용히 한가로이 휘파람 불며 자유롭기를 원한다. 공적인 일과 정치를 논의하는 데에는 미리 듣고 미리 의논하기를 원하며, 일평생 얽매임도 억압도 없이 초탈하기를 원한다. 명예는 뚜렷이 드러나 철저하게 크게 유행되기를 원한다. 정미한 의리와 미묘한 도가 마음속에 들어가기를 원한다. 많은 책과 기묘한 그림, 골동품, 색다른 물품들이 눈앞에 펼쳐지기를 바라고, 미남미녀를 내 뜻대로 얻어 사귀기를 바란다. 또 산에 오르고 물가에 나가고 바다에 떠다니며 하늘에 올라 널리 보는 기회를 얻으려 한다. 정신은 충만하여 넓은 땅을 두루 관람하고 팔극을 마음대로 다니며 세상을 떠돌아다는 것, 이것들은 사람의 큰 소원이며 지극한 즐거움인데, 대동세의 사람은 모두 얻을 수 있는 것이다.[56]

결국 "고통을 제거하고 즐거움을 추구하는" 욕망은 대동 세계를 사람이 사람답게 사는 사회이게끔 해주는 중요한 동력인(動力因)이다. 여기서 우리는 "즐거움을 추구하는" '욕망'이 그의 '사람의 선한

56) 康有爲, 같은 책, 第一, 「緖言」, 「愿欲」, 32쪽, "人生而有欲, 天之性哉, 欲無可盡, 則當節之. 欲無近盡則愿得之, 近盡者何. 人人之所得者, 吾其不欲得之乎哉. 其不可得之也, 則恥不比于人數也. 其能得之也, 則生人之趣應爾(樂)也. 生人之樂趣, 人情所愿欲者何. 口之欲美飮食也. 居之欲美宮室也, 身之欲美衣服也, 目之欲美色也, 鼻之欲美香澤也, 耳之欲美音聲也, 行之欲靈捷舟車也, 用之欲便美器機也, 知識之欲學問圖書也, 游觀者之欲美園林山澤也, 體之欲無疾病也, 養生送死之欲無缺也, 身之欲游戱登監, 從容暇豫, 嘯假自由也, 公事大政之欲預聞預議也, 身世之欲無牽累壓制而超脫也, 名譽之欲彰大行也, 精義妙道之欲入于心耳也, 名(多)書, 妙畵, 古器, 異物之欲羅于眼低也, 美男妙女之欲得我意者而交之也, 登山監水, 泛海升天之獲大觀也. 情神洋洋, 覽乎大荒, 縱乎八極, 徜徉乎世表, 此人之大愿至樂, 而大同之世人人可得之者也."

본성이 선천적으로 존재하지 않는다'는 주장과 그 맥락을 같이한다는 사실을 상기해 둘 필요가 있다. 왜냐하면 '사람의 본성이 본래 선하다면 그가 중시하는 진화나 개량의 가능성이 원천적으로 봉쇄될 뿐만 아니라 교육과 훈련을 통한 사람의 개조 가능성도 확신할 수가 없기 때문이다.'[57] 따라서 그는 '선'을 '기질에 의한 후천적 습득의 결과'로 인식하고, 그 습득의 과정을 '점진적 진화'의 방법으로 설명하면서, "즐거움을 추구하는" '욕망'의 실현을 위한 물질문명의 진보를 이루고 이상적인 사회제도를 구축해 나갔던 것이다.

[57] 金越會, 「『大同書』에 관한 內向的 讀法」(한국중국어문학회, 『중국문학』 37집, 2002.5), 231쪽 참조.

4. 인간의 욕망이 실현되는 세계

1) 인간 행복의 지평

강유위에서 '대동 세계'는 사람들의 완전한 행복, 즉 사람들의 "즐거움을 추구하는" 욕망이 모두 실현되는 이상 사회이다.[58] 하지만 앞서 말했듯이, 현실 세계의 모든 차별적인 사회 제도들은 본래 사람에게 행복을 주기 위해서 만들어 졌음에도 불구하고, 시간이 지나도 개선되지 않는 그 내부의 구조적 모순과 결함으로 인하여 그들에게 '욕망 충족'이 아니라 '고통'을 주는 것으로 변질되었다. 그래서 그는 그러한 사회 제도들에 대한 철저한 자기반성 속에서, 모든 오래된 관습을 부정하는 것은 물론 가족제도와 사유재산 제도, 그리고 국가제도 등 현존하는 모든 사회 제도들을 부정한다. 이러한 부정을 통해서 그가 도달하고자 한 세계는 앞서 말한 "아홉 가지 경계"의 차별이 제거되고(無差別) 경계가 사라지는(無境界),

58) 康有爲, 『大同書』(7), 第三, 「考終院」, 117쪽, "大同之道, 以求人生之喜樂爲主義."

즉 모두가 '소통'되는 행복한 사회이다.

거듭 말하지만, 강유위에서 "고통을 제거하고 즐거움을 추구하는" 욕망이 하늘로부터 부여받은 자연스런 본성이라고 한다면 현실 세계의 모든 차별적인 사회 제도들을 개혁해서 새롭게 건설되는 문명사회는 사람의 이런 욕망에 부합되어야 하고 이것의 실현에 집중되어 발전(진화)되어야 할 것이다. 이런 이유로 그는 '욕망'을 인정하고, 사람들이 원하는 것은 모두 반드시 모두 주고, 그들이 싫어하는 것은 모두 반드시 없애야 한다고 주장한다. 그래서 그는 "백성이 부유함을 바라고 가난함을 싫어한다면 농업·공업·상업·광업·기계제도 등 이익이 생기는 근원을 열어주고 생계를 걱정하지 않게 해주어야 한다. 백성이 즐거움을 바라고 수고로움을 싫어한다면 쉬게 하고 배불리 먹게 하며 가무와 유람을 즐기게 해야 한다……백성이 즐거워하면 그것을 주고, 백성이 자유를 바라면 그것을 준다. 그리고 모든 속박과 압제의 도구, 중과세와 혹형제도, 주택과 도로의 더러움과 막힘 등 백성이 싫어하는 것은 모두 제거해야 한다."[59]고 말한다. 여기서 그는 '진화'의 '진보'와 '퇴보', 정치의 '문명'과 '야만'을 대비 시켜, 그러한 차이는 결과적으로 모두 사람이 '고통' 속에서 질곡의 삶을 사느냐와 '즐거움' 속에서 마음과 몸의 만족을 추구하면서 사느냐에 달려 있다고 본다.

> 정치와 교화를 잘하는 것은 백성들에게 즐거움을 함께하고 이익을 함께하며 그들이 욕구하는 것을 길러주고 원하는 것을 공급해 주는 데에 있다……진화가 진보

59) 康有爲, 『孟子微』(5), 「仁不仁第七」, 448쪽, "民之欲富而惡貧, 則爲開其利源, 厚其生計, 如農工·商礦·機器·制造門是也. 民之欲惡而惡勞, 則休息·戀纘·歌舞·游會是也……民樂則推張與之, 民欲自由則與之, 而一切束縛壓制之具·重稅嚴刑之擧·宮室道路之卑汚隘塞, 凡民所惡者去之."

> 되었는지 퇴보되었는지, 그리고 정치가 문명적인지 야만적인지의 차이는 모두 백성들의 고통스러워하느냐 아니면 즐거워하느냐에 달려 있다. 백성들을 즐겁게 이익 되게 하면 교화가 진실 된 것이고, 정치가 문명한 사회이다. 반대로 백성들을 고통스럽게 하고 원망하게 만들면 교화는 퇴보되었고 정치는 야만적이다.[60]

그래서 강유위는 사람의 즐거움을 빼앗고 고통만을 더하는 것은 퇴보(退步)이자 불선(不善)이고, 사람의 즐거움을 증진시키고 고통을 제거하는 것은 진화(進化)이자 선(善)이라고 강조한다.[61] 이러한 백성의 '즐거움의 추구'에 기초하는 대동 세계의 생활기초는 바로 정신적으로나 물질적으로도 그들의 삶을 위한 모든 것이 완전하게 갖추어진 세계이다. 즉 과학과 문화가 고도로 발달되었고, 백성들의 생활도 아주 아름답고 원만하며, 모든 사람이 물질적・정신적으로 완벽한 상태를 이룬 세계라는 것이다.

> 대개 대동세는 살아 있는 사람에게 가장 즐거운 세상이다. 안으로는 질병으로 인한 고통이 없고 밖으로는 음식・가옥・생활용품・의복・도로 등의 정밀함이 최고에 이른다. 또한 의학이 가장 융성하고, 의술이 가장 뛰어나며, 의사가 가장 많아서 매일 사람들을 돌봄으로 질병이 생기지 않는다. 진실로 천수를 스스로 끊는 사람이 아니면 죽을 때까지 질병으로 인한 고통을 알지 못한다.[62]

결국 사람들은 반드시 "아홉 가지 경계"의 '차별'을 제거할 때에

60) 康有爲, 『大同書』(7), 第二, 「論女」, 「六曰不得自由」, 73쪽, "夫善爲治敎者, 在使民樂其樂而利其利, 養其欲而給其求……然論天下之公理者, 猶非其私. 自此以外, 一切政敎, 無非力求樂利生人之事. 故化之進與退, 治之文與野. 所以別異皆在苦樂而已. 其令民樂利者化必進, 治必文. 其令民苦怨者, 化必退, 治必野."

61) 康有爲, 같은 책, 第八, 「大同之世人民極樂」, 184쪽, "能令生人樂益加樂, 苦益少苦者, 是進化者, 其道善. 其于生人樂無所加而苦尤甚者, 是退化者也, 其道不善."

62) 康有爲, 같은 책, 第一, 「疾病無醫之苦」, 33쪽, "盖大同之世, 生人最樂, 內無五勞七傷之感, 外極飮食, 宮室, 什器, 服用, 道路之精, 而醫學最盛, 醫術最明, 醫生最多, 日日視人, 疾無自來. 苟非天年之自終者, 盖終身不知有病苦焉."

만 자유자재하는 삶의 유연성을 가질 수 있는데, 즉 "초연히 날아올라 하늘에 닿고 심연에 이르러 호연한 마음으로 자유자재하며 유연히 즐거워 태평한 대동 세계에서 영원한 삶과 깨달음을 누릴 수 있을 것이다."[63] 이러한 대동 세계야말로 "즐거움을 추구하는" 욕망이 실현되는 세계이며, 사람의 행복이 실현되는 세계인 것이다.

2) '욕망'이 실현되는 극락세계

앞서 보았듯이, "즐거움을 추구하는" 욕망의 실현은 물질문명의 발전(진화)과 더불어 시작된다. 그래서 물질문명의 발전이 없다면 사람의 욕망은 결코 실현될 수 없으며, 그러한 욕망의 실현을 위한 물질문명의 발전은 대동 세계로 나아가는 근본 토대를 구축하는 아주 중요한 것이다. 그가 '인'의 실현이라는 궁극 목표 하에서 "아홉 가지 경계"의 차별을 '고통'의 원인으로 지목하고, 그 경계 안의 모든 차별적인 사회 제도들을 제거하고 세계 정부론, 사회 평등론, 가족제 폐지론, 공유제론 등을 주장한 이유도 여기에 있다. 왜냐하면 "고통을 제거하고 즐거움을 추구하는" 것은 바로 '진보'이고 '선'(善)이기 때문이다.

그런데 강유위는 앞에서 말한 대동세계의 모습을 『대동서』의 마지막 편인 「대동지세인민극락」(「大同之世人民極樂」)에서 보다 구체적인 내용을 가지고 서술한다. 이 세계는 과학과 기술의 발달로

63) 康有爲, 같은 책,「聖神仙佛之苦」, 25쪽, 주4), "解其纏縛, 超然飛度, 摩天戾淵. 浩然自在, 悠然至樂, 太平大同, 長生永覺."

사람의 의식주가 해결되어 의료 등의 사회 복지가 완전히 갖추어지고, 계급과 빈부의 격차가 없는 평등한 사회이다. 구체적으로 말하면, 이 세계는 모든 사람이 공공의 집에서 거주하며, 모든 것을 갖춘 자동차와 배들이 저절로 다니고, 하인이 없이 모든 것을 기계가 대신하고, 식생활이 개선되어 고기를 먹지 않고 고기와 똑 같은 것을 섭취할 수 있는 음식을 먹고, 의복에 구별이 없이 모두 좋은 옷을 입고, 의식주의 생활에서 자유로운 세상이다. 또한 그 세계는 매일 의사에게 진찰을 받고 수명이 1200백세로부터 수천백세까지 늘어나고, 누가 시키지 않아도 서로가 사랑할 수 있는 사회이다.[64] 그래서 사람은 신선술을 통하여 육체를 단련하여 질병 없이 오래 살 뿐만 아니라 불교를 통하여 정신적으로 고통으로부터 벗어나서 무한한 자유를 누린다는 것이다. 결국 그는 영혼의 자유와 즐거움을 추구하는 '천유학'(天游學)에서 대동 세계의 궁극적 의미를 실현하려고 한 것이다.

> 대동 태평의 이상은 공자의 뜻이다. 대동세에 이르면 공자의 삼세설도 모두 이루어진다.......그러므로 대동세는 오직 신선사상과 불교 두 가지만 크게 성행할 뿐이다. 대동이란 이 세상 도의 중에서 극치며, 신선사상의 장생불사는 더욱 사람이 가질 수 있는 사상의 극치인 것이다. 불교의 불생불멸이란 이 세상을 벗어나지 않지만 세간을 나와서 더욱 대동의 세계 밖으로 나아가는 것이다.......신선술과 불교 이후에는 '영혼의 자유와 즐거움을 추구하는 학문'인 천유학(天游學)이 있을 것인데, 이에 관한 것은 다시 책을 쓸 것이다.[65]

64) 康有爲, 같은 책, 第八, 「大同之世人民極樂」, 184~188쪽 요약. 참조바람.

65) 康有爲, 같은 책, 같은 곳, 188쪽, "大同太平, 則孔子之志也, 至于是時, 孔子三世之說, 已盡行.......故大同之世, 惟神仙與佛學二者大行. 盖大同者, 世間法之極, 而仙學者長生不死, 尤世間法之極也. 佛學者不生不滅, 不離乎世間乎世間, 尤出乎大同之外也.......故大同之後, 始爲仙學, 後爲佛學, 下智爲仙學, 上智爲佛學. 仙佛之後, 則爲天游之學矣, 吾別有書."

이제 강유위는 그러한 세계를 불교의 초월 사상에 기초하여 자신의 대동 이상이 '극락세계'에 있음을 강조한다. 이것은 『대동서』의 마직만 편인 「대동지세인민극락」(「大同之世人民極樂」, 중화본: 「去世界至極樂」)에서 그 단서를 찾을 수 있을 것이다. 이 '극락세계'는 본래 불교에서 서쪽으로 10만 억 불국토(佛國土)를 지난 곳에 있다는 정토(淨土)로, 어떤 번뇌와 괴로움도 없이 평안하고 청정(淸淨)한 세계를 말한다. 즉 모든 고통이 사라지고 즐거움만 남은 이상향의 세계라는 것이다. 마찬가지로, 강유위도 '극락세계를 오직 '번뇌'가 없는 '즐거움'만 있는 세계로, "고통을 제거하고 즐거움을 추구하는" 욕망이 실현되는 세계로 그리고 있다.

> 이때가 되면("아홉 가지 경계"의 차별이 제거된 때) 인간이 살아가는 데 즐거움만 있고 슬픔과 노함은 없어질 것이니, 어찌 불교에서 말하는 극락세계가 아니겠는가? 불교에서는 억지로 번뇌의 세계를 피하고 별도로 극락세계를 느끼려 하지만 불가능한 일이다. 이제 극락세계가 흘러나오면 온 세상이 극락의 세계가 되면 이후에는 다시 번뇌의 세상이 없을 것이다.[66]

여기에는 여전히 하나의 문제가 남아 있다. 위의 "불교에서는 억지로 번뇌의 세계를 피하고 별도로 극락세계를 느끼려 하지만 불가능한 일이다."는 말은 어떻게 보아야 하는가? 불교의 극락세계를 받아들이면서도 그것을 반박하고 있으니 말이다. 하지만 위의 말은 '자신의 힘으로 수행하여 깨달음을 이룸으로써 해탈을 성취하려는 철저한 자력구원(自力救援)의 불교 사상이 아닌' 부처와 보살의 본원력(本願力)에 의지하여 중생을 구제한다는 타력구원(他力救援)의

66) 康有爲, 같은 책, 第三, 「考終院」, 117쪽, "人道幾有喜樂而無怒哀, 佛欲强逃煩惱世界, 別覓極樂世界而不可得, 今此演出極樂世界于全世界中, 于此後此世界無復煩惱世界矣."

불교 사상에 대한 비판으로 보인다. 그래서 그의 「극락세계」에 대한 이해는 '정토와 예토(穢土)는 다른 공간에 있는 것이 아니라 오로지 중생의 심식(心識)에 의해 결정된다는 선종(禪宗)의 유심정토사상(唯心淨土思想)'[67]의 입장에 있는 것으로 보인다. 그렇다면 그에게서 '극락세계'는 다른 곳의 세계가 아니라 그 자신이 살고 있는 세계임을 가리킨다고 할 수 있다. 다시 말해 그것은 번뇌의 세계 바깥에서가 아니라 번뇌의 세계 안에서 실현되는 세계이다. 따라서 앞의 인용구의 "불교의 불생불멸은 이 세상을 벗어나지 않지만 세간(世間: 영원하지 않은 것들이 서로 모여 있는 우주 공간)을 나와서 더욱 대동 세계의 밖으로 나가는 것이다."에서 보듯이, '극락세계'는 현실 세계에 토대를 두면서도 고통으로 가득 차 있는 공간(世間)을 벗어나서 무한한 자유를 누리는 세계이자 영혼의 즐거움을 누리는 세계이다. 따라서 그의 '극락세계'는 현실 세계와 유리된 세계가 아니라 현실세계에서 실현되는 대동 세계라고 할 수 있다.

결국 강유위는 그러한 '극락세계'라는 대동 이상을 공자의 '인'에서 발견한다. 물론 그 '인'은 오로지 현실 세계와 격리된 세계가 아닌 지금 사람들이 고통 받고 있는 현실 세계 안에서 그 고통의 원인을 제거할 때에만 실현될 수 있는 것이다. 왜냐하면 그의 "대동세에 이르면 공자의 '삼세설'(三世說)도 모두 이루어진다."라는 말에서 보듯이, 대동 세계는 기본적으로 현실에서 사람의 본질이 천지의 본질임을 자각하는 '인'(仁)의 실현이 없이는 결코 도달될 수 없는 세계이기 때문이다. 즉, 그 세계는 '인'이 가득 차 있는 현실 세계에서 실현된다는 것이다. 그가 대동세의 퇴보를 염려하면서

67) 브리태니커, 「淨土思想篇」 참조.

"네 가지의 금지 조항"(四禁)을 강조한 이유도 여기에 있다. 결국 강유의의 대동사상은 현실에서 '인'(仁: 博愛)의 실현으로 개인의 자유와 평등의 권리가 보장되고, 물질문명의 발전과 더불어 개인의 욕망이 실현되는 무소유·무차별·무경계의 '공동체'적 삶을 지향하는 '도덕적 유토피아'(Moral Utopia)라고 할 수 있다.

5. 나가는 말

강유위에서 현실세계는 '고통'으로 가득 찬 세계이다. 이러한 세계에서 사람들의 삶은 고통스러울 수밖에 없고 그 어떠한 희망도 기대할 수 없다. 하지만 '고통'의 원인을 찾아서 해결한다면 사람은 모두 '자주'와 '평등'이 보장되고 모든 것이 공유(共有)되는 공동체적 삶 안에서 행복한 삶을 누릴 수 있다. 그래서 그는 오로지 사람들의 행복한 삶은 바로 '고통을 제거하고 즐거움을 추구하는'(去苦求樂) 욕망의 충족 속에서만 가능하다고 보고, 그 고통의 원인으로 지목된 '아홉 가지 경계'(九界)의 '차별'을 하나하나 비판한다. 이 "아홉 가지 경계"의 차별을 반드시 제거하고 인류 공영의 목적을 실현해 나갈 수 있는 방법은 오직 '대동의 도'를 실행하는 것뿐이다. 만약 그것을 실행하지 않는다면 사람들은 결단코 현실세계의 '고통'으로부터 벗어날 수 없고, 삶의 그 어떠한 즐거움도 추구할 수 없다. 때문에 '대동의 도'는 사람들의 고통스런 삶을 끊임없이 종용하는 '고통'의 원인을 근원적으로 해결하여 사람들의 삶에 완전한 행복을 가져다 줄 수 있는 '유일무이'(唯一無二)한 것이다. 왜냐하면 그것은 "지극히 평등하고 지극히 공적이며 지극히 어진 것으로서, 다스림의 지극함"이기 때문이다.

> 나는 이미 난세에 태어나 (이 세상의) 고통을 목격하였으며 이것을 구제할 방법을 생각하였다. 어리석은 나의 생각으로는 (그 방법은) 오직 대동태평의 도를 행하는 것만이구나! 세상의 모든 법도를 두루 살펴볼 때, 대동의 도를 버리고서 살아있는 사람들의 고통을 구제하거나 큰 즐거움을 구하는 것에는 거의 방법이 없다. 대동의 도는 지극히 평등하고 공적이며 어진 것으로서, 다스림의 지극함이다. 비록 좋은 도가 있다고 해도 이 대동의 도에 덧붙일 것이 없다.[68]

강유위에서 '사람의 도는 고통을 제거하고 즐거움을 추구하는 것이다.' 이 "고통을 제거하고 즐거움을 추구하는" 것은 사람의 자연스런 본성인 '욕망'의 기본 속성이다. 이러한 "고통을 제거하고 즐거움을 추구하는" 욕망은 그 안에 각종 생리적 욕구와 물질적 욕망 그리고 정신적 욕망 등을 포함하는데, 이러한 욕망을 실현하기 위한 물질문명의 발전은 불가피한 것이다. 이런 이유로, 사람들이 하늘로부터 부여받은 '욕망'은 결단코 부정되지 말아야 하고 항상 적극적으로 긍정되어야 한다. 만약 그것을 부정한다면 그것은 사회의 '퇴보'(退步)로, 궁극적으로 '사람이 사람 되는 도리'(人道)를 끊어 없애는 결과를 초래하여 "문명을 단절시켜 야만으로 돌아가게 할 것이고, 그 야만마저 단절시켜 금수의 기질로 돌아가게 할 것이다."[69]

---

68) 康有爲, 『大同書』(7) 第一, 「緖言」, 6~7쪽, "吾旣生亂世, 目擊苦道, 而思有以救之, 昧昧我思, 其惟行大同之道·行太平之道哉. 遍觀世法, 舍大同之道而欲救生人之苦, 致其大樂, 殆無由也. 大同之道, 至平也, 至公也, 至仁也, 治之至也. 雖有善道, 無以加此矣."

69) 康有爲, 같은 책, 같은 곳, 4쪽, "人道將滅絶矣. 滅絶者, 斷其文明而還于野蠻, 斷其野蠻而還于禽獸之原質, 也夫."

결국 '대동의 도'의 실현은 "고통을 제거하고 즐거움을 추구하는" 것에서 시작해서 그것으로 끝난다고 해도 지나친 말이 아닐 것이다.[70] 물론 그 중심에 '인'(仁: 人)이 있음은 분명하다. 이 '인'은 '차마 하지 못하는 마음'(不忍之心)이고, '사랑의 힘'(愛力)이며, 박애(博愛)로써, 사람이라면 누구에게나 있는 보편적인 것으로 '사람과 사람', '사람과 사물'의 소통을 가능하게 하는 대동 세계의 핵심 근거이다. 그래서 그는 '인'의 실현이라는 근본 목표 아래 사람이 하늘로부터 독립적이고 평등한 권리를 부여받은 존재로 보았고, 사람의 '욕망'을 긍정하여 그것의 실현을 위해 물질문명의 발전(진화)을 강조하였다. 따라서 그것이 실현되는 세계는 개인의 고통이 제거되고 개인의 욕망이 실현되는 '극락세계'이고 대동세계이다.

70) 康有爲, 같은 책, 第三, 「考終院」, 117쪽, "大同之道, 以求人生之喜樂爲主義, 故于人情崇喜樂而去怒哀. 夫古今數萬年, 竭聖哲之心思, 糜才武之身命, 不過爲衆人求安樂耳."

참고문헌

康有爲,『康有爲全集(1～12)』, 國家淸史編纂委員會, 文獻叢刊, 中國人民大學出版社, 2007.

______,『대동서』, 이성애 역, 을유문화사, 2006.

梁啓超,『飮永室合集』一卷, 中國: 中華書局, 1996.

李澤厚,『中國近代思想史論』, 임춘성 옮김, 한길사, 2005.

蕭公權,『近代中國與新世界』, 汪榮祖 譯, 江蘇人民出版社, 2007.

______,『중국정치사상사』, 최명・손문호 역, 서울대학교출판부, 2004.

陳正炎・林其錟,『중국의 유토피아사상』, 李成珪 역, 서울: 지식산업사, 1993.

馮友蘭,『中國哲學史(下)』, 박성규 역, 까치, 2007.

______,『현대중국철학사』, 정인재 역, 서울: 이제이북스, 2006.

金越會,「『大同書』에 관한 內向的 讀法」, 한국중국어문학회,『중국문학』37집, 2002.5),

김철운,『유가가 보는 평천하의 세계』, 철학과 현실사, 2000.

배영동,「강유위 대동사상의 형성과정」, 한국정치학회, 한국정치학회보, 15집, 1981.

이규성,『강유위의 세계의식과 이상사회」, 서울대 철학사상연구소,『철학사상』17권, 2003.

이연도,「대동과 유토피아: 강유위 사상의 특색」, 한국철학사상연구회,『한국철학논집』18집, 2006.

조성환,「淸末變法思想에 있어서의 道德的理想主義」, 21세기 정치학회,『21세기 정치학회보』, 10권 2호, 2000.

정인재,「강유위 대동사상 연구」, 서강대학교 동아연구소,『동아연구』38권, 2000.

仁과 恕: 욕망의 호혜적 공감능력

-孟子의 욕망관을 중심으로-

전병욱

1. 들어가는 말
2. 본성으로서 욕망, 욕망으로서 본성
3. 各得其所: 욕망의 호혜적 실현
4. 공감능력을 배양하는 길
5. 나가는 말

1. 들어가는 말

이 글은 욕망에 대한 先秦儒敎의 관점을 孟子를 중심으로 검토한 연구이다. 그동안 先秦儒敎의 욕망관을 다룰 때 욕망을 본성 내지 도덕성과 대립되는 개념으로 이해하는 것이 일반적이었다.[1] 그리고 仁義와 利를 명확하게 구분하고 '寡欲'을 주창하는 孟子의 태도는 이러한 해석을 뒷받침하는 자료로 활용되곤 하였다. 그런데 바로 이 '寡欲'이라는 표현에서도 '欲' 개념은 구체적으로 요구를 말하는 것인지, 욕구를 말하는 것인지, 욕망을 말하는 것인지 분명하지는 않다.[2]

맹자가 사용하는 개념만 명확하지 않은 것이 아니라 현재 우리가 사용하는 개념도 명확하지 않기는 마찬가지이다. 요구・욕구・

1) 先秦儒敎의 욕망론과 관련하여 그동안 발표된 논문으로는 다음과 같은 것이 있다. 이명수, 「유가철학에 있어 욕망론 전개의 단초와 그 예의 의미」, 『한국사상과 문화』, 한국사상문화학회, 2006. 정상봉・황갑연・전병술・안재호, 「중국유가철학에 있어서의 이성과 욕망의 관계 연구」, 『시대와 철학』, 한국철학사상연구회, 2003. 최진석, 「"욕망"(욕): 선진 철학을 읽는 또 하나의 창」, 『철학연구』제69집, 철학연구회, 2005. 황갑연, 「중국 유가철학에 있어서 이성과 욕망의 관계」, 『중국학보』제45집, 중국학회, 2002.

2) 朱子는 '寡欲'의 '欲'이 좋은 의미의 '欲'이라고 해석하기도 한다. 『朱子語類』권61, "'養心莫善於寡欲.' 欲是好欲, 不是不好底欲, 不好底欲不當言寡." 『論語』에는 '慾'과 '欲'을 구분하여 쓴 용례가 있다.

욕망의 의미를 구분해서 사용해야 한다는 철학자도 있지만 욕구와 욕망이라는 단어를 구분 없이 사용하는 경우가 허다하다. 欲求의 경우 생물학적 필요성을 채우는 일만 의미할 것처럼 보이지만, 우리가 善한 욕구라고 할 때 이 개념은 굳이 생물학적으로 설명하기가 곤란해진다. 마찬가지로 '慾望'이라고 쓸 때는 욕심을 연상시켜서 사회적 탐욕을 의미할 것 같지만 '欲望'이라고 쓸 때는 욕구와 구분 없이 쓰인다.[3] 맹자의 욕망관을 주로 다루는 이 글에서도 욕망과 욕구라는 개념을 구분 없이 쓰려고 한다. 왜냐하면 맹자가 이 두 개념을 특별하게 구분하고 있지 않기 때문이다. 예를 들어 '好色'은 욕망의 대표적인 사례이다.[4] 그런데 맹자는 好色의 욕망을 백성들과 공유할 경우 진정한 王者가 될 수 있다고 말하고 있다.[5]

先秦儒敎의 흐름에서 '欲'을 본격적으로 하나의 철학적 개념으로 사용한 것은 荀子이었던 것 같다. 荀子는 '性'과 '欲'의 관계를 다음과 같이 규정한다. "性이란 타고난 성향이다. 情이란 그 性의 여러 가능태들이다. 欲이란 그 情이 구체화된 것이다."[6] 결국 欲이란 '性'의 표현이라는 말이다. 이것과 비슷한 서술은 『禮記』「樂記」에도 등장한다. "사람이 태어나면서 가진 것인데 이것이 잠잠한 상태에 있을 때는 타고난 '性'이라고 하고, 일이 벌어지면서 반응하여 움직였을 때는 '性의 欲'이라고 한다."[7] 이것은 모두 성과 욕망

3) 『論語』「公冶長」, "棖也慾, 焉得剛!" 여기서 慾은 글자 그대로 욕심을 의미한다고 하겠다. 『論語』「堯曰」,"欲而不貪. ……欲仁而得仁又焉貪." 여기서 欲은 욕망이라고 하겠는데 仁을 향한 선한 욕망이다.

4) 『孟子』「萬章上」, "好色, 人之所欲."

5) 『孟子』「梁惠王下」, "王如好色, 與百姓同之, 於王何有?"

6) 『荀子』「正名」, "性者, 天之就也, 情者, 性之質也, 欲者, 情之應也."

7) 『禮記』「樂記」, "人之生而靜 天之性也. 感於物而動 性之欲也."

을 內와 外의 관계로 본 것이라고 하겠다. 그런데 『순자』와 『예기』는 사실상 이 內外의 관계에 대해 서로 다른 입장을 드러내고 있다. 『순자』에서는 內와 外를 동일한 것의 두 측면으로 보고 인간의 본성이란 욕망을 일으키는 성향일 뿐이라고 여겼는데, 「樂記」에서는 內와 外를 엄격히 구분하여 性이 欲으로 흐르지 않도록 주의해야 한다고 주장하고 있기 때문이다. 「樂記」에서는 性을 天理로 보고 欲을 人欲로 보고 둘을 대립시키기도 한다.[8)] 이것이 存天理·滅人欲으로 대표되는 性理學의 욕망관을 낳게 된 것으로 보인다.

하지만 『孟子』에는 '性'과 '欲'을 대립시키는 구도가 나타나지 않는다. 오히려 孟子는 '性'을 '食色'과 동일선상에 있는 인간의 타고난 욕구, 욕망의 관점에서 이해하였다.[9)] 耳目口鼻의 욕구가 耳目口鼻의 性이고 마음의 욕구가 마음의 性이다. 인간은 육신의 욕구를 가지는 동시에 마음의 욕구를 가지는데, 맹자가 볼 때 육신이든 마음이든 동일하게 인간의 '身'을 구성하는 한 부분이며 그 각각의 욕구는 그 사이에 우열은 있지만 근본적으로는 동일한 범주라는 것이다. 그렇기 때문에 耳目口鼻의 욕구를 '欲'으로 분류하고 마음의 성향을 '性'으로 분류하는 것은 맹자의 철학에는 맞지 않는 일이라 하겠다.

孔子는 仁과 恕를 모두 욕망과 관련하여 정의한다. 그는 仁者를 "자신이 서고 싶으면 남도 서게 하고 자신이 이루고 싶으면 남도 이루게 한다."라고 규정하며,[10)] 恕를 "자신이 당하고 싶지 않은 일

8) 『禮記』「樂記」, "物至知知, 然後好惡形焉. 好惡無節於內, 知誘於外, 不能反躬, 天理滅矣. 夫物感人無窮, 而人之好惡無節, 則是物至而人化物也. 人化物也者, 滅天理, 而窮人欲者也."

9) 조선의 유학자 茶山 丁若鏞은 孟子의 '性'이 '嗜好'를 의미한다고 주장하였는데, 이 글에서는 기본적으로 茶山의 관점을 따르고 있다.

을 남에게 시키지 말라."라는 규범이라고 규정한다.[11] 모두 나의 욕망과 남의 욕망을 인정하는 바탕 위에서 이루어진 규정이라고 할 수 있다. 孟子는 공자의 仁 사상을 仁政이라는 정치철학적 논의로 전개시켜나갔고, 恕를 求仁의 방법으로 삼은 공자의 사상을 적극적으로 계승하였다.

이 글에서는 욕망과 본성에 대한 논의를 통해 맹자의 욕망관을 검토하고, 이어서 통치자와 백성의 욕망을 서로 연관시키는 孟子의 '與民同樂'의 통치이론 속에 포함된 호혜적 공감능력에 대해서 소개한 뒤, 나아가 이러한 공감능력을 기르기 위한 수양의 방법으로 제시된 恕와 관련된 논의를 살펴보기로 한다.

---

10) 『論語』「雍也」, "夫仁者, 己欲立而立人, 己欲達而達人."

11) 『論語』「衛靈公」, "子貢問曰: 有一言而可以終身行之者乎? 子曰: 其恕乎! 己所不欲, 勿施於人."

2. 본성으로서 욕망, 욕망으로서 본성

유교의 전통에서 흔히 '仁義禮智'를 인간의 본성이라고 간주한다. 宋代에 확고해진 이 관점은 孟子의 사상을 계승한 것으로 알려져 있다. 그리고 인의예지가 인간의 본성이라는 관점은 인의예지가 아닌 마음의 여러 작용들을 본성으로부터 배제하는 결과를 낳기도 하였는데, '소체'와 '대체'를 나누고 寡欲을 주창한 맹자가 이런 사상의 先河로 여겨지곤 한다. 그래서 맹자는 본성과 욕망을 엄격히 구분하고 인간의 욕망을 부정적으로 간주한 사상가로 그려진다.[12)]

하지만 맹자 당시의 본성 논의는 본성과 욕망의 관계를 다루기보다는 오히려 본성과 도덕의 문제를 다루는 것이 일반적이었으며, 본성 개념 속에 욕망의 내용을 함축하고 있는 모습으로 나타난다는 점에서 이 문제를 전혀 다른 각도로 다루어보아야 할 필요가 있는 것 같다.[13)]

12) 최진석, 43–44쪽 참조.

13) 조선의 유학자 다산 정약용은 바로 맹자의 '性' 개념을 '嗜好' 내지 '欲'으로 이해해야 한다는 것을 다양한 치밀하게 논증하였다. 다산은 '性'에는 耳目口鼻의 性과 好善惡惡의 性이 있으며 이 두 性은 동일하게 '嗜好'로 간주되어야 한다고 주장하였다. 이 글은 기본적으로 다산의 이 해석을 따르고 있다.

맹자 당시에 인성론과 관련하여 나름의 이론을 정립하고 있었던 告子는 '타고난 것이 性이며', '食色이 性이라고' 주장하였다. 이 관점의 연장선상에서 '仁은 內이고, 義는 外이다.'라고 주장하였는데,[14] 仁은 性에 포함될 수 있는 데 반해 義는 性에 포함되지 않는다는 의미를 나타내는 것처럼 보인다. 告子의 전체적인 주장은 食色과 같이 인간의 타고난 욕구가 바로 본성인데 거기에는 도덕성이 포함되어 있지 않다는 것이다.[15] 즉 無善無不善이 性의 특징이다. 맹자는 고자의 이런 주장에 대해 강력하게 반대하는데, 여기서 주목해야 할 것은 맹자가 본성을 인간의 타고난 욕구라고 보는 관점을 부정하지는 않는다는 점이다. 맹자의 반박은 본성이 타고난 욕구와는 다른 어떤 것이라고 주장하는 방향으로 진행되기보다는 오히려 인간이 타고난 욕구 내에는 고자가 생각하는 것보다 훨씬 더 풍부한 도덕성이 내재해 있다는 것을 증명하는 데 초점이 맞춰져 있다. 말하자면, 食色과는 다른 고귀한 도덕성이 인간의 性이라고 주장하였다기보다는 도덕성도 食色과 마찬가지로 인간의 性이라고 주장하였다는 것이다. 맹자는 인간의 性은 개의 성이나 소의 성과는 다르다고 주장하였는데, 그것은 인간의 경우 다른 어떤 종과도 공유하지 않는 인간 고유의 성이 있다는 말일 뿐이지, 다른 종의 타고난 욕구는 성이 아니라거나 인간의 성은 타고난 욕구와 다른 어떤 것이라는 의미를 담고 있지는 않다.[16] 그렇기 때문에 荀

14) 『孟子』「告子上」, "告子曰: 食色性也. 仁內也, 非外也; 義外也, 非內也."

15) 告子의 이 말은 인간의 본성 속에 '仁'이라는 도덕성이 내재한다고 인정한 것이라기보다 '義'라는 도덕성이 인간의 본성에 내재한 것이 아니라는 주장이 더 본질적이다. 『孟子』「告子上」, "吾弟則愛之, 秦人之弟則不愛也. 是以我爲悅者也. 故謂之內. 長楚人之長, 亦長吾之長. 是以長爲悅者也. 故謂之外也."

16) 이 점과 관련하여, 매슬로는 욕구를 상위 욕구와 하위 욕구로 구분하며 진화적 발달과정에서 점차적으

子의 맹자에 대한 비판도 맹자가 인간의 타고난 본성이 선하다고 주장한다는 점에 집중되어 있었던 것이다.[17]

> 그냥 말이 희니까 희다고 여기는 것이 사람이 희니까 희다고 여기는 것과 다름이 없다는 그런 차원과는 다릅니다. 말이 나이든 것을 대접하는 태도와 사람이 나이든 것을 대접하는 것이 다르지 않을 수 있다는 말입니까? 그보다, 나이든 사람 자체에게 있는 것이 義입니까, 아니면 나이든 사람을 대접하려는 사람에게 있는 것이 義입니까?[18]

孟子는 색감처럼 객관적인 사실에 정서적 반응 없이 인지적으로만 판단하는 경우는 외부의 사실 자체가 결정적인 역할을 한다고 하겠지만, 나이든 사람을 대접하면서 공경하는 마음을 가지는 일은 그와는 다르다고 본다. 그가 보기에 이 경우 단순히 외부의 사실 자체가 모든 것을 결정하는 것이 아니라 주체 내면의 정서적 반응이 가장 중요하다고 본다. 단순히 나이 들었다는 것이 남에게 공경한 마음을 일으킬 수 있다면 왜 나이든 말은 남에게 공경한 마음을 일으키지 못하는가? 孟子는 나이든 사람에 대해서는 공경하려는 마음이 사람의 본성이 아니라고 한다면 이 문제에 대한 답은 찾을 수 없다고 여겼다. 이러한 '남에 대한 공경'의 마음은 식욕과 같은 인간의 욕망이라는 것이다. "秦나라 사람이 구운 구이를 좋아하는 것이 내가 구운 구이를 좋아하는 것과 다르지 않을 것입니다. 다른

로 상위 욕구가 형성된다고 본다. 하위 욕구의 대표적 사례인 음식에 관한 욕구는 인간을 비롯한 모든 생명체가 공유한다. 하지만 사랑 욕구는 고등 유인원 정도가 공유하며, 자아실현 욕구의 경우 인간 고유의 욕구로서 다른 종과 공유하지 않는다고 주장한다. 맹자가 인간의 성이 개의 성이나 소의 성과는 다르다고 한 것은 매슬로의 이런 설명과 매우 흡사하다. 매슬로(2009), 156쪽 참조.

17) 『荀子』「性惡」, "孟子曰: 今人之性, 善. 將皆失喪其性, 故惡也. 曰: 若是則過矣."

18) 『孟子』「告子上」, "異於'白馬之白也, 無以異於白人之白也.' 不識'長馬之長也, 無以異於長人之長與.' 且謂長者義乎, 長之者義乎?"

경우에도 이와 같은 점이 있습니다. 그렇다면 구이를 좋아하는 마음도 욕망이 아니라고 하시겠습니까?"[19] 누가 구운 구이든 동일하게 식욕을 느낀다면 식욕이란 결국 외부적인 요인에 좌우되기보다는 자신의 기호에 따라 결정된다. 그런 것처럼 남을 공경하는 정서는 인간의 내면에서 우러나는 욕망으로 보아야 한다는 것이다.[20] 孟子는 나아가 모든 도덕적 정서들이 사람의 욕망이라고 설명한다.

> 사람들의 입은 음식과 관련하여 동일한 것을 좋아하게 마련이고, 귀는 소리와 관련하여 동일한 느낌으로 듣게 마련이고, 눈은 색깔과 관련하여 동일한 것을 아름답다고 느끼게 마련이다. 그런데 사람들의 '마음'만은 동일하게 좋다고 느끼는 것이 없겠는가! 사람들의 마음이 동일하게 좋다고 느끼는 것은 무엇일까? '理이고, 義일 것이다.' 聖人이란 사실상 내 마음으로도 동일하게 좋다고 여길 그런 것을 먼저 가지고 있는 사람일 뿐이다. 그렇기 때문에 理·義가 내 마음을 즐겁게 해주는 것은 맛있는 芻豢이 내 입을 즐겁게 해주는 것과 같다.[21]

음식에 대한 기호나 색이나 소리에 대한 느낌이 대체로 비슷하다면 사람의 욕망은 기본적으로 동일하다. 그렇다면 성인이 훌륭하게 수행하고 있는 '理·義'라는 도덕적 가치들도 사실상 모든 사람들이 동일하게 가지고 있는 욕망에 근거한 것이라고 할 수 있지 않은가? 孟子는 이러한 도덕적 정서만이 인간의 욕망이라고 주장한

19) 『孟子』「告子上」, "耆秦人之炙無以異於耆吾炙. 夫物則亦有然者也. 然則耆炙亦有外與."

20) 孟子의 이런 논증이 고자를 제대로 설득할 수 있지는 못했던 것 같다. 그래서 孟子는 고자가 원래 논쟁을 통해서 자신의 문제를 되돌아보려는 자세가 결여되어 있다고 의심하였다. "告子는 늘 '말로 설명이 되지 않는 일이 있을 경우 그 이유를 마음에서 찾으려고 해서는 안 된다. 마음에 편하지 않는 일이 있더라도 氣로 해결하려고 해서는 안 된다.'라고 말하곤 한다. 마음에 편하지 않는 일이 있더라도 氣로 해결하려고 해서는 안 된다는 생각은 괜찮다고 해도, 말로 설명이 되지 않는 일이 있을 경우 그 이유를 마음에서 찾으려고 해서는 안 된다는 태도는 옳지 못하다."(告子曰, 不得於言勿求於心; 不得於心勿求於氣. 不得於心勿求於氣, 可; 不得於言勿求於心, 不可.)

21) 『孟子』「告子上」, "口之於味也有同耆焉. 耳之於聲也, 有同聽焉. 目之於色也, 有同美焉. 至於心獨無所同然乎? 心之所同然者何也? 謂理也義也. 聖人先得我心之所同然耳. 故理義之悅我心, 猶芻豢之悅我口."

것은 아니다. 孟子가 강조하고 싶었던 것은 일반적인 인간도 성인처럼 도덕적 행위를 하고자 하는 욕망을 가지고 있다는 사실 자체이다. 인용문에서 나타나는 것처럼 식욕 등도 모두 사람의 욕망이다. 다만 孟子는 이런 욕망들을 모두 동일한 가치를 가진다고 보지는 않았다. 그는 욕망에 가치적인 위계를 두려고 하였다.

> 사람들은 자신의 모든 것을 다 아낀다. 다 아끼기 때문에 다 기른다. 조그만 부분도 아끼지 않는 것이 없어서 조그만 부분도 기르지 않는 것이 없다. 잘 기르느냐 잘못 기르느냐를 보려면 다른 기준이 있겠는가. 자신이 어떻게 하느냐에 달려 있을 뿐이다. 우리 자신에게는 귀한 것이 있고 천한 것이 있으며 작은 것이 있고 큰 것이 있다. 작은 것을 기르느라 큰 것을 해치거나 천한 것을 기르느라 귀한 것을 해쳐서는 안 된다. 작은 것을 기르는 사람은 소인이 되는 것이고, 큰 것을 기르는 사람은 대인이 되는 것이다.[22]

孟子는 인간이라는 존재는 큰 것과 작은 것, 혹은 귀한 것과 천한 것으로 구성되어 있다고 본다. 이 중에서 크고 귀한 것은 心이고, 작고 천한 것은 몸의 여러 기관들이다. 말하자면 맹자가 여기서 大體와 小體를 모두 身의 일부분이라고 보고 있다고 하겠다. 大體인 心과 육신의 여러 기관들인 小體를 동등한 차원으로 인식하고 있다는 것이다. 그래서 孟子는 작고 천한 것이라고 해서 소홀하게 여기지 않는다. 그는 크든 작든 귀하든 천하든 모두 잘 길러야 한다고 본다. 다만 그 사이에는 위계가 있어야 한다고 여긴다. 욕망들이 그 위계에 따라 조화롭게 실현될 때 도덕적인 인간이 될 수 있으며, 그러기 위해서는 그 중에서 크고 귀한 것, 즉 心의 욕망을 기

---

22) 『孟子』「告子上」, "人之於身也, 兼所愛. 兼所愛, 則兼所養也. 無尺寸之膚不愛焉, 則無尺寸之膚不養也. 所以考其善不善者, 豈有他哉? 於己取之而已矣. 體有貴賤有小大. 無以小害大, 無以賤害貴. 養其小者爲小人, 養其大者爲大人."

르는 것이 중요하다고 본다. 心을 먼저 잘 기르게 되면 몸의 여러 다른 욕망들은 자연스럽고 적절하게 실현될 수 있으리라고 여긴 것이라 하겠다.

그런데 대체의 욕망과 소체의 욕망은 늘 대체의 主宰 아래 조화를 이룰 수 있는 것은 아니다. 대체의 욕망과 소체의 욕망이 근본적으로 충돌하는 상황도 얼마든지 발생할 수 있다. 두 욕망이 충돌하는 상황을 맹자는 어떻게 이해하는가? 이런 충돌 상황과 관련하여 맹자는 욕망의 강약에 대해서 언급하는데, 이 강약은 현실적인 강약과 본연적인 강약으로 구분된다.

> 물고기도 내가 욕구하는 것이고, 熊掌도 내가 욕구하는 것이다. 그런데 이 둘을 함께 얻지 못한다면 나는 물고기는 포기하고 熊掌을 택할 것이다. 살아남는 것도 내가 욕구하는 것이고 義를 지키는 것도 내가 욕구하는 것이다. 그런데 이 둘을 함께 얻지는 못한다면 살아남는 것을 포기하고 義를 지키는 쪽을 택할 것이다. 살아남는 것도 내가 욕구하는 것이기는 하지만 내 욕구 가운데는 살아남으려는 욕구보다 더 강렬한 것이 있다. 그래서 구차하게 살아남는 쪽을 택하지 않는다. 죽는 것도 내가 싫어하는 것이기는 하지만 내가 싫어하는 것 가운데는 죽는 것보다 더 싫은 것이 있다. 그래서 어떤 재난은 피하지 않는 것이다. …… 그렇기 때문에 욕구 가운데는 살아남으려는 것보다 더 강렬한 것이 있고, 싫어하는 것에는 죽는 것보다 더 강렬한 것이 있다. 賢者만 이런 마음이 있는 것이 아니라, 사람들이 모두 이런 마음을 가지고 있다. 다만 賢者는 잃지 않고 있다는 것이 다를 뿐이다.[23]

물고기를 먹으려는 마음과 熊掌을 먹으려는 마음은 모두 식욕이다. 그런데 이 두 식욕 사이에는 강약의 구분이 있다. 熊掌을 먹으

23) 『孟子』「告子上」, "魚我所欲也, 熊掌亦我所欲也. 二者不可得兼, 舍魚而取熊掌者也. 生亦我所欲也, 義亦我所欲也. 二者不可得兼, 舍生而取義者也. 生亦我所欲, 所欲有甚於生者, 故不爲苟得也. 死亦我所惡, 所惡有甚於死者, 故患有所不辟也. …… 是故所欲有甚於生者, 所惡有甚於死者. 非獨賢者有是心也, 人皆有之. 賢者能勿喪耳."

려는 욕구가 물고기를 먹으려는 욕구보다 더 강하다. 그렇기 때문에 둘을 모두 얻지 못할 경우 과감하게 물고기를 포기한다. 이와 동일하게 살아남고자 하는 욕구와 義를 지키려는 욕구도 모두 욕구이다. 두 가지 식욕의 강약을 비교할 수 있는 것처럼 생존 욕구와 도덕 욕구도 그 강약을 비교하는 것이 가능하다. 이 인용문에서 맹자는 도덕 욕구가 생존 욕구보다 강한 것이 인간 욕구의 본연적 모습이라고 말하고 있다. 우리는 그것을 어떻게 알 수 있는가? 맹자에 의하면, 현실에서 실제로 이런 모습을 보여주는 堯舜을 비롯한 賢者들이 존재하였고 존재한다는 사실을 통해서 알 수 있다.[24) 堯舜 같은 이들은 살아남는 것보다 義를 지키려고 하였고, 구차하게 살아남느니 차라리 죽음을 택하였다. 그렇다면 堯舜과 같은 인류인 인간도 이러한 도덕 욕구를 가지고 있다고 볼 수밖에 없다. 이런 살아남는 것보다 강렬한 도덕 욕구를 가지지 못한 사람이 있다면, 그는 처음부터 이 도덕 욕구를 가지고 있지 못했던 것이 아니라 잃어버렸을 뿐이다.[25)]

> 넓은 땅과 많은 백성을 가지는 것을 君子도 바란다. 하지만 그가 즐거워하는 것은 거기에 있지 않다. 天下의 중심에 서서 四海의 백성을 안정시키는 일을 君子도 즐거워한다. 하지만 그가 자신의 본성이라고 생각하는 것은 거기 있지 않다. 君子가 자신의 본성이라고 여기는 것은 큰 功業을 이룬다고 해서 더 늘지도 않

24) 『孟子』「滕文公上」, "孟子道性善, 言必稱堯舜." 인간의 본성이 善하다는 것을 증명하기 위해 맹자가 선택한 논증 중에 중요한 것이 바로 堯舜과 같은 善한 사람이 존재하였다는 사실 자체이다. 堯舜도 사람인데 善하게 살았다면 인간에게는 善하고자 하는 본성이 있다고 할 수밖에 없다는 것이다. 여기서 孟子는 인간의 性은 절대적으로 善하다고 주장하는 것 같지는 않다. 왜냐하면 耳目口鼻의 性은 전부 선하지 않다는 것을 맹자도 인정하기 때문이다. 맹자의 性善說은 인간이 性은 善을 향한 욕구를 포함하고 있으며 이것이 인간의 본질적인 욕구라는 주장이었다고 하겠다.

25) 孟子는 인간이 이런 도덕 욕구를 가지고 있을 뿐 아니라 이 욕구를 실현할 수 있는 '才'를 가지고 있다고 본다. 『孟子』「告子上」, "乃若其情則可以爲善矣. 乃所謂善也. 若夫爲不善, 非才之罪也. 惻隱之心, 人皆有之; 羞惡之心, 人皆有之; 恭敬之心, 人皆有之, 是非之心 人皆有之."

> 는 그런 것이며 궁한 삶을 살게 된다고 해서 더 줄지도 않는 그런 것이다. 사회적 성공 여부는 처음부터 결정된 것이기 때문이다. 君子가 자신의 본성이라고 여기는 것은 仁義禮智로 이것은 心에 뿌리를 두고 있다. 이것이 밖으로 실현될 때는 얼굴로 함치르르하게 드러나고 등으로 좍 흐르며 四體의 적절한 동작으로 드러난다. 그래서 四體는 아무 말을 안 해도 알아듣는다.[26]

孟子는 인간이 가진 욕망을 '바람', '즐거워함', '본성'으로 위계를 짓는다. 당시 제후들의 경우 대체로 '바람' 단계의 욕망을 자신의 '大欲'으로 삼고 있었다.[27] 그들은 이 욕망을 이루기 위해 자신의 작은 도덕적 욕망이나 백성들의 욕망을 모두 희생시켰다.[28] 맹자는 이런 '바람' 단계의 욕망을 군자도 가지고 있다고 하는데, 군자의 당연히 그 욕망을 실현시켜가는 과정에서 '不義한 짓을 하거나 무고한 사람을 죽이는 일을 하지 않는다.'[29] '즐거워함'에 해당하는 욕망의 경우도 마찬가지이다. 그런데 군자는 이런 욕망을 가지고 있기는 하지만, 자신의 본성에 해당하는 욕망으로 간주하는 것은 '仁義禮智'라는 도덕적 욕망이다. 이것은 마음에 뿌리를 둔 욕망으로서 이 욕망이 실현될 경우 신체에 여러 가지 좋은 현상들이 발생한다. 얼굴로, 등으로 윤이 흐르며 손발이 전부 자연스럽게 움직여진다.[30] 그렇기 때문에 孟子는 이런 도덕적 욕망이야말로

---

26) 『孟子』「盡心上」, "廣土衆民, 君子欲之, 所樂不存焉. 中天下而立, 定四海之民, 君子樂之, 所性不存焉. 君子所性, 雖大行不加焉, 雖窮居不損焉, 分定故也. 君子所性, 仁義禮智, 根於心. 其生色也, 睟然見於面, 盎於背, 施於四體, 四體不言而喩.

27) 『孟子』「梁惠王上」, "然則王之所大欲可知已. 欲辟土地, 朝秦楚, 莅中國, 而撫四夷也."

28) 『孟子』「梁惠王上」, "抑王興甲兵危士臣, 構怨於諸侯, 然後快於心與? 王曰: 否. 吾何快於是? 將求吾所大欲也."

29) 『孟子』「公孫丑上」, "伯夷伊尹於孔子, 若是班乎? 曰: 否. 自有生民以來, 未有孔子也. 曰: 然則有同與? 曰: 有. 得百里之地而君之, 皆能以朝諸侯有天下, 行一不義, 殺一不辜, 而得天下, 皆不爲也, 是則同."

30) 매슬로(2009)도 자아실현의 욕구가 실현되면 심리적 건강에 큰 도움이 되며 신체적으로도 좋은 변화가 일어난다고 주장한다. 매슬로(2009), 269-313쪽 참조.

사람의 가장 궁극적인 욕망이라고 하였던 것이다.

그런데 이런 궁극적인 욕망은 가려져 있는 경우가 많다. 즉 감지되지 않는다. 孟子의 性善論은 바로 이런 도덕적 욕망이 존재하며 그것이야말로 궁극적인 욕망이라는 것을 보여주려는 논의였다. 우선 그는 도덕적 욕망이 존재한다는 것을 증명하기 위해 '四端'에 대해 거론하였다. 사람들은 평소에 도덕적 욕망의 존재에 대해 자각하지 못하지만 '惻隱之心'과 같은 도덕적 욕망들은 누구나 더러 경험하게 된다고 말한다.[31] 孟子는 이 四端說을 통해서 인간의 본성, 인간의 욕망이 도덕적이기만 하다고 말한 것 같지는 않다. 다만 이런 도덕적 욕망이 엄연히 존재한다는 것을 설명하였을 뿐이다. 한편 이런 도덕적 욕망이 인간의 궁극적 욕망이라는 것을 보이기 위해서는 '堯舜'이라고 하는 도덕적 욕망을 온전히 실현한 사람의 예를 든다. 그러면서 그런 도덕적 욕망이란 누구나 마음먹고 실천하려고 노력하면 실현할 수 있는 것이라고 주장한다.[32] 그리고 孟子는 바로 이것이 인간의 궁극적인 욕망이라는 점을 감안해서 이것이야말로 인간의 고유한 본성이며 다른 동물들과 구분되는 점이라고 여겼다.[33] 孟子의 욕망관은 이렇게 욕망과 본성을 대립시키

---

31) 『孟子』「公孫丑上」, "今人乍見孺子將入於井, 皆有怵惕惻隱之心. 非所以內交於孺子之父母也, 非所以要譽於鄉黨朋友也, 非惡其聲而然也. 由是觀之, 無惻隱之心, 非人也. 無羞惡之心, 非人也. 無辭讓之心, 非人也. 無是非之心, 非人也. 惻隱之心, 仁之端也. 羞惡之心, 義之端也. 辭讓之心, 禮之端也. 是非之心, 智之端也. 人之有是四端也, 猶其有四體也."

32) 『孟子』「滕文公上」, "孟子道性善 言必稱堯舜. 世子自楚反, 復見孟子. 孟子曰: 世子疑吾言乎? 夫道一而已矣. 成覵謂齊景公曰: 彼丈夫也, 我丈夫也, 吾何畏彼哉! 顏淵曰: 舜何人也, 予何人也? 有爲者亦若是. 公明儀曰: 文王我師也. 周公豈欺我哉!"

33) 孟子는 性을 '生'으로 설명하는 告子의 견해에 반대하면서 인간의 性을 다른 동물들의 성과는 다르다고 하였다. 말하자면 性을 단순히 생리적 욕구로만 파악하는 관점에 반대하고 性에는 그것 이외에도 자아존중이나 자아실현 등의 욕구가 있다고 보고, 이 자아존중이나 자아실현은 인간만이 가지는 성이기 때문에 인간의 성이 다른 동물들의 성과 다르다고 주장했던 것이다. "然則犬之性, 猶牛之性, 牛之性, 猶人之性與?"(『孟子』「告子上」)

기보다는 본성을 욕망의 관점에서 설명하는 당시의 일반적인 담론 체계 위에 서있었다고 하겠다.

하지만 맹자는 현실적으로 모든 사람들이 도덕 욕구를 강렬하게 가지고 있지는 못하다는 점을 인정한다. 일반적인 사람들은 생리적 욕구가 모든 것을 압도하게 마련이다. 도덕적인 욕구가 생리적 욕구에 가려서 제대로 작동하지 못하는 것이다.[34] 수양이 이루어진 士라면 이런 상황 속에서도 도덕 욕구를 견지할 수 있겠지만, 일반적인 사람들은 恒産이 없으면 恒心을 잃고 만다. 하위 욕구가 충족되어야만 상위 욕구가 형성된다는 것은 일반 백성들의 常情이라는 것이다. 그렇기 때문에 맹자는 사회 전체적 도덕 실현을 위해서는 우선 모든 사람들이 기본적인 욕구를 실현할 수 있는 사회경제적 토대를 만드는 일이 무엇보다 중요하다고 여겼다. 다음 절에서는 이와 관련하여 孟子의 仁政 이론에 담긴 욕망관을 살펴볼 것이다.

34) 『孟子』「告子上」, "孟子曰: 飢者甘食, 渴者甘飮, 是未得飮食之正也, 飢渴害之. 豈惟口腹有飢渴之害? 人心亦皆有害. 人能無以飢渴之害爲心害, 則不及人不爲憂矣."

3. 各得其所: 욕망의 호혜적 실현

위에서 살펴본 것처럼 孟子는 도덕적 욕망이 인간이 가진 고유한 본성이라고 보았는데, 그렇다면 孟子가 생각한 도덕적 욕망이란 구체적으로 무엇을 말하는가? 그것은 주로 仁義를 가리킨다. 孟子는 仁義란 사람이 늘 머무는 집이며 늘 다니는 길이라고 한다.[35) 孔子의 경우 대체로 仁이라는 가치를 아주 높이 설정하고 당대의 어느 누구도, 제자들 중 어느 누구도 도달하지 못한 경지로 자리매겼다. 반면 孟子는 주로 仁義를 누구나 실천할 수 있는 도덕률이며 인간이 누구나 가진 도덕적 욕망이라는 점을 주로 강조하였다. 그는 당시에 "길을 막고 물건을 뺏는 강도와 다르지 않다"고 간주되었던 제후들[36)]도 仁義를 실천할 수 있다고 생각했다.

孟子는 희생으로 끌려가는 소가 불쌍해서 양으로 대체하도록 한 齊宣王에게 仁政을 펼칠 수 있는 자질을 가졌다며 격려하였다.[37)]

---

35) 『孟子』「盡心上」, "(公孫丑)曰: 士何事? 孟子曰: 尙志. 曰: 何謂尙志? 曰 仁義而已矣. 殺一無罪, 非仁也; 非其有而取之, 非義也. 居惡在? 仁是也. 路惡在? 義是也. 居仁由義, 大人之事備矣."

36) 『孟子』「萬章下」, "今之諸侯取之於民也, 猶禦也."

37) 『孟子』「梁惠王上」, "曰: '保民而王, 莫之能禦也.' 曰: '若寡人者, 可以保民乎哉?' 曰: '可.' 曰:

그는 사람이면 누구나 가지고 있는 도덕적 욕망들을 적절한 순서와 적절한 정도로 표현할 수 있으면 도덕적인 인간이 될 수 있으며 제후들의 경우 진정한 의미의 王者가 될 수도 있다고 주장하였다.[38] 그가 생각한 도덕적 욕망의 실현과 관련된 적절한 순서란 "가족에게 먼저 친밀하게 대하고 다음으로 백성을 사랑하며, 백성을 사랑하고 다음으로 만물을 아낀다."[39]이다. 희생으로 끌려가는 소가 불쌍하다면 전쟁에 끌려가서 비참하게 죽어가는 백성들도 당연히 불쌍하게 여겨질 것이다. 소가 죽지 않도록 배려할 수 있으면 백성들이 도탄에서 벗어나도록 배려하는 것은 사실상 어려운 일도 아니다. 더구나 제후들은 전쟁을 수행하는 과정에서 자신의 아들을 희생시키기도 한다. 바로 그런 전쟁에 長子를 내보냈다가 결국 전쟁터에서 장자를 잃게 된 梁惠王을 孟子는 不仁하다고 비난했다.[40] 孟子는 이런 일이 벌어지는 이유는 바로 인간이 가진 도덕적 욕망을 올바른 순서에 따라 올바른 정도로 실현하지 못하기 때문이라고 여겼다.

孟子는 고차원적 도덕적 욕망뿐만 아니라 사회정치적 문제와 관련된 생리적 욕구나 안전 욕구 내지 소속감과 사랑의 욕구 등에 대해서도 많은 관심을 기울였다. 孟子가 당시의 제후들에게 기대했던

'何由知吾可也?' 曰: '臣聞之胡齕曰: 王坐於堂上, 有牽牛而過堂下者, 王見之曰: 牛何之? 對曰: 將以釁鍾. 王曰: 舍之. 吾不忍其觳觫 若無罪而就死地. 對曰: 然則廢釁鍾與? 曰: 何可廢也? 以羊易之. 不識有諸?' 曰: '有之.' 曰: '是心足以王矣.'

38) 『孟子』「梁惠王上」, "老吾老以及人之老; 幼吾幼以及人之幼, 天下可運於掌. 詩云: 刑于寡妻, 至于兄弟, 以御于家邦. 言擧斯心加諸彼而已. 故推恩足以保四海; 不推恩無以保妻子. 古之人所以大過人者, 無他焉, 善推其所爲而已矣. 今恩足以及禽獸, 而功不至於百姓者, 獨何與? 權然後知輕重, 度然後知長短, 物皆然, 心爲甚. 王請度之."

39) 『孟子』「盡心上」, "孟子曰: 君子之於物也, 愛之而弗仁; 於民也, 仁之而弗親. 親親而仁民, 仁民而愛物."

40) 『孟子』「盡心下」, "不仁哉, 梁惠王也! 仁者以其所愛及其所不愛, 不仁者以其所不愛及其所愛."

것은 바로 이런 낮은 수준의 도덕적 욕망의 실현과 관련된 것이었다고 하겠다. 이것은 또 이른바 "恒産이 없으면 恒心을 잃게 되는" 일반 백성들의 경우에도 마찬가지로 적용된다. "길을 막고 물건을 뺏는 강도와 같은" 제후들과 "항산이 없으면 항심을 잃게 되는" 백성들 사이에 성립되는 도덕을 거론할 때 孟子는 주로 욕망의 호혜적 실현에 많은 관심을 두었다. 예컨대 부국강병에 관심이 많았던 梁惠王에게 仁政을 시행하도록 권하면서 孟子는 仁義는 결국 제후 자신과 백성에게 모두 이로운 일이라는 점을 부각시켰다.[41]

그렇다면 孟子가 말하는 仁政이란 무엇인가? 이 仁政의 내용은 대체로 백성들에게 '恒産'을 제공하는 일과 관련이 있다.

> 농사지을 시간을 빼앗지 않으면 곡식이 이루 다 먹을 수 없을 만큼 생산될 것이다. 눈이 소문 그물을 못에 들이지 않으면 魚鼈이 이루 먹을 수 없을 만큼 늘어날 것이다. 도끼를 철에 맞게 山林에 들이면 材木이 이루 쓸 수 없을 만큼 많아질 것이다. 곡식과 魚鼈이 이루 다 먹을 수 없을 만큼 많아지고 材木이 이루 다 쓸 수 없을 만큼 많아지게 되면 이것은 백성들이 살아계신 가족을 봉양하고 돌아가신 가족을 장사지내는 데 유감이 없게 하는 것이다. 살아계신 가족을 봉양하고 돌아가신 가족을 장사지내는 데 유감이 없게 되는 것이 王道의 시작이다.[42]

제후가 仁政을 펼치기 위해서는 백성들이 모두 '養生喪死'를 잘하고 싶은 욕망을 가지고 있다는 점을 인정하는 것이 무엇보다 필요하다. 이런 도덕적 욕망을 인정하고 이런 욕망을 실현할 수 있도록 기본적인 규제를 마련하고 실행하는 것이 바로 王道의 첫걸음

41) 『孟子』「梁惠王上」, "未有仁而遺其親者也, 未有義而後其君者也. 王亦曰仁義而已矣, 何必曰利?"

42) 『孟子』「梁惠王上」, "不違農時 穀不可勝食也. 數罟不入洿池 魚鼈不可勝食也.斧斤以時入山林 材木不可勝用也. 穀與魚鼈不可勝食 材木不可勝用. 是使民養生喪死無憾也. 養生喪死無憾 王道之始也."

이다. 나아가 백성들이 '恒產'을 가질 수 있도록 제도를 정비하고 도덕 교육을 실시하는 것이 바로 왕도, 곧 仁政의 완성이다.[43] 그리고 이때의 도덕 교육이란 孝悌라고 하는 인간의 자연스러운 도덕적 욕망을 중심으로 한 것이다.[44] 앞서 말한 것처럼 제후들이 이런 仁政을 베풀어야 하는 이유는 이런 정책이 자신들의 욕망 실현에도 도움이 되기 때문이다. 굳이 말하자면 백성들에게는 소속감과 사랑의 욕구가 실현될 수 있도록 배려하고 제후 자신은 자기존중의 욕망을 실현하는 것이라 하겠다.[45]

백성들은 '恒產'을 가져서 삶이 윤택해지면 저절로 도덕적인 본성을 발현하게 된다. 말하자면 恒產의 욕구가 총족되면 恒心의 욕구를 감지하게 된다. 백성들의 이 '恒心'은 외부에서 강요되는 것이 아니라 '항산'이 없을 때는 억눌려 있다가 '항산'이라는 조건만 갖추어지면 저절로 작동하게 되는 것이라 할 수 있다.

> 밭을 잘 경작할 수 있도록 배려하고 세금을 적게 걷는다면 백성들을 부유하게 만들 수 있다. 철에 맞게 먹고 규정에 맞게 사용하면 재화는 이루 다 사용할 수 없을 만큼 많아진다. 사람들은 물과 불이 없으면 살아갈 수 없다. 그런데 저물녘에 남의 집 문을 두들겨서 물과 불을 좀 달라고 하면 주지 않을 사람이 없는데 그 이유는 물과 불이란 원래 풍족한 것이기 때문이다. 성인은 천하를 다스릴 때

---

43) 『孟子』「梁惠王上」, "五畝之宅樹之以桑 五十者可以衣帛矣. 雞豚狗彘之畜無失其時 七十者可以食肉矣. 百畝之田勿奪其時 數口之家可以無饑矣. 謹庠序之敎 申之以孝悌之義. 頒白者不負戴於道路矣. 七十者衣帛食肉 黎民不饑不寒 然而不王者未之有也."

44) 孟子는 이런 孝悌란 배우지 않고도 할 수 있는 일이라고 한다. 교육은 바로 이러한 배우지 않고도 할 수 있는 일을 실제로 하도록 독려하는 일이라고 하겠다. 『孟子』「盡心上」, "人之所不學而能者 其良能也. 所不慮而知者 其良知也. 孩提之童 無不知愛其親者. 及其長也 無不知敬其兄也. 親親仁也. 敬長義也. 無他 達之天下也."

45) 『孟子』「梁惠王上」, "然則王之所大欲可知已. 欲辟土地, 朝秦楚, 莅中國, 而撫四夷也. …… 王欲行之, 則盍反其本矣. 五畝之宅樹之以桑 五十者可以衣帛矣. 雞豚狗彘之畜 無失其時 七十者可以食肉矣. 百畝之田勿奪其時 八口之家可以無飢矣. 謹庠序之敎 申之以孝悌之義.頒白者不負戴於道路矣 老者衣帛食肉 黎民不飢不寒. 然而不王者未之有也."

> 곡식도 물과 불처럼 많아질 수 있도록 정책을 펼친다. 곡식이 물과 불처럼 많아지게 되면 어떻게 不仁한 백성이 생기겠는가![46]

聖人의 경우라면 백성들에게 恒産을 가질 수 있도록 제도를 만드는 것이 정치적 목적에 의한 것이 아닐 것이다.[47] 하지만 제후들을 설득하는 과정에서 孟子는 이렇게 백성들이 항산을 가지고 항심을 가지게 되었을 때 결국은 자신의 원대한 욕망을 이루는 데 도움이 될 것이라고 말하지 않을 수 없었다.[48] 그는 이러한 仁政이라는 정책이 결국은 天下無敵의 王者가 되는 결과를 낳는다고 주장하였다. 聖人처럼 결과에 관계없이 자신의 도덕적 본성을 실행해 가는 과정에서 자연스럽게 仁政을 시행하는 것이든 아니면 이 결과를 미리 염두에 두고 仁政을 펼치든 관계없이 仁政을 펼치는 것 자체는 좋은 결과를 낳으리라고 생각하였던 것이다.

孟子는 가족 단위로 구성된 사회가 인간의 본성에 가장 잘 맞는다고 여겼다. 그는 이상적인 사회란 각각의 가족이 단란한 삶을 살 수 있는 여건을 제도적으로 마련해주는 사회라고 보았다. 그의 井田制 구상은 균등한 분배나 공동 성장에 대한 이상만 담은 것이 아니라 사회를 가족 단위로 안정시키려는 의도를 담고 있는 것이었다. 나아가 孟子는 통치자가 백성들의 생활에 일일이 관여할 필요도 없다고 여겼다. 공동체의 핵인 각각의 가족단위가 제 기능을 할

---

46) 『孟子』「盡心上」, “易其田疇 薄其稅斂 民可使富也. 食之以時 用之以禮, 財不可勝用也. 民非水火不生活. 昏暮叩人之門戶 求水火 無弗與者, 至足矣. 聖人治天下使有菽粟如水火. 菽粟如水火而民焉有不仁者乎.

47) 『孟子』「離婁下」, “人之所以異於禽獸者幾希. 庶民去之, 君子存之. 舜明於庶物, 察於人倫. 由仁義行 非行仁義也.”

48) 물론 孟子의 이러한 설득방식은 당시에 迂闊하다는 평가를 들었다.

수 있도록 만들어주는 것까지가 통치자가 할 일이라고 여겼다.

> ‘西伯이 노인을 잘 봉양한다.’라는 말은 토지제도를 잘 정비하고 택지에는 뽕나무를 심고 가축을 기르게 하여 각자 집안에서 아내와 자식이 노인을 잘 봉양할 수 있도록 했다는 의미이다.[49]

이렇게 孟子는 통치자가 노인을 봉양한다는 것은 그 자신이 직접 모든 노인을 대접한다는 뜻이 아니라 각각의 가족들이 각자 자신들의 노인을 봉양할 수 있는 여건을 가질 수 있도록 만들어주는 일이라고 보았다. 백성들의 이러한 도덕 욕구가 실현될 수 있도록 제도를 마련할 수 있으면 백성들은 자연스럽게 공동체와 국가를 위해서 해야 할 의무를 다할 수 있게 된다는 것이다.[50] 農者 許行은 이상적인 군주라면 백성 위에 군림해서는 안 되고 백성과 노동을 함께 해야 한다고 주장했다. 하지만 孟子는 그런 주장에 반대한다.[51] 孟子는 이상적인 군주란 백성들이 단란한 가족을 이루고 살 수 있도록 제도를 만들어주기만 하면 되는 것이지 군주가 자신을 희생해서 남을 돕는 데만 급급해서는 안 된다고 여겼다.[52] 모든 백성들이 가족끼리 단란한 삶을 살고 싶어하는 욕망을 각각 충족할 수 있도록 하는 것이 孟子가 구상한 仁政의 내용이었다.[53]

---

49) 『孟子』「盡心上」, “所謂西伯善養老者. 制其田里 敎之樹畜 導其妻子 使養其老.”

50) 『孟子』「梁惠王下」, “樂民之樂者, 民亦樂其樂. 憂民之憂者, 民亦憂其憂. 樂以天下, 憂以天下, 然而不王者, 未之有也.”

51) 『孟子』「滕文公上」, “爲神農之言者許行. 自楚之滕. …… 陳良之徒陳相與其弟辛負耒耜而自宋之滕. …… 陳相見許行而大悅 盡棄其學而學焉. 陳相見孟子道許行之言曰: 滕君則誠賢君也. 雖然未聞道也. 賢者與民並耕而食 饔飧而治. 今也 滕有倉廩府庫 則是厲民而以自養也. 惡得賢? 孟子曰: …… 從許子之道, 相率而爲僞者也. 惡能治國家.”

52) 『孟子』「離婁下」, “子産聽鄭國之政 以其乘輿濟人於溱洧. 孟子曰 惠而不知爲政. 歲十一月 徒杠成. 十二月輿梁成. 民未病涉也. 君子平其政 行辟人可也. 焉得人人而濟之. 故爲政者 每人而悅之日亦不足矣.”

그리고 맹자에 의하면 인간의 良知良能인 孝悌는 인간이 기본적으로 가지는 도덕 욕구이며, 이것이 모든 도덕 욕구의 토대이다.[54] 그렇기 때문에 孝悌라는 기본적인 도덕 욕구를 벗어난 도덕 논의는 모두 잘못된 것으로 간주하였다. 예컨대 孟子는 도덕적 결벽증으로 인해 가족관계의 중요성을 등한시한 陳仲子에 대해서 아주 강하게 비판하였다. 진중자는 청렴함이라는 가치를 극단적으로 확대시키려고 하였는데 孟子는 거기에 동조하지 않았다. 가족의 情이라는 가치는 청렴함보다 더 우선하는 것이며 인간의 본성에 부합하는 것이라고 보았기 때문에 청렴함을 지키느라 가족의 정을 단절시킨 진중자의 행위에 대해 인간성을 잃어버린 것이라고 극단적으로 매도하였던 것이다.[55] 孟子의 이러한 태도는 墨者 夷之와 벌였던 논쟁에서도 잘 드러난다. 그는 부모에 대한 효성을 중심으로 한 가족 사이의 정은 모든 가치를 초월한 것처럼 여겼다. 夷之는 보편적인 사랑을 주장했지만 孟子는 보편적인 사랑이란 불가능할 뿐 아니라 보편적 사랑을 주장하는 것 자체가 부모와 자식 사이에서 형성되는 윤리학적인 토대를 무너뜨리는 일로 생각하였다. 그리고 그것은 인간의 본성, 인간의 욕망에 어긋난 것이기 때문에 비도덕적이라고 여겼다.[56] 그렇기 때문에 맹자의 도덕 이론은 孝悌

---

53) 『孟子』「梁惠王上」, “五畝之宅, 樹之以桑 五十者可以衣帛矣. 雞豚狗彘之畜, 無失其時 七十者可以食肉矣. 百畝之田, 勿奪其時 數口之家, 可以無饑矣. 謹庠序之敎, 申之以孝悌之義. 頒白者不負戴於道路矣. 七十者衣帛食肉, 黎民不饑不寒, 然而不王者, 未之有也.”

54) 『孟子』「盡心上」, “孟子曰: 人之所不學而能者, 其良能也; 所不慮而知者, 其良知也. 孩提之童, 無不知愛其親者; 及其長也, 無不知敬其兄也. 親親仁也; 敬長義也. 無他, 達之天下也.”

55) 『孟子』「滕文公下」, “仲子 齊之世家也. 兄戴蓋祿萬鍾. 以兄之祿爲不義之祿而不食也. 以兄之室爲不義之室而不居也. 辟兄離母 處於於陵. 他日歸則有饋其兄生鵝者.己頻顣曰: 惡用是鶂鶂者爲哉. 他日 其母殺是鵝也 與之食之. 其兄自外至曰: 是鶂鶂之肉也. 出而哇之. 以母則不食 以妻則食之. 以兄之室則弗居, 以於陵則居之. 是尙爲能充其類也乎. 若仲子者 蚓而後充其操者也.”

56) 『孟子』「滕文公下」, “夫夷子信以爲人之親其兄之子爲若親其鄰之赤子乎? 彼有取爾也. 赤子匍匐

라는 인간의 기본적인 공감능력을 점차적으로 확대해가는 방식으로 구성되어 있다. 다음 절에서는 바로 이 공감능력을 배양하는 방법에 관해 다룰 것이다.

將人井. 非赤子之罪也. 且天之生物也. 使之一本 而夷子二本故也. 蓋上世嘗有不葬其親者. 其親死則擧而委之於壑. 他日過之. 狐狸食之 蠅蚋嘬之. 其顙有泚, 睨而不視. 夫泚也非爲人. 中心達於面目. 蓋歸反虆梩而掩之. 掩之誠是也, 則孝子仁人之掩其親, 亦必有道矣."

4. 공감능력을 배양하는 길

욕망을 호혜적으로 실현하기 위해서는 남과 공감할 수 있는 능력을 배양하는 것이 중요하다. 이와 관련하여 孟子는 인간의 숨겨진 도덕적 욕망에 주목하였다. 앞서 말한 대로 그는 사람이 理나 義를 좋아하는 것은 마치 가축의 고기를 좋아하는 것만큼 강렬하다고 여겼다.[57] 하지만 孟子도 사람들이 모두 현재 리나 의를 좋아하고 있다고 보지는 않았다. 그것은 가축의 고기를 먹어보지 못한 사람들이 가축의 고기 맛을 모르는 것과 같다고 하겠다. 孟子에 따르면 리나 의를 좋아하는 욕망은 대체로 숨겨져 있다. 그런데 이 욕망이 우연한 기회에 드러나기도 한다. 그것이 바로 不忍人之心으로 대표되는 四端이다. 이 우연히 드러나는 정서를 통해서 인간의 욕망 속에는 理와 義에 대한 욕망도 포함되어 있다는 것을 알게 된다. 나아가 孟子는 이러한 理와 義에 대한 욕망이야말로 인간의 본성을 다른 존재자들과 구분해주는 것이라고 여겼다. 리와 의에 대한 욕망을 따르

57) 『孟子』「告子上, "理義之悅我心 猶芻豢之悅我口."

면 大人이고 다른 신체적 욕망만을 따르면 小人이다.

孟子는 理와 義에 대한 욕망은 기본적으로 숨겨져 있는 것이기 때문에 그것이 실제로 드러나도록 하는 일련의 노력이 필요하다. 우선 필요한 것이 반성, 즉 思이다. 반성은 心의 중요한 공능이다. 현재 내 속에서 일어나는 욕망이 올바른 욕망인지 반성하여야 한다는 것인데 이런 반성을 통해서 사람은 으레 食色에 대한 욕망 이외에 도덕적 욕구가 존재한다는 것을 알게 된다.[58]

> 남의 불행한 상황을 惻隱하게 여기는 마음을 사람이 모두 가지고 있고, 제 잘못을 부끄러워하고 남 잘못을 미워하는 마음을 사람이 모두 가지고 있으며, 남을 공경하는 마음을 사람이 모두 가지고 있고 시시비비를 가릴 줄 아는 마음을 사람이 모두 가지고 있다. 남의 불행한 상황을 측은하게 여기는 마음이 仁이고, 제 잘못을 부끄러워하고 남 잘못을 미워하는 마음이 義이며 남을 공경하는 마음이 禮이고 시시비비를 가릴 줄 아는 마음이 智이다. 仁義禮智는 밖으로부터 내게로 달궈 들어오는 것이 아니라 내가 고유하게 가지고 있는 것이다. 단지 생각을 해보지 않았을 뿐이다. 그래서 (이 마음에 대해) '찾으려 하는 순간 가지게 되고 놓는 순간 잃게 된다.'라고 하는 것이다.[59]

四端이라고 불리는 도덕 욕구를 모든 사람이 고유하게 가지고 있는 것이긴 하지만, 누구나 이 도덕 욕구를 현재적으로 가진 것은 아니다. 오히려 많은 사람들에게 이 도덕 욕구는 숨겨져 있다. 어떤 사람들은 도덕 욕구가 결코 쉽게 드러날 수 없을 만큼 기본적 욕구의 충족이 힘든 경우도 있을 것이다. 이런 사람들의 경우 기본적

58) 『孟子』「告子上」, "拱把之桐梓 人苟欲生之 皆知所以養之者. 至於身而不知所以養之者. 豈愛身不若桐梓哉 弗思甚也."

59) 『孟子』「告子上」, "惻隱之心 人皆有之. 羞惡之心 人皆有之. 恭敬之心 人皆有之, 是非之心 人皆有之. 惻隱之心 仁也.羞惡之心 義也. 恭敬之心, 禮也. 是非之心 智也. 仁義禮智非由外鑠我也, 我固有之, 弗思耳矣. 故曰 求則得之 舍則失之."

욕구를 충족하는 것이 선결요건이 된다. 하지만 기본적인 욕구가 충족된다고 해서 누구나 도덕적 욕구를 가지게 되는 것도 아니다. 이 인용문은 바로 기본적 욕구가 충족된 상태에서 도덕적 욕구를 가지는 방법에 관한 것이라고 할 수 있겠는데, 맹자는 여기서 '생각한다.'(思)라는 것을 핵심적인 문제로 제기한다. 어느 누구에게나 도덕적 욕구는 있으며, 누군가 현재 그 도덕적 욕구를 현재적으로 경험하지 못한다면 그것은 단지 '생각해' 보지 않았기 때문이라는 것이다. 누구나 생각만 해보면 바로 도덕적 욕구가 있다는 것을 알 수 있을 뿐 아니라 그 순간 도덕적 욕구를 가지게 되리라는 것이 맹자의 생각이다. '생각한다'라는 것은 마음이 정상적으로 작동하기 시작한다는 의미인데, 마음이 정상적으로 작동하기만 하면 당연히 도덕적 욕구를 가지게 된다는 말이다.

> 公都子가 물었다. "모두 똑같은 사람인데, 어떤 이는 大人이 되고, 어떤 이는 小人이 되는 이유는 무엇입니까?" 孟子가 대답하였다. "자신의 大體를 좇는 사람은 大人이 되는 것이고 小體를 좇는 사람은 小人이 되는 것이다."라고 대답하였다. 다시 물었다. "모두 똑같은 사람인데 어떤 이는 자신의 대체를 좇고 어떤 사람은 자신의 소체를 좇게 되는 것은 왜입니까?" 대답하였다. "귀와 눈과 같은 기관은 생각을 하지 않고 物을 그대로 수용한다. 그러니 하나의 物로서 다른 物과 관계를 맺기 때문에 그저 끌려갈 뿐이다. 그에 반해 마음이라는 기관은 생각을 담당한다. 생각을 하면 (이 마음은) 제대로 작동하고 생각을 하지 않으면 제대로 작동하지 않는다. 이것은 하늘이 나에게 준 것이니, 먼저 대체를 정립하면 소체는 영향을 주지 못한다. 이런 사람은 大人이 될 수밖에 없다.[60]

60) 『孟子』「告子上」, "公都子問曰: 鈞是人也. 或爲大人, 或爲小人, 何也? 孟子曰: 從其大體爲大人; 從其小體爲小人. 曰: 鈞是人也, 或從其大體, 或從其小體, 何也? 曰: 耳目之官, 不思而蔽於物. 物交物, 則引之而已矣. 心之官則思. 思則得之, 不思則不得也. 此天之所與我者, 先立乎其大者, 則其小者不能奪也. 此爲大人而已矣."

公都子는 大人이 되는 사람과 小人이 되는 사람은 따로 정해져 있고, 그만큼 사람의 본성은 동일하지 않다고 생각하고 있었는지 모른다. 적어도 그런 회의를 품어볼 수 있다고 여긴 듯하다. 왜 대인이 되는 것을 마다하고 굳이 소인이 되는 사람이 있는 것일까? 왜 소체를 따르려고 하는 사람이 있는 것일까? 사람에 따라서는 소체를 따르고자 하는 욕망을 가진 사람도 있는 것은 아닐까? 公都子의 질문은 이런 문제제기를 하고 있다고 할 수 있을 것이다. 公都子는 소인이 소체를 따라 소인이 되는 데는 그에 해당하는 '이유'가 있으리라고 여겼다. 그에 반해 맹자는 '이유'가 아닌 '원인'의 관점에서 대답하였다.[61] 맹자는 소체를 좇아서 소인이 되는 사람에게는 그 사람 고유의 이유가 있다고 보지는 않는다. 소체를 좇으면 소인이 된다는 것만이 '이유'일 수 있다. 한 개체가 반드시 소체를 좇아야 하는 이유 따위는 존재하지 않는다고 하겠다. 반면 소체를 따르게 되는 원인이 있다. 맹자는 그 원인은 바로 '생각하지 않기' 때문이라고 진단한다. 인간의 마음이 가진 기능은 생각하는 것인데, 이 기능을 다하지 않고 생각을 하지 않았기 때문에 소체에 끌려 다니고 외물에 끌려 다닐 수밖에 없게 되었다는 말이다. '생각하지 않음'은 그 소인의 선택한 일종의 '행위'이고, 이 행위의 결과 소인이 되는 결과가 나타난 것이다. 그리고 이 문제 상황을 해결하는 방법은 바로 '생각을 하는 것'이다. 생각을 하는 순간 생각을 하는 것을 고유한 기능으로 삼은 마음이 작동하게 되고 마음이 작동하게 되면 자신의 현재 욕구 상태에 대해 반성이 이루어진다. 생각

61) '이유'는 성향과 관련이 있고, '원인'은 행위와 관련이 있다. 이유와 원인의 차이에 대해서는 라일(1994), 52-56쪽 참조.

을 하는 순간 그 자체가 심이 제대로 작동하기 시작하였음을 의미한다.[62] 그리고 마음이 제대로 작동한다는 것은 理와 義에 대한 마음의 욕망이 현실로 드러난다는 의미이다. 맹자는 바로 이러한 논리로 仁義를 추구하는 인간의 노력이 인간의 본성이 아니라는 주장에 대항한다.[63] 그는 仁義를 추구하려는 노력 자체가 인간의 본성이며 숨겨져 있는 욕망이며 이 숨겨진 욕망은 생각을 하는 순간 현실화된다고 보았다는 말이다. 그래서 맹자는 학문이란 잃고 있던 마음을 다시 찾는 과정일 뿐이라고 하였던 것이다.[64]

그런데 '생각만 하면 된다.'라는 맹자의 주장은 생각이 순조롭게 진행되는 상황을 전제한 말이지, '생각한다.'라는 것은 사실상 그리 간단한 문제는 아니다. 맹자는 자신이 이미 마음이 언제나 온전하게 작동하는 단계에 도달하였다고 여긴 듯한데,[65] 맹자는 자신이 그런 단계에 도달하게 된 데는 두 가지에서 뛰어나기 때문이라고 한다. 그것은 바로 '知言'과 '浩然之氣를 기르는 것'이다. 그중 '知言'은 마음이 어떤 상태인가를 올바로 아는 능력을 기르는 과정과 관련된 것이다. 맹자는 올바른 마음을 가지려면 현재 자신의 마음이 어떠한 상태인가를 알아야 하는데, 바로 말이 그 사람의 마음을

62) 『孟子』「告子上」, "人有雞犬放則知求之 有放心而不知求. 學問之道無他 求其放心而已矣."

63) 『孟子』「告子上」, "告子曰 性猶杞柳也 義猶桮棬也. 以人性爲仁義 猶以杞柳爲桮棬. 孟子曰 能順杞柳之性而以爲桮棬乎. 將戕賊杞柳而後以爲桮棬也. 如將賊杞柳而以爲桮棬 則亦將戕賊人以爲仁義與. 率天下之人而禍仁義者 必子之言夫."

64) 『孟子』「告子上」, "孟子曰: 仁人心也; 義人路也. 舍其路而弗由; 放其心而不知求, 哀哉! 人有雞犬放則知求之, 有放心而不知求. 學問之道無他, 求其放心而已矣."

65) 孟子는 자신이 '不動心'의 단계에 도달했는지 묻는 제자에게 '不動心'은 그다지 높은 단계가 아니라고 말한다. 자신은 마음이 동요되지 않는 단계에 도달하는 데 그치는 것이 아니라 온전히 작동하는 단계에 도달했다고 자부한 것으로 보인다. 『맹자』「公孫丑上」, "公孫丑問曰: 夫子加齊之卿相, 得行道焉, 雖由此霸王, 不異矣. 如此則動心否乎? 孟子曰: 否. 我四十不動心. 曰: 若是則夫子過孟賁遠矣. 曰: 是不難. 告子先我不動心."

드러내주고 있으므로 마음을 읽어내기 위해서는 말에 주목할 필요가 있다고 여겼다. 맹자는 인간의 말을 분석하고 종합하고 추론하여 마음의 본질을 파악해내는 일에 관심을 둔 것 같지는 않다. 맹자가 관심을 둔 것은 단지 마음이 올바로 작동하느냐를 점검하는 일과 관련이 있었을 뿐이다. 그는 사람들이 말로 자신의 속마음을 숨기려고 하므로 그 사람이 어떤 말을 하는가에 주목하여 그 사람이 어떤 욕심을 숨기고 있는지 알아차릴 수 있다고 여겼다.[66] 그리고 孟子는 다른 사람의 말이라기보다는 자기 자신의 말을 염두에 둔 듯하다. 말하자면 자신이 어떤 식으로 말하는지를 살펴서 자신이 현재 어떤 심리상태인가를 알아차린다는 것이다.[67] 자신이 어떠한 마음의 상태인지 알아차려야 올바른 마음을 배양할 수 있다고 보기 때문이다.[68]

告子는 마음이 올바른 욕망을 가지도록 만드는 일보다 마음이 욕망에 의해 동요되는 일이 없도록 단속하는 일에 더 관심이 컸던 듯하다. 이와 달리 孟子는 적극적으로 도덕적 욕구를 기르는 것이 중요하다고 여겼다. 다른 생물들처럼 마음이라는 것도 잘 길러주면

66) 『孟子』「公孫丑上」, "詖辭知其所蔽. 淫辭知其所陷. 邪辭知其所離. 遁辭知其所窮."

67) '知言'이 대화 상대의 말을 파악한다는 의미인지 언어 일반의 성격에 대해서 이해한다는 의미인지 분명하지 않다. 다만 필자는 集義의 수양의 과정인 것처럼 知言도 수양의 과정이라고 볼 경우 그 대상이 대화 상대의 말이라기보다는 차라리 자기 자신의 말이 아닐까 생각한다. 告子는 언어로 표현되는 자신의 논리에 문제가 있으면 문제의 근원이 자신의 잘못된 마음에 있으리라고 의심하려고 하지 않았는데 맹자는 바로 이것을 문제 삼았으므로, 맹자는 그와 달리 자신의 말에 詖淫邪遁이 있으면 바로 자신의 마음을 반성해 본 것이 아닌가 한다. 조선의 茶山 丁若鏞도 知言이 수양의 한 과정이기 때문에 당연히 자신의 말을 아는 일이라고 보았다. 『孟子要義』「公孫丑上」, "鏞案知言者, 知言語之本在心也…….告子不得於言, 勿求於心. 孟子不得於言, 必求於心. 此其所以相反也. 詖淫邪者, 言之有失者, 所謂不得於言也. 卽言之詖而知其心之有所蔽; 卽言之淫而知其心之有所陷; 卽言之邪而知其心之有所離, 所謂不得於言, 必求於心也. 心不直則氣不旺, 氣不旺則辭不壯, 此必然之理. 而告子曰不得於言, 勿求於心, 此決然非理之言. 言者心之旗也. 告子分爲二物, 豈可通乎? 孟子知浩然之氣, 生於心直; 通暢之辭, 亦生於心直. 故曰我知言, 故曰我養氣. 今人讀此章, 不知言氣二者之上下通貫, 何以解矣?"

68) 『孟子』「公孫丑上」, "不得於言, 勿求於心, 不得於心, 勿求於氣."

잘 자라며, 적극적으로 '생각을 해서' 잘 붙들어야 온전히 보존될 수 있기 때문이다.[69] 도덕적 욕구를 길러가는 과정을 맹자는 '集義'라고 불렀다. '集義'는 지속적으로 도덕 욕구를 실천해나가는 과정을 말하며 이런 지속적인 도덕 실천을 통해 浩然之氣가 길러진다. 浩然之氣란 결국 도덕 욕구를 실행에 옮김으로써 가지게 되는 무한히 상쾌한 기분과 도덕적인 자부심이라고 할 수 있겠는데, 이런 기운이 길러지게 되면 도덕을 실천하는 일이 한결 쉬워지며 한 대로 이 기운이 없으면 사람은 허전한 느낌을 떨치지 못한다. 맹자는 이것이 인간이 도덕 욕구를 본성으로 가진다는 하나의 증명이 되기도 한다고 여겼다.[70] 이렇게 자신의 마음이 올바른 욕망의 상태를 벗어나 있지 않나 점검하면서 지속적인 도덕 실천을 통해서 숨겨져 있던 도덕적 욕망을 길러나가는 것이 浩然之氣을 기르는 길이라고 하겠는데,[71] 그 구체적인 실천의 양상은 恕를 통해 설명될 수 있을 것이다.

> 萬物은 모두 나에게 갖추어져 있다. 그러니 자신을 돌아보았을 때 진실되다면 즐거움이 그보다 클 수 없을 것이다. 恕의 원칙으로 힘껏 실천해나가면 仁者가 되는 길로서 이보다 가까운 방법은 없을 것이다.[72]

---

69) 『孟子』「告子上」, "雖存乎人者, 豈無仁義之心哉! 其所以放其良心者, 亦猶斧斤之於木, 旦旦而伐之, 可以爲美乎? 其日夜之所息, 平旦之氣, 其好惡與人相近也者幾希, 則其旦晝之所爲, 有梏亡之矣. 梏之反覆, 則其夜氣不足以存, 夜氣不足以存, 則其違禽獸不遠矣. 人見其禽獸也, 而以爲未嘗有才焉者, 是豈人之情也哉? 故苟得其養, 無物不長, 苟失其養, 無物不消. 孔子曰: 操則存, 舍則亡, 出入無時, 莫知其鄕, 惟心之謂與!"

70) 『孟子』「公孫丑上」, "敢問何謂浩然之氣? 曰: 難言也. 其爲氣也, 至大至剛, 以直養而無害, 則塞于天地之間. 其爲氣也, 配義與道, 無是, 餒也. 是集義所生者, 非義襲而取之也. 行有不慊於心, 則餒矣. 我故曰: 告子未嘗知義, 以其外之也."

71) 『孟子』「公孫丑上」, "必有事焉而勿正 心勿忘 勿助長也."

72) 『孟子』「盡心上」, "萬物皆備於我矣. 反身而誠 樂莫大焉. 强恕而行 求仁莫近焉."

이 인용문에서 맹자는 도덕적 욕망이 제대로 실현되었을 때 사람은 무한한 즐거움을 느끼게 되는데 그 도덕적 욕망의 실현 방법은 바로 恕라고 한다. 인간은 늘 세계와 밀접하게 연관되어서 살아간다. 孟子가 '만물이 모두 나에게 갖추어져 있다'라고 말한 것은 내가 일상에서 만나는 일들은 모두 나와 관련이 있다는 의미일 것이다. 더구나 그 만나는 것이 사람이라고 한다면 나는 어떤 식으로든 그와 공감하지 않으면 안 된다. 왜냐하면 그 사람은 내 생활세계의 일부이기 때문이다. 바로 이런 맥락에서 孟子는 남을 나와 대등한 존재로 인정하는 恕를 求仁의 가장 좋은 방법이라고 여긴 것이다. 恕라는 개념이 『孟子』에는 이곳에 한번 보이지만 『論語』나 『大學』이나 『中庸』에 일관되게 중요한 개념으로 등장하고 있다. 유교의 경전 속에 등장하는 恕의 일반적인 의미는 대체로 내가 원하지 않는 것을 남에게도 시키지 말라는 것이다.[73] 바꿔 말하면 내가 하고 싶은 것을 남에게도 할 수 있도록 배려하는 것이 恕라고 하겠다. 그런데 이 恕는 기본적으로 도덕적 욕망과 관련이 깊다. 말하자면 恕는 자신이 감당하기 힘든 도덕적 요구는 남에게도 하지 말라는 의미라기보다는 자신에게 먼저 높은 도덕을 요구하고 그것을 바탕으로 남들도 도덕적인 욕망을 실현할 수 있도록 이끌어가야 한다는 의미라고 하겠다. 다른 사람이 도덕적 욕망을 실현하지 못하는 것을 용서해주자는 것이 아니라 자신이 도덕적 욕망을 올바로 실현할 수 있도록 먼저 채근하는 것이 중요하다는 것이다.[74] 그래서 공자는 恕를 통해 이루게 되는 온전한 인격체인 仁者

73) 『論語』「衛靈公」, "子曰其恕乎! 己所不欲 勿施於人." 『大學』, "是故君子有諸己而後求諸人, 無諸己而後非諸人. 所藏乎身不恕而能喻諸人者, 未之有也." 『中庸』, "忠恕違道不遠, 施諸己而不願, 亦勿施於人."

에 대해 “내가 한 인격체로 정립되고 싶으면 남도 한 인격체로 정립될 수 있도록 만들고, 내가 사회적 성취를 이루고 싶으면 남도 사회적 성취를 이룰 수 있도록 만든다.”라는 적극적인 도덕실천의 태도로 정의한 것이다.[75]

공자는 인생 칠십에 “마음이 하자는 대로 해도 규범을 넘지 않는 경지에 이르렀다.[76] 마음의 욕망을 그대로 따르는 데 객관적인 규범을 넘지 않을 수 있었다는 것인데, 그것은 기본적으로 인간의 욕망이란 제대로 실현될 경우 도덕규범과 온전하게 일치할 수 있다는 의미를 담고 있다. 사람들이 각자 자신의 욕망을 충족하더라도 서로 사이에 충돌이 발생하지 않는다고 보는 것이다. 이렇게 인간은 기본적으로 도덕적 욕망을 가지고 있고 이 욕망이 온전히 길러지면 인간은 외부적 규제 없이도 도덕적인 삶을 살 수 있다. 浩然之氣란 바로 한 인간의 여러 욕망들이 心의 도덕적 욕망의 主宰 아래 질서 있게 실현될 때 인간이 가지게 되는 기운이다. 그리고 恕는 바로 자신이 자신의 浩然之氣를 길러가는 과정이자 남들이 그들 자신의 浩然之氣를 기를 수 있도록 돕는 실천의 방법이다.

---

74) 『大學』, “是故君子有諸己而後求諸人 無諸己而後非諸人.”

75) 『論語』「雍也」, “夫仁者, 己欲立而立人, 己欲達而達人.”

76) 『論語』「爲政」, ‘七十而從心所欲不踰矩.”

5. 나가는 말

이 글에서는 孟子의 욕망관을 본성에 대한 논의와 연관시켜서 검토하였다. 孟子는 대체로 본성을 욕망과 별다른 구분 없이 사용하였고, 욕망에 위계를 지우려고 하였다. 인간에게는 여러 욕망이 있는데 도덕적 욕망이 인간을 인간답게 만들어주는 최상의 가치를 지닌다고 보고 이것을 특별하게 인간의 본성이라고 부르기도 하였다. 인간의 이러한 본성은 대체로 숨겨져 있기 때문에 이것을 되찾는 일이 중요하다. 그런데 이 본성이란 바로 '心' 자체의 욕망이기 때문에 心이 제대로 정신을 차리면 그것 자체가 바로 본성을 '되찾는' 일이다. 물론 정신을 차리고 지속적으로 정신을 차리고 있을 수 있도록 노력하는 여러 과정이 필요하겠지만 기본적으로 정신을 차리는 순간 도덕적 본성, 욕망을 되찾게 된다는 것이다.

孟子는 도덕적인 비난을 받고 있던 제후들이나 그 제후들의 왜곡된 욕망에 의해 희생되고 있던 백성들이 도덕적 욕망을 올바로 되찾을 수 있는 방법을 여러 가지로 고민했다. 그는 제후들이 도덕적 욕망에 대해 관심을 가질 수 있도록 도덕적 욕망을 실행에 옮기는 것이 실제로는 功利的 욕망을 이루는 데 도움이 될뿐더러 유일한 해결책이기도 하다고 주장하였다. 그는 통치자들에게 백성들과 함께 욕망을 호혜적으로 실현하도록 권유하였다. 孟子는 나아가 백성들이 도덕적 욕망에 눈뜨고 실행에 옮길 수 있게 하기 위해서는 恒産을 보장해주는 것이 무엇보다 필요하다고 보았다. 통치자가 백성들에게 항산을 보장해 주면 백성들은 항심을 가지게 되고 그러면 통치자에게 유리한 국면이 조성된다는 것이 孟子가 말한 욕망의 호혜적 실현의 내용이라고 하겠다.

이렇게 호혜적으로 욕망을 실현하기 위해서는 공감능력이 필요할 것이다. 이와 관련하여 孟子는 무엇보다 반성을 통해서 자신이 어떤 도덕적 욕망을 가지고 있는지 알아차리는 일이 필요하다고 여겼다. 사람의 마음은 반성을 하는 순간 제대로 작동하기 시작하며 자신이 가진 여러 욕망에 대해 올바로 위계를 세울 수 있고 이 위계에 따라서 욕망을 실천해나가면 자연스럽게 자신의 생활세계에서 만나는 사람들과 공감할 수 있게 된다고 여겼다. 이런 공감을 바탕으로 자신의 도덕적 욕망을 최대한 발전시킨 사람은 浩然之氣를 가지게 되는데, 이것이 바로 자아를 완전히 실현하는 길이다.

참고문헌

『論語』
『孟子』
『荀子』
『禮記』
『管子』
『二程遺書』
『朱文公文集』
『與猶堂全書』

余敦康, 『中國哲學論集』, 遼寧大學出版社, 1998.
오혜경 옮김, 최호영 감수, 에이브러햄 매슬로 지음, 『동기와 성격』, 21세기북스, 2009.
이승환, 『유가사상의 사회철학적 재조명』, 고려대학교출판사,2001.
이한우 옮김, 길버트 라일 지음, 『마음의 개념』, 문예출판사, 1994.
전경갑, 『욕망의 통제와 탈주』, 한길사, 1999.

路德斌, 「孟子의 "寡欲"설에서 荀子의 "養欲"설까지-유가 新義理觀의 형성 및 가치」, 『퇴계학보』제124집, 퇴계학회, 2008.
이명수, 「유가철학에 있어 욕망론 전개의 단초와 그 예의 의미」, 『한국사상과 문화』, 한국사상문화학회, 2006.
정상봉·황갑연·전병술·안재호, 「중국유가철학에 있어서의 이성과 욕망의 관계 연구」, 『시대와 철학』, 한국철학사상연구회, 2003.
최진석, 「"욕망"(욕): 선진 철학을 읽는 또 하나의 창」, 『철학연구』제69집, 철학연구회, 2005.
황갑연, 「중국 유가철학에 있어서 이성과 욕망의 관계」, 『중국학보』제45집, 중국학회, 2002.

평상심(平常心)과 도(道)
–욕망의 질적 전환을 통한 삶의 대긍정–

조준호

1. 들어가는 말
2. 욕망에 대한 기본입장
3. 평상심시도(平常心是道): 욕망의 질적 전환
4. 수처작주(隨處作主): 욕망의 주인으로서 삶의 대긍정
5. 마치는 말

1. 들어가는 말

동아시아 선불교, 특히 홍주종(洪州宗)을 중심으로 욕망문제를 직접적으로 다룬 선행연구는 그다지 찾아 볼 수 없다. 이는 선수행자들의 욕망과 관련한 문제가 좀 더 다른 차원과 어법으로 접근했기에 주요문제로 부상되지 않은 것이 아닌가 생각된다. 따라서 학계에서는 중국선불교의 윤리문제에 대한 논의는 많지만 직접적으로 선종(禪宗)과 욕망의 문제가 주요 쟁점으로 다루어지는 경우는 드물다.[1] 예외적으로 꺼짜오꽝(葛兆光: Ge Zhaoguang)의 경우 피상적이기는 하지만 그의 저서를 통해 중국선불교가 금욕주의에서 적의(適意)로 그리고 다시 종욕주의(從欲主義)로서 인생철학을 보여주고 있다고 주장하기도 한다.[2] 국내에서는 중국선불교의 욕망에 관한 본격적인 논의를 찾아 볼 수 없다가 최근에야 한 편을 찾아 볼 수 있다.[3] 그 때문인지 선불교의 욕망론 연구에 대한 어려움

1) 2007년(8월 2-3일) 고려대학교 민족문화문하연구원과 (재)만해사상실천선양회가 공동주관하여 개최한 '금욕과 깨달음/해탈'(Celibacy and Enlightenment / Salvation)이란 주제의 국제학술대회에서도 여러 불교 분야가 다루어지고 있지만 선불교와 관련한 욕망은 생략되어 있다.

2) 葛兆光(정상홍, 임병권 공역), 『禪宗과 中國文化』, 서울: 東文選, 1991.

3) 이덕진, 「선불교의 욕망 이해 — 욕망의 바다에서 유영하기」, 우희종, 한자경 외, 『욕망: 삶의 동력인가 괴로움의 뿌리인가』 서울: 운주사, 2008.

을 여러 가지로 토로한 흔적이 보인다.[4] 그는 중국 선불교가 인간을 해석함에 있어 성(性)에서 심(心)으로 그리고 인(人)으로 발전시켰던 맥락이기에 선불교는 인간에 대한 무한한 신뢰를 표방하면서 욕망을 가진 주인공인 인간의 삶 그 자체가 바로 부처의 삶이며, "욕망이 적나라하게 드러나는 세상 그 자체가 불국토"임을 의미하는 것으로 이해한다.[5] 최종적으로 이덕진은 "선불교의 욕망의 입장은, 욕망을 없애는 것이 아니라, 욕망 속에 있으면서 욕망에 물들지 아니하고, 대상경계 속에서 불성인 자성을 지향하는 데 있다"[6]라 하여 욕망을 긍정하는 현대사회와 같이 "선불교 역시 긍정적인 입장에서 욕망을 말한다"[7]고 결론을 내린다. 이같은 선행연구는 선불교의 욕망론을 논의하는 데 있어 기여하는 바가 크다. 이어 본 연구자도 '평상심시도(平常心是道)'를 표어로 하는 마조계 홍주종을 중심으로 하는 연구과정에서 선행연구의 결론을 크게 공감한다. 하지만 앞의 선행연구는 결론을 위한 적절한 전거 제시와 함께 논리적인 또는 철학적인 논의가 더해져야 만이 결론에 대한 설득력이 더 해질 것으로 판단된다.[8] 본고는 이러한 점에 초점을 맞추어 인도불교의 욕망관 비교되는 '평상심시도'를 기치로 한 마조계 홍주종의 제문헌에 함의된 욕망의 문제를 다각도로 밝혀보고자 한다.

4) 이덕진, 앞의 논문, p.98.: "불교는 욕망을 어떻게 보아야 하는가, 더 나아가 선불교는 욕망을 어떻게 취급해야 좋을까?"라는 질문을 던지며 "깨달음의 증득이 가져오는 경지는 욕망을 활발발活潑潑하게 살리는 것인가, 아니면 욕망을 절멸絕滅시키는 것인가? 참으로 난감한 문제"로 그렇지만 "반드시 정리하고 해결책을 강구하여 답을 제시해야만 할 문제가 아닐 수 없다" 등의 어려운 사정을 호소하고 있다.

5) 이덕진, 앞의 논문, pp.117-118, 152.

6) 이덕진, 앞의 논문, p.157.

7) 이덕진, 앞의 논문, pp.163-164.

8) 결론을 위한 가장 중요한 전거 제시로 이덕진은 『六祖壇經』에서 언급되는 '심불기(心不起)'와 '심삭기(心數起)'를 들고 있다.(이덕진, 앞의 논문, p.155)

2. 욕망에 대한 기본입장

1) 선불교의 욕망론에 관한 사상적 배경

중국 선사상에 크게 영향을 미친 경으로서는 대략『능가경(楞伽經)』,『금강경(金剛經)』,『화엄경(華嚴經)』,『유마경(維摩經)』 등을 들 수 있다.[9]『능가경』은 자각성지(自覺聖智)의 여래청정선(如來淸淨禪)을 강조하고 있으며, 또한 '일자불설(一字不說)'설은 '이심전심 불립문자(以心傳心 不立文字)'의 선 사상적 토대를 이루고 있다. 반야의 공사상과 함께『금강경(金剛經)』의 '즉비(卽非)의 논리', 그리고 응무소주 이생기심(應無所住 而生其心)'의 무주(無住) 사상 역시 선사상에 영향을 끼치고 있다.『화엄경』에서는 '일즉다 다즉일(一卽多 多卽一)'의 상즉상입(相卽相入)의 논리는 중생이 바로 부처[衆生卽佛]라는 돈오선의 이론적 기초가 된다. 다음으로『유마경』은 '번뇌 즉 보리[煩惱卽菩提]', '생사 즉 열반[生死卽涅

9) 참고, 김호성,『대승경전과 禪: 금강경・유마경・화엄경・능가경 속의 禪思想』, 서울: 민족사, 2002.

槃]'이라는 '불이법문(不二法門)'은 선의 실천사상으로 발전하게 된다. 따라서 중국 선종은 크게 보아 대승불교의 실천적 계승이라 할 수 있다.

대승불교의 전통 안에 있는 중국 선불교의 욕망에 대해 좀 더 자유로운 입장은 『유마경(維摩經)』이나 『대반야바라밀다경(大般若波羅蜜多經)』 등에서 찾을 수 있다. 예를 들면, 초기대승경전으로 이후 대승의 기초를 이루고 있는 『대반야바라밀다경(大般若波羅蜜多經)』에서는 보살의 오욕락(五欲樂)과 갖가지 즐거움을 긍정하는 입장이 나타난다.[10] 인용한 두 경전 모두 중국 선불교를 형성하는데 중요한 경전에 해당된다. 이같은 욕망에 대한 입장은 대승 이전의 불교와는 상당히 다른 면모를 보여주는 것으로 볼 수 있다. 때문에 야오밍차이는 대승 즉 "『반야경(般若經)』의 윤리이론은 욕망을 불신하거나 배척하지도, 맹신하거나 장려하지도 않는" 것으로 보면서 마지막 맺음말로 "욕망은 수행의 기회를 제공"하기에 "욕망과 윤회를 대승의 수행으로 회향한다면, 욕망과 윤회는 대승의 깨달음을 구성하는 요소가 되며, 보살의 수행에 이익을 주고, 이 모든 과정이 보살의 윤리적 관점에서 확고한 지위를 얻는다. 이러한 경우, 욕망 혹은 윤회는 보살의 수행에 기여하기 때문에 명백히 긍정적인 것"이라고 결론을 내리고 있다.[11] 이러한 대승의 욕망관에 기초하면서도 선불교는 중국인 특유의 현실적이고 실제적이며 그리고 긍정적인 세계관에 따라 인도불교와는 다른 욕망관을 보여주

---

10) 야오밍차이(Yaoming Tsai) / 이상민 역, 「감각적 욕망에 대한 대승의 윤리적 담론- ≪대반야바라밀다경(大般若波羅蜜多經)≫십이분(十二分)으로 본 철학적 고찰 -」, 『불교평론』32호(2007년 가을), 서울: 만해사상실천선양회, pp. 42-75.

11) 야오밍차이(Yaoming Tsai), 앞의 논문, p.62.

는데, 특히 마조계 홍주종에 이르러 그 정점에 달한다고 할 수 있다.

2) 중국 선불교의 욕망에 대한 태도

인도불교가 일반적으로 욕망문제에 붙들려 대단히 심각한 모습으로 씨름하는 모습을 보여줄 때 중국 선불교는 욕망에 대범하고 오히려 욕망에 자유로운 운용이 통쾌하게 펼쳐지는 것으로 그려진다. 다음의 몇 가지는 중국 선불교에 있어 욕망과 관련한 입장을 알 수 있는 좋은 사례이다.

첫째는 중국 선종의 제4조 도신(580-651)의 두 제자, 도법과 도불의 이야기이다. 도법과 도불은 쌍봉산의 도신을 찾아 어느 강가에 이르렀다. 하지만 간밤의 폭우로 강물이 불어나 있었다. 한 여인이 강을 건너지 못하고 망설이고 있는 모습을 본 도법은 여인을 업고 강을 무사히 건넜다. 여인은 도법에게 고맙다는 인사를 하고 떠났다. 다시 수 십리 길을 걷다가 도불은 도법에게 계율에 충실해야 할 출가사문이 어떻게 여인을 가까이 할 수 있냐고 불만스럽게 따졌다. 이에 도법은 "아! 그 여인 말인가? 나는 강을 건넌 후 그 여인을 내려놓았는데 자네는 아직도 그 여인을 업고 있는가!" 라고 한마디 할 뿐이었다. 욕망과 집착에 대한 선불교의 자유로운 정신을 보여주는 사례라 할 수 있다.

두 번째는 '파자소암(婆子燒庵)'으로 유명한 공안(公案)이다. 한 노파가 암자를 지어 20년 동안이나 한 선수행자를 뒷바라지하고서 득도를 시험하는 차원에서 젊은 여자를 시켜 선승을 유혹하게 했다. 갖은 교태를 부려보다가 선승의 무릎 위에까지 올라가 껴안아 보기도 하였다. 그러면서 느낌이 어떠한가를 묻는다. 이에 선승은 '고목나무가 찬 바위에 기대니 삼동설한에 온기는 없다'(枯木倚寒巖 三冬無煖氣)라 답하며 여자의 교태와 유혹에도 전혀 미동도 하지 않음을 보여준다. 이 같은 일을 젊은 여자가 노파에게 보고하자 "저런 속물에게 20년 동안이나 공양을 올리다니"라고 탄식하며 곧바로 암자에 불을 질러 선승을 내쫓아 버렸다는 이야기다.[12] 왜 노파가 20년 동안이나 뒷바라지한 선승을 속물이라 하며 내쫓았는가에 대한 해석은 논란이 된다. 이 같은 속물은 초기불교 또는 인도불교 맥락에서 보면 유혹에 빠지지 않는 욕망 지멸의 모범적인 수행자로 칭찬을 받을 수 있다. 하지만 중국선가에서는 그렇게 단순하게 처리하지 않는다. 그렇기 때문에 화두로까지 제시된다. 다시 말해서 욕망의 자재로운 운용을 말하는 선불교에서는 생명 없는 고목이나 불씨 꺼진 재 같은 회신멸지(灰身滅智)쪽에 쉽게 손을 들어주지는 않기 때문에 해결해야 할 문제가 된 것이라 할 수 있다. 하지만 노파와 그녀가 공양한 선 수행자 가운데 누가 맞느냐 맞지 않느냐는 쉽게 판단할 문제는 아니다.[13] 이것은 선불교의 욕망관을 욕망 지멸이나 욕망인정으로 쉽게 단정지을 수 없는 어려운 함의를 가진 것임을 보여준다.

세 번째는 방온(龐蘊) 거사 이야기이다. 그는 방거사라고도 불리

12) "不知何許人也. 供一庵主. 垂二十年. 常令一女子送飯. 一日. 令女子近前一? 曰. 正恁? 時如何. 僧曰. 枯木倚寒巖. 三冬無煖氣. 女子告婆. 婆曰. 我二十年來祇供得一俗漢. 遂遣僧出.燒其庵"(傳燈錄); 선불교에서 노파의 등장은 선승들을 견성으로 이끄는 역할로 등장하는 맥락에서 암자에 불을 질러 선승을 내쫓는 행위 자체가 굉장히 격렬한 선불교의 한 면을 보여준다.

13) 소암파자의 맥락에서 우리나라의 황진이와 지족선사 그리고 화담 서경덕간의 이야기는 김영욱의 『화두를 만나다: 깨달음을 부수는 선』, 서울: 프로네시스: 웅진씽크빅, 2007, pp.107-110 참고.

며 마조 문하의 걸출한 선승들과 비교되는 재가자이다. 원래 형양의 태수출신의 아버지를 둔 방거사는 큰 부호였다고 한다. 하지만 견성한 후에 전답은 가난한 사람들에게 나누어 주고 나머지 전 재산은 동정호(洞庭湖)에 배와 함께 빠뜨렸다. 많은 사람들이 그 막대한 재산을 불쌍한 사람들에게 나누어 주든지 불사에 사용하라는 말에 그의 대답은 "내가 이미 원수라 생각하고 버리면서, 어찌 다른 사람에게 주겠는가? 재물은 몸과 마음을 근심하게 하는 원수이다"라고 하였다.[14] 그 후 평생을 초가삼간에 몸을 담아 돗자리를 짜고 짚신을 삼아 생계를 유지하며 살았다. 호귀학도난(豪貴學道難)으로 '돈이 많고 지위가 높으면 도를 배우기 어렵다'라는 말이 있듯이 구도의 삶을 위해 강물에 재산을 내다 버린 이야기는 유명하다. 그가 선택한 자발적 가난은 재물에 대한 욕망을 떠날 때 진정한 자유와 행복이 있음을 시사해 주고 있다.

마지막으로 간화선의 대혜종고의 법제자인 도안(道顔)과 무착묘총(無着妙聰) 사이에 있었던 욕망에 관한 이야기이다.[15] 도안은 무착이라는 여인이 아직 비구니가 되지 않았을 때 대혜가 그녀에게 방장실에 숙소를 정해주자 도안은 항상 이를 못마땅해 하고 비난했다. 이에 대혜는 도안을 설득했지만 수긍하지 않자 직접 그녀를 만나보도록 하였다. 도안이 무착의 숙소에 드니 여인은 실오라기 하나 걸치지 않은 알몸으로 누워 있었다. 도안이 손가락질하며 "여기는 어떤 곳인가?"라 하니 여인이 답하기를 "삼세 모든 부처와 육

---

14) 혜담지상, 『방거사 어록 강설』, 서울: 불광출판부, 2006, p.23.

15) 『五家正宗讚』에 나오는 이야기로 葛兆光(정상홍 · 임병권 공역), 『禪宗과 中國文化』, 서울: 東文選, 1991, p.163-164에 원전에 대한 본 의미가 왜곡되어 기술된 것에 대해 한문원전에 따른 번역과 설명은 변희욱 선생의 도움을 받았다.

대 조사, 그리고 천하의 노화상도 모두 이 속에서 나왔습니다."라고 답한다. 다시 도안이 "이 노승이 들어가도 되겠소?"라고 물으니 "여기는 말이나 당나귀가 건너는 곳이 아니오."라고 다시 응수했다. 이에 도안이 더 이상 말을 못하자 무착은 "수좌와의 첫인사는 끝났습니다."라고 말하고서 몸을 안쪽으로 돌렸다. 이 내용은 대혜종고가 성적 욕망을 투사하여 분별하고 있는 제자를 깨우쳐주고자 방편을 사용하는 재미있는 사례라 할 수 있다. 이와 관련하여 가장 원초적인 성적 욕망까지도 선사들에 있어서 걸림 없는 무애행(無碍行)으로 잘 그려지고 있음을 알 수 있다.

여기서 선불교의 욕망에 대한 입장을 '종욕주의(從欲主義) 인생철학'으로 이해하려는 경우도 있다.[16] 꺼짜오꽝(葛兆光)은 그의 저서에서 앞의 대혜종고의 법제자인 도안(道顔)과 무착 사이에 일어난 일 등의 여러 단서들을 제시하면서 불교가 금욕주의에서 적의(適意)로 그리고 다시 종욕주의로 전개되고 있다고 주장하고 있다.[17] 하지만 그의 주장에는 선불교 주변부의 파행적인 기행을 전거로 삼거나 단장취의하여 견강부회하는 설명을 하고 있는 경우가 많다. 예를 들어, "'졸리면 졸고 자고 싶으면 잔다면' 그것은 사실상 욕망의 지배에 순종하는 것"이라는 식으로 피상적으로 해석하고 있다.[18]

이는 마치 중국사상사에서 마조계 홍주종에 대한 비판으로 작용시성(作用是性)의 문제를 보는 것 같다. 평상심의 안목은 세계를

---

16) 葛兆光(정상홍, 임병권 공역), 『禪宗과 中國文化』, 서울: 東文選, 1991, p.164.

17) 葛兆光, 앞의 책, pp.161-194.

18) 葛兆光, 앞의 책, pp.165.

무차별하게 인정하는 것처럼, 그리고 모든 인간사와 세상사에 대해 전면긍정하는 것으로 설명된다. 이에 따른 윤리적 문제에 따른 비판은 불교 내에서는 규봉종밀(圭峯宗密: 780-841)에 의해서 그리고 유교에서는 주자(朱子: 1130-1200)에 의해서 제기되었다. 무분별한 욕망에 따른 안일무사한 방종이나 막행막식(莫行莫食)과 같은 도덕부정론의 여지를 지적한 것이다. 종밀의 경우 당시 선종을 정리하는 저서에서 전수문(全收門)과 전간문(全揀門)으로 분류한다. 전수문은 일체를 가리지 않고 전적으로 긍정하는 입장을, 전간문은 반대로 무차별하게 부정하는 입장을 말한다. 여기에서 마조계 홍주종의 평상심시도는 전수문으로 종밀은 『원각경대소초』에서 "마음이 일어나면 생각이 일어나니 손가락 튕기고, 기침을 하고, 눈썹을 치켜 올리는 등의 모든 행동이 불성 전체의 작용으로 제2의 주재(主宰)는 없다. ... 사대의 몸을 자세히 살펴보면 모두 탐진(貪嗔)을 알지 못한다. 따라서 탐진번뇌는 모두 불성이다."라고 평하고 있다.[19] 이렇게 일체가 불성의 작용으로 보게 될 경우 욕망의 탐진번뇌에 대한 '도덕적 분별'이 들어설 자리가 없다는 것이다. 하지만 마조의 선사상은 일종의 변증적인 지향으로 즉심시불(卽心是佛) → 비심비불(非心非佛) → 평상심시도는 '긍정-부정-대긍정'으로 전개되었다는 것이다.[20] 따라서 평상심시도를 즉심즉불로만 한정하여 보게 될 경우 몰윤리적인 여지가 있는 것으로 판단할 수 있다는 것이다.

---

[19] 월암, 『돈오선: 사람이 부처다』, 서울: 클리어마인드, 2008, p.264-265에서 재인용.

[20] 車次錫, 「마조의 선사상에 나타난 논리체계와 지향점 탐색 」, 『佛敎學報』 Vol.41 서울: 東國大 佛敎文化硏究院, 2004.12, pp.159-178.

현재까지 작용시성(作用是性)이 도덕부정이나 몰윤리성으로 오해될 수 있는 여지에 대한 반론을 정리해 보면 크게 다음의 두 가지 점이다.[21] 첫째, 평상심시도는 즉심시불과 비심비불을 동시부정한 지양이 전제된 가르침이라는 점이다. 즉 즉심시불은 방편적 차원의 시설이라는 점이다. 둘째, 오히려 마조계열의 대주혜해와 임제 등에 있어 '도덕적 분별'이 매우 강조된다는 점이다.

이에 반해 평상심을 무사안일, 즉 어떠한 수행도 노력도 없이 배고프면 밥 먹고, 졸리면 자면 그만이라는 식의 오해는 이미 대혜종고에 의해서도 비판된다.[22] 실제로 마조계는 어느 집단보다도 윤리적인 모습을 보여주었기에 동아시아 사상사에 있어 오랜 생존력을 보여주고 있다. 그들의 높은 도덕수준은 『마조록』·『선원청규』·『조주록』 등을 통해서도 알 수 있다. 예를 들면, 생명윤리 차원에서 인간을 위해 다른 생명이 희생될 수 있다는 인간중심의 윤리조차 넘어서는 생태윤리를 강조한다.[23] 나아가 그들은 육식을 하지도 않았으며, 음주가무와 좋은 음식에 탐착하지도 않았고 그리고 성적인 방종이나 세속 권력과 결탁하는 권력욕을 추구하지도 않았다. 백장(百丈) 청규(淸規)에 있어서는 '하루 일 하지 않으면 하루 먹지 않는다(一日不作 一日不食)'는 원칙으로 땀 흘리는 노동을 수행의 과정으로 강조하였다. 세속적인 눈으로 보면 금욕적인 삶처럼 여겨진다. 그러나 욕망의 억압과 억제의 차원보다는 세속의 그 어떤 부

21) 작용시성(作用是性)의 윤리성에 대한 비판적 검토는 윤영해, 「祖師禪의 全收門, 그리고 윤리적 定向」, 『宗敎硏究』, Vol.28, 2002 ; 한동익, 「禪佛敎 倫理의 正體性에 관한 연구」, 『哲學論究』 29, 2002를 참고.

22) 월암, 『간화정로(看話正路): 간화선을 말한다』, 부산: 현대북스, 2006, pp.172-180 참조.

23) 서재영, 『선의 생태철학』, 서울: 동국대학교 출판부, 2007, p.237.

류의 사람들보다 자유롭고 평화로운 그리고 창조적이고 역동적인 삶을 구가한 것처럼 그려지고 있다. 따라서 평상심시도가 무분별한 욕망에 따른 막행막식, 도덕적 분별력을 상실한 독단이나 방종으로 이어질 수 있는 것은 아닌 것으로 볼 수 있다.

3) 중국 선불교 욕망론의 정초(定礎)

중국 선불교의 실질적인 창시자는 혜능(慧能: 638-713)이다. 따라서 마조계 홍주종의 평상심시도에 나타난 욕망에 대한 논의를 위해서는 혜능의 입장을 살펴보는 것은 절대적으로 필요하다. 왜냐하면 마조는 혜능의 손제자(孫弟子)이며 혜능의 사상을 충실하게 계승하고 있는 것으로 평가받고 있기 때문이다. 그러한 혜능은 기본적으로 욕망을 전적으로 지멸시키고 부정해야 할 대상으로 간주하지 않는다고 파악된다. 현재까지도 선불교에서 가장 중요하게 여기는 혜능의 『육조단경(六祖壇經)』에서는 소욕지족(少欲知足)의 말에서처럼 욕망을 전적으로 부정하지 않고 인정하는 맥락으로 기본적인 욕망을 인정하는 것으로 이해할 수 있다.[24] 더 나아가 혜능은 같은 구절에서 "모든 번뇌와 망념이 비록 자성에 있어도 자성이 그것에 물들지 않는 것(不染著)"을 말한다. 더 나아가 돈황본(敦煌本) 『육조단경(六祖壇經)』의 유게(遺偈)에서는 다음과 같이 말한다.

---

24) 『六祖壇經』第二篇 제13장. 三歸): "自心歸依覺 邪迷不生 少欲知足 離財離色 名兩足尊. 自心歸正 念念無邪 故卽無愛著 以無愛著 名離欲尊. 自心歸淨　切塵勞妄念 雖在自性 自性不染著 名衆中尊."

음욕의 성품은 본래 몸의 깨끗한 씨앗이니,
음욕을 없애고는 깨끗한 성품의 몸이 없느니라.
다만 성품 가운데 있는 다섯 가지 욕심을 스스로 여의면
찰나에 성품을 깨치나니, 그것이 곧 참이로다.[25]

혜능은 음욕[욕망]을 제거하고는 오히려 청정한 성품도 없다는 것으로 대승불교의 번뇌즉보리(煩惱卽菩提) 또는 중생즉불(衆生卽佛)이라는 사상을 그대로 표현하고 있다. 때문에 다섯 가지 욕망(五欲)을 스스로 여의면 찰나에 견성한다는 의미는 욕망의 집착 때문에 욕망이지 욕망의 공성(空性)을 알면 욕망이 청정한 성격으로 질적 변화를 갖는다는 것을 의미한다. 혜능에 의하면 돈오법(頓悟法)이라 할 수 있는 것은 바로 찰나에 성품을 본다는 것으로 마치 천년동안 어두운 방안이 한 등불에 순간 밝아질 수 있다는 비유일 것이다.[26] 다음은 혜능의 2대 제자는 청원 행사(靑原行思)와 남악 회양(南嶽懷讓: 677-744)이라고 하는데 회양과의 다음과 같은 대화를 통해서도 욕망에 대한 그의 입장을 알 수 있다.

혜능: "닦아서 증득하였는가?"
회양: "닦아 증득할 것이라고는 없지만 오염되지 않았습니다."
혜능: "다만 이 오염되지 않음은 모든 부처가 호념하는 바이니, 네가 벌써 그러하고 나 또한 그렇다."[27]

여기서 혜능의 '다만 이 오염되지 않음'(只此不汚染)은 무엇을

25) 淸華 譯註, 『六祖壇經』, 서울: 광륜출판사, 2003, p.256: "淫性 本身淸淨因 除淫卽無淨性身. 性中 但自離五欲 見性刹那卽是眞."

26) 같은 『六祖壇經』에서 이를 '일등능제천년암'(一燈能除千年暗)이라 표현하고 있다.

27) 『六祖壇經』三五 九(78): "師曰 還可修證否 曰修證卽不無 汚染卽不得 師曰 只此不汚染 諸佛之所護念 汝旣如是 吾亦如是."

의미하는가? 일반적으로 염(染)이나 오염(汚染) 또는 염오(染汚)는 한역에서와 같이 불교에서 탐욕과 번뇌에 더럽혀지거나 물들어 있는 상태 또는 물들어 더러워져 있는 상태를 말한다. 염오는 한역된 여러 전적에서도 전문교리 차원에서 여러 종류의 염법(染法)과 염심(染心)으로 분석되며, 또한 과도한 욕망을 의미하는 탐욕이나 번뇌라는 말과 동의어처럼 사용되기도 한다.[28) 『六祖壇經』에서 불오염(不汚染)은 무념(無念)이라고 하며, 무념은 내외명철(內外明徹)한 상태로 구름이 없을 때의 하늘이 항상 맑고 밝은 것에 비유된다. 하지만 하늘에 구름이 끼면 어두워지고 문득 바람이 불면 다시 모든 구름이 흩어지면서 밝아지는 것과 같다고 한다. 이와 같이 세상 사람의 성품도 저 구름 낀 하늘같아서 밖으로 경계에 집착하여 망념의 뜬구름이 덮여서 자성이 밝고 맑지 못하다는 것이다. 계속해서 "육진(六塵) 속에서 여의지도 않고 물들지도 않아서 오고 감에 자유로움이 곧 반야삼매며 자재해탈이니, 무념행이라고 이름한다."[29) 여기서 육진은 인식객관인 육경(六境)과 같은 의미로 오염되지 않은 청정심을 먼지가 혼탁하게 하는 것에 비유되는데 선종사에 큰 의미를 지니는 혜능의 유명한 "보리는 본래 나무가 없으며 밝은 거울도 그 받침이 없는 것, 본래 한 물건도 없거늘 어디에 티끌(塵埃)이 있으랴."라는 게송에서도 잘 나타난다.[30) 이처럼 '육진(六塵) 속에서 여의지도 않고 물들지도 않아서 오고 감에 자유로움'을 말하기에 앞의 선행연구에 있어 제시되지 않았던 구체적인

28) 졸고, 「무명(無明)과 공(空): 욕망의 비실재성에 대한 불교적 통찰」, 『불교학연구』제24호(2009.12), pp.187-188 참고.

29) 『六祖壇經』: "於六塵中 不離不染 來去自由 卽是般若三昧 自在解脫 名無念行."

30) 『六祖壇經』: "菩提本無樹 明鏡亦非臺. 本來無一物 何處有塵埃."

전거가 될 것이다. 즉, "돈오는 번뇌를 없애는 것이 아니라, 번뇌 속에 있으면서 번뇌에 물들지 아니하는, 욕망을 제거하는 것이 아니라, 욕망 속에 있으면서 욕망에 함몰되지 아니하는, 대상경계 속에서 자성의 활용함을 지향"하는 것으로 정리되는 선불교의 욕망론이 그것이다.[31)]

이로써 이후 중국 선종사는 혜능의 번뇌와 욕망과 관련한 입장이 새로운 흐름으로 시작된다.[32)] 혜능을 기점으로 중요한 개념들이 이미 『六祖壇經』에서 뿌리하고 있음은 이후 논의 될 그의 계승자들의 욕망관을 통해서도 알 수 있다.[33)]

---

31) 이덕진, 앞의 논문, pp.142, 164, 마찬가지로 참고 pp.155, 157, 165.

32) 좀 더 전문적으로 말하면, 혜능은 무념(無念), 무상(無相), 무주(無住)의 돈오(頓悟)적 입장에서 일체개진(一切皆眞)의 불오염(不汚染)을 말한다면, 그 이전에는 주로 중생심(衆生心) 차원에서 사망귀진(捨妄歸眞)을 말한다는 차이가 있다.

33) 물론 이러한 번뇌와 욕망과 관련한 용어들은 대승전적에서 자주 거론되는 말들이다.

3. 평상심시도(平常心是道): 욕망의 질적 전환

1) 마조계 홍주종(洪州宗)

혜능의 실천사상은 남악회양(南嶽懷讓: 677-744)에 이어 그의 제자인 마조 도일(馬祖道一: 709-788)로 계승된다. 특히 마조도일은 중국 선종사에 있어 혜능에 버금가는 비중이 있다. 마조 문하에서 서당지장(西堂智藏: 735-814)・남전 보원(南泉普願: 743-834)・대주 혜해(大珠慧海, 생몰연대 미상)・백장 회해(百丈懷海: 720-814) 그리고 재가제가인 방거사(龐居士) 등 중국 선종을 이끄는 걸출한 선장(禪杖)들이 많이 배출되었다.[34] 때문에 마조계 홍주종(洪州宗)으로 지칭되기도 하는데, 이러한 흐름을 남종선(南宗禪)이라고 하며 달리 돈오선(頓悟禪)이라 이름한다. 이러한 선맥(禪脈)은 신라 말 9산 선문 가운데 7산이 또한 마조계 홍주종으로부터 연원한다는 중요성이 있다. 이러한 흐름은 하나같이 마조의 '평상

34) 『祖堂集』에는 마조의 친승제자가 88인, 현도(玄徒)기 천여 명, 『傳燈錄』에는 입실제자가 139인으로 각기 한 지방의 종주로서 행화를 펼치고 있다고 기록하고 있다.

심시도(平常心是道)'의 가르침을 계승하고 있다. 그래서 '평상심시도'는 마조계 홍주종이 내세우는 표어처럼 알려져 있으며 이러한 사상의 큰 흐름은 마조－백장－황벽－임제로 이어진다. 백장은 선종 최초로 '선원청규(禪院淸規)'를 제정하였고, 백장의 뛰어난 제자로는 위산과 황벽인데, 위산은 제자 양산과 더불어 위앙종 (潙仰宗)을 개창하고, 황벽은 '직하무심(直下無心)'의 무심법문을 강조하였으며, 그 문하에 유명한 임제(臨濟)가 배출되어 임제종(臨濟宗)이 탄생된다. 임제는 살불살조(殺佛殺祖)의 주체성과 함께 '무위진인(無位眞人)', '평상무사(平常無事)', '수처작주(隨處作主), 입처개진(立處皆眞)' 등의 사상이 특히 유명하다.

이처럼 혜능으로부터 시작된 조사선의 종지는 마조계 홍주종에 이르러 만개하게 되는데, 그 주요 사상으로는 '즉심시불(卽心是佛)'과 '비심비불(非心非佛)' 그리고 '평상심시도' 등 조사선 특유의 일상성의 선사상을 전개하고 있다.

2) 평상심시도(平常心是道)

평상심시도는 마조 이래 현재까지 거의 1천 년을 넘게 동아시아 사상계에 영향을 끼치고 있다. 현재까지도 "평상심이 도다"라는 말은 널리 회자되는 유명한 명구이다. 현재 한국어에 있어 평상심 또는 평상시(平常時), 평상복(平常服) 등의 쓰임새는 거의 '일상(日常)'이라는 말과 동의로 쓰이고 있다. 『경덕전등록(景德傳燈錄)』제28권에 수록된『마조어록(馬祖語錄)』에 평상심에 대한 설명은 다음과 같다.

> 마조선사가 말하였다. 도는 수행을 사용하지 않는다. 다만 염오되지만 않으면 된다. 무엇을 염오라 하는가? 다만 생사심이 있어서 조작하여 나아가는 것이 모두 염오다. 만약 곧바로 도를 알고자 한다면 평상심이 도이다. 무엇을 평상심이라 하는가? 조작이 없고 시비가 없고 취사가 없고 단상이 없고 범부와 성인이 없는 것이다. 그러므로 경전에서 말하기를 '범부의 행동도 아니며 성현의 행동도 아닌 것이 보살의 행이다'라고 하였다. 다만 지금과 같이 가고·머물고·앉고·누우며 때에 따라 움직이고 사물을 대함이 모두 도(道)이다. 그러므로 도(道)는 법계(法界)를 말하는 것이다.[35]

평상심(平常心)은 평(平)과 상(常) 그리고 심(心)이 조합된 복합어로 분석할 수 있다. 평은 '평등(平等)' 또는 '평정(平靜)'을 의미하고, 상은 '항상(恒常)'을 의미한다고 풀 수 있다. 이때 평등과 평정은 불교교리에서 거의 동의어로 사용된다. 왜냐하면, 마음이 평정해야 차별 없는 평등이 가능하기 때문이다. 평등은 산스끄리뜨 sama 또는 samatā를 번역한 말로 한역으로 등(等)과 보편을 의미하는 편(遍)이나 그리고 평등성(平等性)으로 한역되었다. 경론의 맥락에서 이는 공통(共通)인 것, 동등인 사람 또는 존비(尊卑)간의 평등[36], 한결같이 누구에게도 같이 함, 증애호오(憎愛好惡)을 넘어 초연한 것, 무차별의 세계 그리고 모든 현상을 일관하는 진리를 의미한다.[37] 마찬가지로 평등심(平等心: sama-citta/samatā-citta)은

35) 『大正藏』51권 p.440 上: "祖云 道不用修 但莫染汚 何爲染汚 但有生死心 造作趣向 皆是染汚 若欲直會其道 <u>平常心是道</u> 何謂平常心 無造作 無是非 無取捨 無斷常 無凡聖 故 經云 非凡夫行 非聖賢行 是菩薩行. 只如今行住坐臥 應機接物 盡是道 道卽是法界.(乃至河沙妙用 不出法界 若不然者 云何言心地法門 云何言 無盡燈.)"

36) 『法華經』에서 빈부귀천을 가리지 않고 똑같이 대하는 것(一捨, 等一大車)으로 사용된다.

37) 참고, 弘法院 編輯部 編, 『佛敎學大辭典』, 서울: 弘法院, 1998, p.1630.

"한곳에 집착하지 않는 마음", 또는 "모든 사물의 평등한 이치를 깨닫고 차별의 견해에 집착하지 않고 자비심을 일으키는 마음"으로 "원수다, 친하다, 사랑하다, 미워한다 등의 온갖 차별하는 견해를 일으키지 않는 것"을 의미한다.[38] 평등과 관련한 전문교리용어는 한역경전에 수없이 나오는데, 이로보아 당시 마조는 이미 많은 경론을 통해 평등의 의미를 충분히 파악하고 있었음을 알 수 있다. 그리고 이 같은 평등의 개념이 마조의 평상심시도에 깊이 반영되어 있음을 바로 알 수 있다.

다음으로 항상(恒常)의 상은 『도덕경(道德經)』의 맥락과 거의 비슷한 개념의 상 개념이 불교 전적에서 많이 나타난다. 상은 산스끄리뜨의 nitya에 대한 한역으로 원래 '변화하지 않는 초월적 세계'를 의미하는 말이어서 제행무상(諸行無常)에서와 같이 상을 부정하고 비판하는 말로 쓰이기도 하지만, 대승불교에서는 "간단없이[不斷] 계속해서 다함이 없는[相續] 것"을 의미하는 경우에도 쓰여 무위법(無爲法) 차원에서 열반사덕(涅槃四德) 가운데 첫 번째로 상(常)이 제시된다.[39] 이러한 맥락에서 볼 때 마조가 사용한 평상심의 상은 '끊이지 않고 한결같이 계속되는 상태 또는 경지' 을 의미한다고 풀어낼 수 있다. 따라서 평상심은 간단하게 '평등'과 '항상'의 마음 또는 '평등이 한결같은 마음'이나 '한결같이 평등한 마음'으로 설명할 수 있다. 부언하면, 평등은 무차별, 무분별을 함의하고, 항상은 무간단(無間斷)과 부단(不斷)으로 항상하는, 끊김이 없이 부단히 계속되는 한결같음을 의미한다. 그리고 평상심시도(平

---

38) 弘法院 編輯部 編, 앞의 책, p.1630.

39) 弘法院 編輯部 編, 앞의 책, p.783.

常心是道)에서 도는 전통적인 불교 맥락에서 실천수행을 의미하는 말로 쓰이는 데 반해 여기서는 수행이 완성된 궁극적 경지를 의미하는 말로 볼 때 차라리 『도덕경(道德經)』의 도 개념에 가까운 것으로 볼 수 있다. 문제는 이러한 '평상심, 그 자체가 도'라는 것이다.

하지만 평상심이라는 말은 현재 일상생활에서 널리 쓰이면서 잘못 이해하는 경우가 많았다. 즉 탐진치에 물들어 있는 범부들의 일상적인 마음 또는 안일무사한 마음을 평상심으로 이야기하는 것이 그것이다.[40] 이러한 오해를 불식시켜 줄 수 있는 단서는 바로 앞에서 인용한 마조의 평상심에 대한 설명에서 "조작(造作)이 없고 시비(是非)가 없고 취사(取捨)가 없고 단견(斷見)과 상견(常見)이 없고 범부(凡夫)와 성인(聖)이 없는 것이다"라는 문구이다. 조작이 없다는 것은 다름 아닌 무위(無爲)의 상태를 말한다. 반대로 번뇌와 탐욕[욕망]이 있으면 유위(有爲)의 조작이라는 것이다. 달리 말하면, 유위에 의한 분별(分別)이나 차별(差別)이 그친 경지이다. 때문에 곧바로 무조작에 이어 시비(是非), 취사(取捨), 단상(斷常) 그리고 범성(凡聖)과 같은 양변(兩邊) 또는 이변(二邊)이 거론된다. 분별하는 유위의 상태는 옳고 그름을, 취하고 버림을, 단절과 지속을, 그리고 성스러움과 범속함이라는 양변에 치우치고 집착하여 '한결같이 평등한 마음[평상심]'을 유지할 수 없다. 정리하면, 평상심은 망상심(妄想心)이 아닌 진심(眞心)을 의미한다. 번뇌에 물들어있는 마음도 아니고, 사량계교(思量計巧)의 마음도 아니다.

달리 말하면, 이분법적인 분별심이나 차별심에서 벗어난 것이 곧 평상심이라는 뜻이다. 때문에 평상심은 곧 불이(不二)와 중도(中

40) 평상심을 언급하는 많은 전문논문이나 책자에서도 그렇게 서술되는 경우가 많다.

道)에 대한 다른 표현이라 할 수 있다. 마조는 이를 더욱 확실히 하기 위해서 “경전에서 말하기를 ‘범부의 행동도 아니며 성현의 행동도 아닌 것이 보살의 행이다”라고 경전의 근거까지 제시한다. 사실 교리상에 있어 ‘보살행’은 거의 부처의 행에 버금가는 지극히 높은 인격적 완성자의 행을 말한다. 이러한 점에서 볼 때 마조는 이전의 혜능을 그대로 이어받아 염오라는 말을 그대로 사용하면서 욕망의 지멸 보다는 “다만 물들고 더럽혀지지만 않으면 된다[但莫染汚]”라는 것으로 욕망 속에 있으면서 욕망에 빠지지 않는 것을 말한다.

결국 마조는 평상심의 설명의 맥락에서 ‘욕망의 승인’은 곧 ‘욕망의 극복’을 의미한 것으로 봐야 한다. 여기서 극복이란 욕망을 그대로 놓아두고 그것을 초월하는 방법과 욕망과 대결하여 완전히 지멸하는 방법을 생각해 볼 수 있는데, 마조는 혜능의 입장처럼 욕망을 인정하여 그대로 놓아두고 그것을 초월하는 방법이었음을 알 수 있다. 이 점에 있어 윌리엄 B. 어빈(William B. Irvine)이 선불교의 욕망 극복의 방법을 ‘욕망의 역설’이라는 말을 사용하며 설명하는 것과 상통한 것으로도 볼 수 있다. 즉 어떤 수행자가 어느 절에 가서 얼마동안 수행하면 깨달음을 얻을 수 있는지를 묻자, 그 절의 스님은 ‘십년’으로 응답한다. 그러자 수행자는 다시 두 배로 노력하면 얼마나 걸리겠느냐고 묻자 ‘이십년’이라 답하는 선불교의 한 일화를 재인용하면서 “선수행은 우리가 욕망을 극복하겠다는 욕망을 품지 않고도 그것을 극복할 수 있도록 해주는 수행법”으로 설명하고 있다.[41] 계속해서 그는 선불교의 ‘욕망의 역설’은 의식적인

[41] William B. Irvine, *On Desire: Why We Want What We Want*: 한국어 번역은 윌리엄 B. 어빈(윤희기 역), 『욕망의 발견』, 서울: 까치, 2008, pp.224-227.

소망 없이도 그것을 정복할 수 있는 수행법이기에 깨달음을 마치 '우연히 얻게 되는 것'처럼 표현하는 선사들의 체험을 설명하고 있다. 중국 선불교, 특히 마조계에서는 이러한 의식적인 노력을 조작(造作)이라는 말로 경계시키기도 한다. 앞의 평상심을 설명하는 마조의 유명한 문구인 "도는 수행을 사용하지 않는다. 다만 염오되지만 않으면 된다. 무엇을 염오라 하는가? 다만 생사심이 있어서 조작하여 나아가는 것이 모두 염오다. 만약 곧바로 도를 알고자 한다면 평상심이 도이다. 무엇을 평상심이라 하는가? 조작이 없고…"의 맥락이 바로 이를 말하고 있다. 우리는 마조와 어빈의 지적처럼 욕망하지 않으려고 애쓰는 욕망의 과정에서 또 다른 욕망을 계속해서 재생산하게 되며, 결국 욕망으로부터 벗어날 수 없게 되는 것이다. 따라서 선불교는 욕망문제와 관련하여 조작 없는 '무공용(無功用)의 공용'이라는 역설적 수행이 요청되는 것이다.[42)]

이처럼 선불교가 욕망을 처리하는 방식은 다른 불교 전통과는 다른 방식을 취했던 것으로 그렇기에 선불교는 욕망문제에 붙들리기보다는 차라리 욕망을 자유롭게 운용하는 것으로 나아간다고 할 수 있을 것이다.

3) 평상심시도의 전개

청원유신(靑原惟信: ?-1117)은 '산시산수시수(山是山水是水)'를

42) 이는 『論語』의 '종심소욕불유구(從心所欲不踰矩)'와 비교될 수 있는 것이지만 자칫 선수행자들에 있어 조작적 행위를 피하고 자연발생적 행위로 대체하려는 과정에서 무사안일이나 막행막식처럼 비추어지는 경우도 있을 것이다. 마찬가지로 사람에 따라 실제로 무사안일이나 막행막식으로 떨어지는 경우도 없지는 않았을 것이다.

통해 평상심을 일깨운 것으로 유명하다.[43] 이는 욕망의 질적 전환에 따른 삶이 어떻게 대긍정되고 있는지를 단적으로 잘 보여주기도 한다. 정리하면 산시산(山是山) → 산불시산(山不是山) → 산지시산 (山只是山)은 '긍정-부정-대긍정'으로 풀이한다. 즉 범부의 감각적 긍정으로 '산시산'이 부정에 부정을 거쳐 평상심의 대긍정으로서 '산지시산'이라는 질적 전환으로 귀결된다. 이같이 부정을 통해 대긍정에 도달하게 하는 것은 선종 특유의 수행방식으로 욕망하는 자아의 분별적 인식을 질적으로 대전환하게 이끈다. 다시 마조의 직제자인 대주혜해(大珠慧海)는 선정과 지혜에 의한 욕망의 질적전환을 다음과 같이 설명한다. 즉, "일체의 선악에 대해서 모든 것을 분별하는 것이 지혜라고 할 수 있으며 그 분별하는 곳에서 애증을 일으키지 않고 물들지 않는 것이 선정이니, 이것이 곧 선정과 지혜를 같이 쓴다고 하는 것이다"[44]라는 구절이다. 여기서 선종의 욕망론에 있어 욕망의 발생경로를 분별로 보고 있음을 단적으로 잘 나타내고 있다.[45] 이러한 이유 때문에 고래로 선종은 사량분별을 쉬고 그치는 것을 대단히 강조한다. 선종은 욕망 즉 애증에

43) 『續景德傳燈錄』권22: "내가 삼십 년 전에 참선하기 전에는 산은 산이고 물은 물로 보았다. 그러다가 나중에 선지식을 친견하여 깨침에 들어서서는 산은 산이 아니고 물은 물이 아닌 것으로 보았다. 지금 편안한 휴식처를 얻고 나니 마찬가지로 산은 다만 산이요 물은 다만 물로 보인다. 그대들이여, 이 세 가지 견해가 같은 것이냐? 다른 것이냐?"("老僧三十年前未參禪時, 見山是山, 見水是水, 乃至後來親見知識有入處,, 見山不是山, 見水不是水,而今得箇休歇處,, 依前見山祇是山. 見水祉是水, 大衆這三般見解是同是別.")

44) 대주, 「頓悟入道要門論」, 『卍續藏經』, 110, p.845: "對一切善惡 悉能分別 是慧 於所分別之處 不起愛憎 不隨所染 是定 卽是定慧等用也."

45) 이처럼 선불교에서 욕망의 발생은 분별에서 비롯된다는 것은 현대 철학자 라깡이 욕망이 언어를 매개로 한다는 설명과 비교할 수 있다. 예를 들면, 그의 '담론의 회로(circuit of discourse)' 개념은 "언어를 통하여 타인의 욕망이 조직되고, 우리 또한 언어를 통하여 우리 자신의 욕망을 구성해 내도록 강요받는다"라는 말로 설명되는 맥락이 그것이다.(숀 호머(Sean Homer)/ 김서영 역, 『라캉 읽기』, 서울: 은행나무, 2006, pp.85-86) 불교에서 분별은 언어로 인한 인식작용임을 말한다. 즉 언어적 개념으로서 미추, 선악, 장단, 다소, 고하, 오호 등의 분별이 욕망을 일으키고 거꾸로 욕망은 분별을 더욱 발달시키게도 한다는 것이다. 선불교의 언어관은 욕망과 관련하여 논하는 것은 중요하지만 다음 기회로 미룬다.

따르지 않는 분별 또는 애증을 낳지 않는 분별로서 '무분별의 분별'이 바로 반야지혜인 것이다. 이러한 점에서 평상심과 다른 범부심(凡夫心)은 중생심(衆生心)이고 분별심에 따른 애증이기에 염오심(染汚心)이다. 이에 반해 평상심은 마조가 직접 앞에서 설명한 평상심의 정의에서 나타나듯이 보살행의 보살심이며 시비, 취사, 단상 등의 이변(二邊)이 쉰 불이중도(不二中道)의 무분별심(無分別心)이다. 따라서 선정과 지혜가 평등하게 작용[定慧等用]하는 무염오심(無染汚心)인 것이다.

이처럼 평상심은 범부심에서 선정과 지혜에 의해 질적으로 전환되어 조작 시비를 끊은 사람들의 삶의 지평이자 안목인 것이다. 달리 말하면, 분별하고 망상하는 마음이 있으면 평상심이 아닌 것이다. 이를 확인할 수 있는 좋은 예는 마찬가지로 대주혜해의 어록에 나타나는 이야기로 유명하다. 어느 날 원율사(源律師)가 대주에게 수행에서 어떤 공용(功用)이 있는가를 묻자, 이에 답하길 "배고프면 밥 먹고 피곤하면 잠 잔다"[饑來喫飯 困來卽眠]라고 한다.

이에 원율사가 응수하길 "그런 것이라면 모두들 그렇게 하지 않습니까?"라고 반문하자 다시 대주혜해는 다음과 같이 대답한다.

> 그러나 나와는 경우가 다르다. 왜냐하면 다른 사람들은 밥을 먹으면서도 백 가지 분별[須索]을 일으키고, 잠을 잘 때에도 천 가지 망상[計校]을 일으킨다. 이것이 그들과 내가 다른 점이다.[46]

46) 『景德傳燈錄』권6, (『大正藏』 51, p.246 下): "(有源律師來問. 和尚修道還用功否. 師曰. 用功. 曰如何用功. 師曰. 饑來喫飯困來卽眠. 曰一切人總如是同師用功否. 師曰.) 不同. 曰何故不同. 師曰. 他喫飯時不肯喫飯. 百種須索. 睡時不肯睡. 千般計校. 所以不同也. 律師杜口."

이처럼 "배고프면 밥 먹고 피곤하면 잠 잔다"라는 대주의 답변은 단지 생리적인 욕구에 충실하라는 그러한 의미는 아님은 대주 혜해의 부연 설명에서도 분명하다. 즉 평상심은 대주의 설명처럼 보통 사람과는 달리 밥 먹고 잠 잘 때 그저 밥 먹고 잠을 잘 뿐 '분별심'을 내지 않는 마음인 것이다. 달리 표현하면, 욕망하는 분별, 또는 분별하는 욕망이 그친 순수한 행위를 말한다. 따라서 평상심이란 욕망 즉 번뇌와 망념이 일어나기 이전의 마음을 말한다.

마조의 앞의 인용문 마지막 구절인 "다만 지금과 같이 가고·머물고·앉고·누우며 때에 따라 움직이고 사물을 대함이 모두 도(道)이다. 그러므로 도(道)는 법계(法界)를 말하는 것이다"라는 구절은 평상심을 일상생활 속에 구현하는 중요한 전거이다. 이러한 평상심의 전개는 그의 제자들을 통해 일상사에서 잘 펼쳐진다. 예를 들면, 마조의 법제자 남전보원에게 조주(趙州)가 "어떤 것이 도(道)인가?"를 묻자, "평상심이 바로 도이다"라고 답한다. 다른 곳에서 남전과 그의 제자인 장사경잠의 대화에서도 '평상심시도'의 가르침은 발전 계승된다. 장사경잠이 "평상심이란 무엇입니까?"라고 묻자 "졸리면 잠을 자고 앉고 싶으면 앉는다." 라고 답한다. 다시 제자는 "그 뜻을 좀 더 가르쳐 주십시오."라고 하자 "더우면 부채질하고 추우면 화롯불을 쬔다." 라고 한다. 경잠의 말처럼 졸리면 자고 추우면 불을 쬐는 행위는 지극히 일상적인 생활이다.

평상심의 계보가 마조에서 시작되어 남전을 거쳐 조주에 이르러 더욱 구체적인 일상생활로 설명된다. 조주는 만나는 사람마다 "차나 한 잔 마시게[喫茶去]" 라는 말로 평상심을 나타내고 가르치는 것으로 유명하다. 또한 불법이 무엇인지를 묻는 이에게 "아침공양은 하셨는가?"라고 되묻고 다시 먹었다는 사람에게 "그러면 가서 발우를 씻어라[洗鉢盂去]" 라는 말로 평상심을 깨우치고 있다.

임제의 경우, 그의 상당법문에서 설하는 평상심은 다음과 같다.

> 도를 닦는 사람들이여, 불법은 인위적인 노력을 인정하지 않는다. 다만 평상시의 일들을 잠자코 할 뿐이다. 옷을 입고 밥을 먹고 똥 누고 오줌 누고 피곤하면 잠자는 데[着衣喫飯 屙屎送尿]에 불법이 있는 것이다.

이처럼 "평상심이 도이다"는 "차나 한잔 마시게[喫茶去].", "배고프면 밥 먹고 피곤하면 잔다[饑來喫飯 困來卽眠]", "옷을 입고 밥을 먹고 똥 누고 오줌 누고 피곤하면 잠잔다[着衣喫飯 屙屎送尿].", "발우나 씻어라[洗鉢盂去]." 등으로 도가 멀리 있는 것이 아니고 일상생활 속에 있음을 말하고 있다. 이외에도 평상심시도에 관한 많은 선화(禪話)들이 있다.

하지만 다시 한 번 분명히 할 점은 이렇게 지극히 일상적으로 보이는 행위들이 대긍정되는 것은 앞에서 말한 청원유신이나 대주혜해가 말한 차원이라는 사실이다. 따라서 평상심은 단순히 감각적이고 조건반사적인 행위나 무의미하게 반복되는 안일한 일상의 마음을 가리키는 것이 아니다. 다시 선사들은 이러한 평상심을 당하지심(當下之心)으로, 즉 지금 여기에 있는 그대로 존재하라는 현존성(現存性)을 일깨워주고 있다. 하지만 욕망에 내달리는 인간의 마음은 항상 지금 여기를 떠나 욕망하는 대상에 가 있다. 때문에 평상심은 바로 애착과 집착으로 인해 과거와 미래로 달아난 마음을 현재로 되돌려 준다. 달리 말하면, 현재의 행위 속에 마음이 있게 한다. 마음이 현재의 행위에서 달아나게 될 때 불안과 초조 그리고 두려움에 떨어진다. 현재에 되돌린다는 것은 상실한 평상심을 회복하는 하는 것으로 번뇌에 물들어있는 시비분별심으로부터 벗어나는 것이다.

4. 수처작주(隨處作主): 욕망의 주인으로서 삶의 대긍정

욕망의 주인으로서 처하는 곳마다 주체성을 발휘[隨處作主]하면 삶은 전면적으로 긍정된다. 모든 것이 완전하고 완벽하다. 앞서 인용한 방거사는 평상심과 수처작주의 일상사를 다음과 같이 찬탄한다.

> 나날의 일은 무엇이라 할 것이 없어
> 다만 스스로 슬금슬금 잘도 옮겨 가는구나.
> 어느 하나 가질 것도 버릴 것도 없어
> 어디에서 무엇을 하든 어긋남이 없네.
> 왕사니 국사니 누가 칭호를 붙였는가?
> 이 산중에 티끌 하나 없는 곳.
> 신통이니 묘용이니 무엇을 말하는가?
> 물 긷고 나무 나르는 일 바로 그것인 것을.[47]

여기서 "어느 하나 가질 것도 버릴 것도 없어 어디에서 무엇을 하든 어긋남이 없네"라는 구절은 그가 세속적 욕망으로부터 벗어

---

47) 혜담지상[강설], 『방거사 어록 강설』, 서울: 불광출판부, 2006, pp.51–52: "日用事無別 唯吾自遇偕 頭頭非取捨 處處勿張乖 朱紫誰爲號 丘山絕點埃 神通并妙用 運水及搬柴."

나 있음을 나타낸다. 마치 『논어』의 '종심소욕불유구(從心所欲不踰矩)' 차원의 욕망을 보는 듯하다. 특히 "이 산중에 티끌 하나 없는 곳"이라는 표현은 온갖 번뇌가 제거된 경지를 노래하고 있음을 알 수 있다. 이렇게 욕망에서 평상심으로의 질적 전환은, 방거사의 말처럼 개개인의 삶은 물론 그 삶을 둘러싸고 있는 모든 것은 신통이요 기적 그 자체라고 찬송한다. 행주좌와 어묵동정과 같은 일거수일투족이 모두 기적같은 묘용(妙用)일 뿐이다. 평상심이 도라는 자각이 일상적인 범사(凡事)를 모두 그 자체로 인정하는 삶의 태도를 낳게 한다. 삶이 엄청난 기적의 연속임을 인식전환하는 것이다. 선자들의 평상심시도라는 삶에 대한 대긍정 속에서는 다른 특별함이나 기적 또는 신통을 구하지도 필요하지도 않는다. 그들은 헛된 욕망에 따라 지금 여기[當處/當下]라는 현재에 살지 못하고 과거나 미래로 도피하고 있는 모습을 찾을 수 없다. 평상심은 과거의 영광에로 도피하고, 아직 오지 않은 미래에 대한 기대감으로 현재를 희생시키지 않는다.

같은 맥락에서 『무문관(無門關)』, 「제19칙의 평상시도(平常是道)의 송(頌)」은 평상심이 얼마만큼 세상을 있는 그대로 투명하게 드러내고[萬法顯露] 있는가를 노래하는 것으로 삶에 대한 대긍정의 모습을 또한 읽을 수 있다.

> 봄에는 백가지 꽃이 만발하고, 가을엔 달빛이 밝다
> 여름에는 시원한 바람, 겨울엔 흰 눈
> 만약에 한가히 마음에 걸림이 없으면
> 이것이 바로 인간의 좋은 시절일세.[48]

48) 『無門關』, 제19칙 平常是道의 頌: "春有百花秋有月 夏有凉風冬有雪 若無閑事掛心頭 便是人間

드디어 평상심은 '날마다 좋은 날'이라는 일일시호일(日日是好日)을 노래하기에 이른다. 또한 마조·백장(百丈)·황벽(黃蘗)을 거쳐서 임제 의현(臨濟義玄: ?-867)에 이르면 평상심은 평상무사(平常無事)라는 말로도 그 의미가 강조된다. 임제는 평상무사를 무위(無位)의 진인(眞人), 무의(無依)의 도인(道人) 그리고 수처작주(隨處作主), 입처개진(立處皆眞)이라는 말로 평상심시도를 더욱 역동적이고 구체적으로 시설한다.

> 함께 도(道)를 닦는 여러 벗들이여! 불법은 인위적인 조작이 필요하지 않다. 꾸밈이 없는 평상의 자유로움[平常無事], 있는 그대로의 삶. 변소에 가고 옷을 입고 밥을 먹으며 피곤하면 쉬는 것이다. 어리석은 사람들은 나를 비웃겠지만 지혜로운 이는 알 것이다. 옛사람도 말하기를, '밖을 향하여 공부를 짓는 것은 모두 어리석은 녀석들이다.' 라고 하였다.[49]

임제는 평상심을 '번뇌와 욕망이 쉬어 일없는 경지'로 설명하며 이러한 경지를 제대로 이해하지 못할 때는 그저 일상사를 도(道)로 여긴다고 비웃을 사람도 있다고 한다. 왜냐하면 범부에 있어서는 일상은 곧 '편안함'과 '식상함'을 의미한다. 하지만 평상무사(平常無事) 또는 평상심은 단조롭고 권태로운 일상이 아니다. 반복되는 일상이라 할지라도 단조로움과 싫증이 아닌 나날이 새롭고 진실한 기쁨, 그 자체라는 것이다. 이러한 경지는 계속해서 입처개진(立處皆眞)이라는 말로 표현된다.[50] 임제는 밖으로 휘둘리고 끄달리는

好時節."

49) 야나기다 세이잔 저/일지 역, 『임제록』, 서울: 고려원, 1991, pp.119-120: "師示衆云 道流 佛法無用功處 祇是**平常無事** 屙屎送尿 著衣喫飯 困來卽臥 愚人笑我 智乃知焉 古人云 向外作工夫總是癡頑漢."

50) 마조계의 입처개진은 촉사이진(觸事而眞), 일체개진(一切皆眞) 등의 다른 표현이다.

욕망에 대한 경계로 수처작주 입처개진(隨處作主 立處皆眞)을 강조한다.

> 그대들이 어디를 가나 주인이 된다면 서 있는 곳마다 그대로가 모두 참된 것이 된다. 어떤 경계가 다가온다 하여도 끄달리지 않을 것이다. 설령 묵은 습기와 무간 지옥에 들어갈 다섯 가지 죄업이 있다 하더라도 저절로 해탈의 큰 바다로 변할 것이다. 요즈음 공부하는 이들은 모두들 법을 모른다. 마치 양이 코를 들이대어 닿는 대로 입안으로 집어넣는 것처럼 종과 주인을 가리지 못하며, 손님인지 주인인지를 구분하지 못한다.[51]

임제에 이르러 평상심이 '처하는 곳마다 주인이 되는 주체적인 사상'임을 분명히 하고 있다. 그러한 정도는 "네 길에 놓여 있는 모든 것을 죽여라. 부처를 만나면 부처를 죽이고 조사(祖師)를 만나면 조사를 죽이고, 아라한을 만나면 아라한도 죽여라"[52]라는 살불살조(殺佛殺祖)의 가르침에서 절정을 이룬다.[53] 즉 평상심이라는 질적 전환을 위한 철저한 부정의 방법이 제시된다.

이와 같이 임제는 앞의 인용문에서처럼 '자신 밖을 향해서 공부하는 것'이나 '평상심으로 살 뿐, 남의 흉내를 내지 말라(且要平常莫作模樣)'를 말한다.[54] 흉내 내는 삶은 '노예[奴]'이며 '뜨거운 쇳덩이를 삼킬 날이 있을 것[呑熱鐵丸有日]'임을 경고한다. 따라서

---

51) "儞且隨處作主 立處皆眞 境來回換不得 縱有從來習氣五無間業 自爲解脫大海 今時學者 總不識法 猶如觸鼻羊 逢著物安在口裏 奴郎不辨 賓主不分 如是之流 邪心入道 鬧處卽入 不得名爲眞出家人 正是眞俗家人."

52) 「임제선사어록」, 『大正藏』 47, 500 中; 야나기다 세이잔 저/일지 역, 앞의 책, pp.173-174 참고.

53) 덕산은 비슷하게 "불타도 조사도 없다. 보리달마는 단지 수염난 늙은 오랑캐일 뿐이다. 석가모니와 가섭, 문수와 보현은 단지 똥 푸는 사람일 뿐이다. ... 열반과 깨달음은 너의 당나귀를 묶고 있는 썩은 구루터기이다. 12부 경전은 귀신의 명부일 뿐이며, 너의 종기에서 고름이나 닦아내는 데 알맞은 종잇장이다." 라고 말한다.(≪指月錄≫12)

54) 야나기다 세이잔 저/일지 역, 『임제록』, 서울: 고려원, 1991, pp.104-107: 모양(模樣)에 관한 설명은 야나기다 세이잔의 주 8과 鄭性本 譯註, 『臨濟語錄』, 서울: 韓國禪文化硏究院, 2003, p.102 참고.

그들은 경전과 숭배대상인 부처나 의례 등 그 어떠한 것으로부터도 의존하는 것을 거부하고 벗어나 오직 자신의 내적인 참된 본질을 곧바로 보고 행위 할 것이 종용된다. 이러한 점에서 임제의, '자신이 처하는 곳에 주인이 되면 처하는 곳은 모두 참되다'라는 수처작주 입처개진은 자발성과 주체성을 잃고 바깥으로 떠도는 일체의 행위를 차단하는 것이라 할 수 있다. 반면 평상심과 수처작주는 모방하는 욕망에서 자유로운 주체적인 삶을 말한다.

5. 마치는 말

선불교는 수행하는 인간(Homo Meditatio[55]))의 불교이다. 그렇기 때문에 선불교에서 참되게 추구해야 하는 진정한 욕망은 구도에 대한 의지이다. 일반적인 욕망의 개념에서 보면 중국선종도 깨달음을 추구하는 강렬하고도 집요한 욕망을 보여준다고 할 수 있다. 이러한 점에서 또한 욕망을 승인한다고 할 수 있다. 그렇지만 평상심이라고 하는 욕망의 질적 전환이라는 차원의 승인임을 살펴보았다.

욕망하는 범부의 중생심에서 평상심으로의 질적 전환은, 방거사의 말처럼 개개인의 삶은 물론 그 삶을 둘러싸고 있는 모든 것은 신통이요 기적 그 자체라는 것이다. 일거수일투족과 같은 모든 일상사와 현실을 절대긍정하는 인간행위의 완전무결성을 또한 말한다. 때문에 평상심에 따른 삶에 대한 대긍정의 모습은 무한한 낙천성을 보여주는 것처럼도 보인다.

이러한 점에서 불교가 중국에 전래된 이후 중국불교의 결정판이

55) 이 용어는 조성택, 「신대승 운동의 방향에 관한 몇 가지 이론적 틀」(2009년 실상사에서 개최된 〈신대승 운동〉이란 대주제의 발표 자료집, p.22)에서 처음으로 사용된 말이다.

라 할 수 있는 선불교는 인도 초기불교 등과는 사뭇 다른 분위기의 욕망관을 보여준다.[56] 인도불교와는 달리 그들은 욕망에 매달리고 끄달리는 모습이 유치하게 느껴질 정도로 기백에 차있고 대범하다. 그들은 욕망 앞에 쩔쩔 매거나 또는 죄의식에 수심어린 그런 나약한 모습을 보여주지 않는다. 결코 욕망 앞에 무릎을 꿇는 인간상이 아니라, 오히려 욕망과 씨름하는 데서 벗어나 처음부터 욕망에 대범하고 욕망에 자유로운 운용이 통쾌하게 펼쳐지고 있다. 욕망에 대한 통찰과 자기 계몽이 완결되어 욕망하는 자기를 거머쥐고 절대적인 자유를 구가하는 욕망의 주인으로 그려지고 있다. 욕망의 종속성으로부터 철저하게 벗어나 욕망을 활달자재하게 운용하는 주체적 인간으로 무위진인(無位眞人)이고 주인공들이다. 그 가운데 마조계 홍주종에서는 '평상심시도'를 기치로 세속의 일상적인 소유와 욕망 등에 걸리지 않고 활달자재한 운용이 강조되는 선불교 특유의 욕망관을 잘 보여준다.

56) 이렇게 마조계에 있어 욕망에 대한 태도가 인도의 초기불교 등과 다르게 느껴지는 이유는 초기불교 가주로 열반을 위한 중생심의 욕망이 강조적으로 분석되는 반면에 중국의 조사선인 남종은 바로 불오염(不汚染)이라는 돈오의 입장에서 설해지고 있다는 출발의 차이 때문이다. 달리 말하면, 평상심을 정의하는 마조의 시중설법에서도 나타나있듯 '평상심은 보살행'으로 중생의 입장이 아닌 보살 또는 부처의 입장에서 설해진 것이다. 이렇게 원래 닦을 것이 없다는 본각문(本覺門)은 중국 선불교를 어렵게 느껴지게 하는 한 이유일 것이다.

참고문헌

『江西馬祖道一禪師語錄』, 新纂續藏經 69.

『景德傳燈錄』, T.51.

『景德傳燈錄』1.2.3(한글대장경) 月雲 譯 서울: 동국대학교 부설 동국역경원, 1970-71.

『馬祖錄・百丈錄』 禪林古鏡叢書 11, 백련선서간행회 譯 합천: 藏經閣, 1989

『卍續藏經』, 110.

『無門關』, T.48.

『방거사 어록 강설』혜담지상, 서울: 불광출판부, 2006.

『臨濟錄』柳田聖山 譯註, 一指 옮김 서울: 고려원, 1991.

『臨濟語錄』정성본 역주, 서울: 韓國禪文化硏究院, 2003.

『雲門錄』 上下 禪林古鏡叢書 15, 백련선서간행회 譯 합천: 藏經閣, 1990.

『六祖壇經』 敦煌本, T.48.

『六祖壇經』 宗寶本, T.48.

『六祖壇經』청화 역주, 서울: 광륜출판사, 2003.

『傳燈錄』1.2.3.4. 문재현 옮김 서울: 바로보인, 1996-97.

『祖堂集』1.2 (한글대장경) 月雲 譯 서울:동국대학교 부설 동국역경원, 1981-83.

『祖堂集 註解Ⅰ』 法藏 註解 無比 監修 서울: 東國譯經院, 1999.

『趙州錄』禪林古鏡叢書 18, 백련선서간행회 譯 합천: 藏經閣, 1991.

김영욱, 『화두를 만나다: 깨달음을 부수는 선』, 서울: 프로네시스: 웅진씽크빅, 2007.

김호성, 『대승경전과 禪: 금강경・유마경・화엄경・능가경 속의 禪思想』, 서울: 민족사, 2002.

서재영, 『선의 생태철학』, 서울: 동국대학교 출판부, 2007.

숀 호머(Sean Homer)/김서영 역, 『라캉 읽기』, 서울: 은행나무, 2006.

월암, 『간화정로(看話正路): 간화선을 말한다』, 부산: 현대북스, 2006.

월암, 『돈오선: 사람이 부처다』, 서울: 클리어마인드, 2008.
葛兆光(정상홍, 임병권 공역), 『禪宗과 中國文化』, 서울: 東文選, 1991.
Irvine, William B., *On Desire: Why We Want What We Want* : 한국어 번역은 윌리엄 B. 어빈(윤희기 역), 『욕망의 발견』, 서울: 까치, 2008.

야오밍차이(Yaoming Tsai)/이상민 역, 「감각적 욕망에 대한 대승의 윤리적 담론-『대반야바라밀다경(大般若波羅蜜多經)』십이분(十二分)으로 본 철학적 고찰-」, 『불교평론』32호(2007년 가을), 서울: 만해사상실천선양회.
윤영해, 「祖師禪의 全收門, 그리고 윤리적 定向」, 『宗教研究』, Vol.28, 2002.
이덕진, 「선불교의 욕망 이해-욕망의 바다에서 유영하기」, 우희종, 한자경 외, 『욕망: 삶의 동력인가 괴로움의 뿌리인가』 서울: 운주사, 2008.
조성택, 「신대승 운동의 방향에 관한 몇 가지 이론적 틀」(2009년 실상사에서 개최된 <신대승 운동>이란 대주제의 발표 자료집.
조준호, 「무명(無明)과 공(空): 욕망의 비실재성에 대한 불교적 통찰」, 『불교학연구』제24호, 2009.
차차석, 「마조의 선사상에 나타난 논리체계와 지향점 탐색」, 『佛教學報』 Vol.41 서울: 東國大 佛教文化研究院, 2004.
한동익, 「禪佛教 倫理의 正體性에 관한 연구」, 『哲學論究』 29, 2002.

戴震의 中和論: 未發論의 해체와 욕망 소통론의 수립

홍성민

1. 들어가는 말
2. 선험적 보편성과 환원적 공부론: 주자의 중화론
3. 주자 중화론 비판과 욕망의 도덕론
4. 미발론의 해체와 소통의 중화론: 대진의 중화론
5. 나가는 말

1. 들어가는 말

익히 알려진 바와 같이, 戴震(1723-1777)의 철학은 朱子學에 대한 강력한 비판 위에 세워져 있다. 대진은 주자학이 기본적인 생존욕마저 억압하는 비정한 금욕주의[1]라고 지탄하면서, 현실의 욕망활동에 부합하는 상식적 도덕체계를 창출하고자 하였다. 또한 그는 주자학의 관념적이고 신비적인 학문 태도에 반대하면서 유가 경전에 대한 객관적이고 실증적으로 연구 태도를 강조하기도 하였다. 이와 같이 대진의 사상은 주자학에 대한 안티테제로서 그 위치가 정해진다.

그런데 대진은 과연 주자학을 정확하게 비판했을까? 사실 그렇지 않다. 주자의 언설에서 대진의 비판에 반박할 수 있는 자료를 발견하기란 어렵지 않은 일이다. 주자는 욕망의 중요성을 매우 강조하였을 뿐[2] 아니라 경전에 대한 객관적이고 엄밀한 연구를 대단

1) 『孟子字義疏證』「權」, 宋儒程子・朱子 …… 謂 '不出於理則出於欲, 不出於欲則出於理', 雖視人之饑寒號呼, 男女哀怨, 以至垂死冀生, 無非人欲, 空指一絕情欲之感者爲天理之本然, 存之於心.

2) 『朱子語類』 卷61, 夫口之欲食, 目之欲色, 耳之欲聲, 鼻之欲臭, 四肢之欲安逸, 如何自會恁地? 這固是天理之自然.

히 역설하였다. 주자에 대한 대진의 비판에는 사실 오해와 과장이 많다. 이렇게 대진의 주자 비판에 오류가 많다면, 그의 철학은 가치가 저감될 뿐 아니라 진위성마저 의심될 수 있다.

그렇다면 대진의 철학을 어떻게 이해해야 하는가? 주자학에 대한 대진의 잘못된 비판을 그대로 수용해서도 안 되지만 그렇다고 해서 무조건 거부해서도 안 될 것이다. 대진에 대해 온전히 이해하기 위해서는 우선 대진이 왜 주자 철학에 대하여 비판하고 과장하였는지, 거기에 어떠한 철학적 의도와 목적이 있었는지 고려해 볼 필요가 있다. 그것을 파악해야 비판과 과장의 과정을 이해할 수 있고 이로 말미암아 대진 철학에 대해 정당한 평가를 할 수도 있을 것이다.

대진은 자기 철학의 궁극 목적을 다음과 같이 밝힌 바 있다.

> 오늘날 사람들은 正邪를 구분하지도 못하면서 자신의 개인적인 意見을 理라고 잘못 규정하여 백성들에게 화를 끼치고 있다.[3)]

여기에서 우리는 대진 철학의 기본 지향점을 파악할 수 있다. 대진은 주자학에서 윤리적 주관주의의 폐단을 가장 문제시하였던 것이고, 그것을 극복할 수 있는 새로운 철학적 치유법을 제시하고자 하였던 것이다.

대진의 이러한 문제의식은 주자학 중에서 특히 '中和論'의 문제점을 지적하고 있는 것으로 판단된다. 주자학을 주관주의와 無欲論, 초월주의로 간주하는 대진의 관점 역시 주자의 중화론을 비판

3) 『戴震全書』卷6 「與段茂堂書」第10札, 僕生平述最大者, 爲孟子字義疏證一書, 此正人心之要. 今人無論正邪, 盡以意見誤名之曰理, 而禍斯民, 故疏證不得不作.

하는 과정에서 제시된 것이었다고 생각된다. 그렇다면 중화론에 대한 해체와 재건이야말로 대진 철학에서 핵심 주제가 된다고 할 수 있다. 따라서 주자의 중화론에 대한 대진의 비판과 그의 새로운 중화론을 고찰해본다면, 대진 철학의 의의를 보다 뚜렷이 밝힐 수 있을 것이다.

따라서 본 연구에서는 중화론을 중심으로 대진 철학의 의의를 재조명하고자 한다.[4] 이를 위해 본 연구에서는, 우선 주자학적 입장에서 주자의 중화론, 특히 未發論의 의의를 고찰할 것이다. 그리고 그것에 대한 대진의 비판을 살펴봄으로써 주자 중화론의 한계와 문제점을 밝혀볼 것이다. 그런 다음 대진이 제시하는 새로운 중화론을 분석하여 그 의의를 밝히고, 대진이 기획하였던 철학적 이상이 무엇이었는지 제시해볼 것이다.

4) 대진의 중화론을 조명한 선행 연구는 아직 발견하지 못하였다. 미조구찌 유조의 연구는 이 주제에 근접해 있지만, 中和論을 언급하지는 않았다.(溝口雄三, 김용천 역, 『중국전근대사상의 굴절과 전개』, 동과서, 2007. 396-416쪽 참조) 해외 논문으로는 臺灣 張晶晶의 「戴震 ≪中庸補注≫的詮釋理路及基本思想試析」이 유일하게 戴震의 ≪中庸補注≫를 다루고 있다. 그러나 이 글은 대진의 『중용』 주석에 대한 전반적 소개에 가깝고 中和論을 심도 있게 분석하지는 못하였다.

2. 선험적 보편성과 환원적 공부론: 주자의 중화론

『中庸』에 따르면, 喜怒哀樂이 발현되지 않은 상태(未發)를 中이라 하는데, 이 中은 세계의 도덕 근원(大本)이라고 정의된다. 또 희노애락이 발현되어 절도에 맞는 상태(中節)는 和라고 하는데, 이 和는 세계의 원만한 조화 질서(達道)라고 규정된다. 즉 『중용』에 따르자면, 세계의 도덕 근원과 조화의 질서는 '희노애락의 발현 여부'라는 인간의 심리적 차원과 연결되어 있다고 할 수 있다.

그렇다면 중화, 다시 말해 미발과 중절은 무엇인가? 특히 中과 大本으로 규정되는 마음의 未發 상태란 어떤 것일까? 『중용』에서는 왜 심리 활동이 없는 마음의 고요한 상태를 세계의 근본이라고 정의하는 것인가? 주자는 미발의 의미를 마음의 한 국면과 초월적 본체라는 두 차원에서 설명하고 있다. 우선 미발 때의 마음 상태에 대해 주자는 다음과 같이 말한다.

> 『중용』에서 '희노애락이 발현되지 않은 상태를 中이라 한다'고 했는데, 이것은 단지 사려가 싹트지 않아 터럭만큼의 사욕도 없는 것으로, 자연히 아무런 偏倚

가 없는 상태이다. 『周易』의 이른바 '寂然不動'하다는 것, 이것을 일러 中이라고 한다.[5)]

주자는 未發의 中을 '不偏不倚'라고 표현하는데, 不偏不倚란 사려나 감정, 私欲이 발생하지 않아서 마음이 어느 곳에도 치우치지 않은 中正 상태를 가리킨다. 이 상태에 대한 이승환 교수의 설명은 의미가 있다. 그는 "미발이란 의식의 '능동적 지향성'이 활동하지 않은 상태로, 도덕심리학적 차원에서 보자면 이 상태에는 자기중심적 계기와 전략, 그리고 계교와 작위가 개입되지 않은 상태"[6)]라고 설명하는데, 이러한 설명에 근거하여 보자면, 미발의 상태란 비단 사려와 감정이 발생하지 않은 상태만 가리키는 것이 아니라 보다 궁극적으로는 자기중심적 지향성(私意와 私欲)이 발생하지 않은 상태를 가리킨다고 할 수 있다. 또한 不偏不倚는 단지 사려와 감정상의 치우침이 없는 상태만이 아니라 이기적 사욕의 쏠림이 없는 상태를 뜻하며, 中이란 이기적 지향성이 발동하지 않은 중정의 도덕 심리 상태라고 할 수 있다.

그런데 한 걸음 더 나아가 다음과 같이 또 질문을 던져볼 수 있다. 즉 미발 시에 이기적 자기중심성과 같은 도덕적 차질(偏倚)이 없다는 것만으로 그 때의 마음이 순선한 도덕 본원이 된다고 할 수 있을까? 즉 '~이 없다'라는 부정형의 진술만으로, 大本과 寂然不動의 體라는 中의 함의를 온전히 표현할 수 있을까? 사실 주자도 인정하는 바와 같이, 불교의 수양에서도 私欲이 발동하는 것을 철저

5) 『朱子語類』 卷62:118 "'喜怒哀樂未發謂之中', 只是思慮未萌, 無纖毫私欲, 自然無所偏倚. 所謂'寂然不動', 此之謂中.

6) 이승환, 「주자 수양론에서 미발의 의미: 심리철학적 과정과 도덕심리학적 의미」, 『퇴계학보』제119집, 2006. 19쪽.

히 방비하면서 마음의 본래적 淸淨 상태를 유지하고자 한다. 하지만 주자는 불교에서 말하는 無私欲의 淸淨 상태를 中과 大本이라고 말하지는 않는다. 왜냐하면 中이란 단지 私欲이 없는 상태뿐만 아니라 도덕 가치의 절대적 기준과 근원을 의미하기 때문이다.[7] 그렇다면 미발의 도덕성에 대한 적극적 해명을 위해서는 다른 차원의 설명이 요청될 수밖에 없다. 바로 미발에 대한 형이상학적 설명이 필요한 것이다.

> 天命의 性은 渾然할 따름이다. 그 體로 말하자면 中이라 하고 그 用으로 말하자면 和라고 한다. 中은 천지가 바로 자리하는 근거이기 때문에 大本이라 하고 和는 化育이 실행되는 방법이기 때문에 達道라고 한다. 이것이 天命의 온전함이다. 사람이 하늘로부터 받은 것은 이 理의 온전함 아닌 것이 없다. '희노애락의 미발', 이것이 이른바 中이고 '발하여 중절하지 않음이 없음', 이것이 이른바 和이다.[8]

주자에 따르면 하늘로부터 부여받은 理는 인간의 마음에 性으로 渾然히 존재한다. 이 性이 밖으로 드러나지 않고 본연의 모습대로 있는 상태가 未發이고, 그것이 온전한 의식 활동(情)으로 표출된 것이 已發(中節)이다. 다시 말해 未發은 형이상의 본체가 현현하지 않은 것이며 已發은 그 본체가 현상에 流行하는 상태를 가리킨다는 것이다. 여기에서 중요한 것은 미발이 性의 양태, 즉 形而上의 본체를 의미한다는 점이다.[9]

---

7) 『朱子語類』 卷41, 伊川所謂'人雖無邪心, 苟不合正理, 乃邪心也'. 佛氏之學, 超出世故, 無足以累其心, 不可謂之有私意. 然只見他空底, 不見實理, 所以都無規矩準繩.

8) 『朱文公文集』 卷67 「中庸首章說」, 天命之性渾然而已. 以其體而言之則曰: 中, 以其用而言之則曰: 和. 中者天地之所以立也. 故曰: 大本. 和者化育之所以行也. 故曰: 達道. 此天命之全也. 人之所受. 蓋亦莫非此理之全. 喜怒哀樂未發, 是則所謂中也. 發而莫不中節, 是則所謂和也.

9) 미발을 '未嘗發'의 性, 즉 心의 현상적 활동과 분리된 초월적 실체로 보는 관점은 주자가 中和舊說 시

이와 같이 미발을 性이라고 설명하면 未發之中의 의미 역시 달라진다. 즉 中은 性의 모습(體段)으로 재규정되면서 도덕 본원이라는 적극적 의미를 갖게 된다. 뿐만 아니라 中은 性과 理라는 형이상학적 본체의 함의를 갖기[10] 때문에, 세계의 근원(大本)이라고 규정될 수 있게 된다. 즉 性은 보편타당한 理와 같은 것(性卽理)이므로, 性의 양상인 未發과 性의 體段인 中 역시 보편적 세계 근원(大本)이라고 말해질 수 있다는 것이다. 이러한 점에서 주자는 "中은 性의 德이자 道의 體로서, 천하 만물의 이치를 빠짐없이 갖추고 있다. 그래서 천하의 大本이다."라고 말한다.[11] 이와 같이 주자는 형이상학적 설명을 끌어들임으로써, 『중용』에서 未發과 中이 왜 大本이라고 규정되었는지 일관되게 설명할 수 있었다.

또한 이러한 설명은 인간의 마음에 형이상학적 함의를 불어넣은 것이기도 했다. 그래서 인간의 마음은 단지 현상적 지각 주체인 것만이 아니라 자기 안에 초월적 도덕 근원을 보유한 완전자족한 존재로 승격된 것이다.

> 마음의 온전한 본래 상태는 湛然虛明하여 萬理를 具足하고 있으며 터럭만큼의 私欲도 끼어들어 있지 않다. 그것이 두루 유행하면 動靜을 貫通하여 오묘한 작용이 없는 데가 없다. 그러므로 마음이 未發일 때 온전한 본래 상태로 말하면 性이다.[12]

기에 확립한 것인데, 이 관점은 중화신설 시기에도 여전히 이어지고 있다. 주자는 중화신설 때 미발을 性으로 보는 관점과 마음의 한 시점으로 보는 관점을 결합함으로써, 中和의 심성론과 공부론을 완성하였다. (전병욱, 「주자의 미발설과 거경격물의 수양론」『철학연구』 제39집, 고려대 철학연구소, 2009. 94-95쪽)

10) 『中庸章句』, 性, 卽理也. 天以陰陽五行化生萬物, 氣以成形, 而理亦賦焉, 猶命令也. 於是人物之生, 因各得其所賦之理, 以爲健順五常之德, 所謂性也.

11) 『中庸或問』, 謂之中者, 所以狀性之德, 道之體也. 以其天地萬物之理, 無所不該, 故曰: 天下之大本.

12) 『朱子語類』 卷5, 心之全體湛然虛明, 萬理具足, 無一毫私欲之間; 其流行該遍, 貫乎動靜, 而妙用

未發의 시점에 마음은 私欲이 없어서 맑고 虛明한 본래 상태를 유지하게 되는데, 이때 마음은 性과 혼연하게 일치한 상태에 있다. 그래서 미발 때의 마음은 萬理를 온전히 具足하고 있다고 이야기 되는 것이다. '사려가 싹트지 않고 一性이 渾然하여 道義가 全具한 상태'라는 주자의 말은 바로 이점을 가리킨다.[13] 그리고 미발 때 마음은 性과 일치해 있기 때문에 그때 마음은 大本과 寂然不動의 體라고 규정될 수 있다.[14] 이는 현상 세계 주체의 마음이 세계의 도덕 근원의 담지하고 있다는 점을 시사한다.

그러나 도덕 본원으로서의 性은 현상 주체에게 있어 단지 잠재적 가능성에 불과하다. 이 잠재적 가능성을 현재화하기 위해서는 반드시 주체의 자발적 공부가 필요하다. 未發 때에 性과 마음이 渾然히 일치해 있다는 사실은 이점에서 중요한 의의를 함축한다. 바로 미발 수양의 의의이다. 주자에 따르면, 미발의 시점에 마음은 性과 합일되어 있으므로, 주체는 이때 마음공부를 통해 性을 현실적 도덕 역량으로 활성화시킬 수 있는 것이다. 주자는 이점을 '心主乎性'이라는 말로 설명한다.

> 마음을 보존(存心)하여 성을 기르는 것(養性)이 하늘을 섬기는 방법이다. 마음과 본성은 모두 하늘이 나에게 준 것이다. 存養하지 못하여 梏梏하여 없애 버리는 것은 하늘을 섬기는 방법이 아니다. 대저 마음은 성을 주재한다. (心主乎性) 居敬의 태도로 보존하면 性이 길러져서 해 될 것이 없으리라. 이것이 군자가 하늘을 받들고 순응하는 방법이다.[15]

又無不在焉. 故以其未發而全體者言之, 則性也.

13) 『朱文公文集』 卷32, 「答張欽夫」49, 方其靜也. 事物未至, 思慮未萌, 而一性渾然, 道義全具, 其所謂中.

14) 『朱子語類』 卷5, 據性上說"寂然不動"處是心, 亦得.

미발 때의 存心과 養性은 모두 中의 덕을 지극한 데까지 미루어 가는 공부(致中)[16]이다. 이러한 공부를 통해 주체는 자기 안에 내재한 도덕 근원을 현재적 도덕 실천의 역량으로 활성화시킬 수 있다. 또한 性이 情으로 발현될 때 그 단서를 면밀히 성찰하여 性 본연의 모습대로 온전히 발현시킬 수 있으면, 만사에 두루 感而遂通하는 和의 경지를 이룰 수 있다. 주자의 생각에 따르면, 주체는 도덕의 근거를 자기 안에 보유하고 또 활성화시킬 수 있는 것이다. 이러한 점에서 주체는 도덕 자율성을 확보하고 있는 존재라 할 수 있다.

주자는 存心과 養性의 방법으로 居敬을 제시한다. 居敬이란 늘 조심하고 삼가는 태도로 心身을 收斂하고 방종하지 않는 것을 의미하는데, 이 거경 공부를 통해 마음은 私意를 淨化시키고 公正한 상태를 유지할 수 있다.[17] 그러나 주의할 점은, 居敬 공부를 통해 단지 정신을 경각시키는 것만으로 公正無私한 상태가 유지되는 것은 아니라는 사실이다. 공정무사한 마음 상태가 가능한 이유는 마음 안에 형이상학적 도덕 근거가 내재해 있기 때문이다. 거경은 단지 정신을 맑게 하는 것만이 아니라 마음 안의 도덕 본원을 활성화시켜 온 마음을 순선함으로 가득 채우는 것을 말한다.

이와 같이 性에 의거하여 마음의 공정무사한 상태가 이루어진다는 점에서, 주자는 거경 공부의 중요한 특징 한 가지를 강조한다. 그것은 바로 主靜으로서의 居敬이다. 거경은 動靜을 관통하면서

15) 『朱文公文集』 卷32, 「答張欽夫問目」41, 存其心, 養其性, 所以事天也. 心性皆天之所以與我者. 不能存養而梏亡之, 則非所以事天也. 夫心主乎性者也. 敬以存之, 則性得其養而無所害矣. 此君子之所以奉順乎天.

16) 『朱子語類』 卷62, 孟子所謂“存心・養性”, “收其放心”, “操則存”, 此等處乃致中也.

17) 『朱了語類』, 卷44, 此心常卓然公正, 無有私意, 便是敬; 有些子計較, 有些子放慢意思, 便是不敬. 故曰‘敬以直内’, 要得無些子偏邪.

未發 때의 涵養과 已發 때의 省察을 모두 수행하는 공부[18]이지만, 주자는 특히 居敬의 중심을 主靜, 즉 未發 涵養에 두어야 한다고 강조한다.

> 사람에게는 자연히 未發의 시점이 있으니, 이때는 응당 마음을 存養해야 합니다. 어찌 의식이 발현되기를 기다린 후에 察識하고, 찰식한 후에 존양해야 하겠습니까? 또한 애당초 존양하지 않고 사태에 따라 찰식하려 한다면, 아마 망망하여 공부를 착수할 곳이 없을까 걱정됩니다. 이렇게 보자면 공부처의 선후를 분명하게 알 수 있을 것입니다. ……敬이라는 공부는 動靜을 관통하고 있지만 반드시 靜을 근본으로 삼아야 하기에, 예전에 제가 그렇게 말씀드렸던 것입니다. 지금 만일 靜자를 敬자로 바꾸시면 완전해질 것 같지만, 오히려 敬의 공부를 실행할 때 先後를 어떻게 해야 하는지 알 수 없게 될 것이니 이는 온당하다 할 수 없을 것입니다.[19]

性은 도덕의식의 근원이기 때문에, 그 근원이 온전히 보존된 상태 즉 미발의 상태에서 居敬하여 그 근원을 함양하는 것이 더 중요하다고 주자는 주장한다. 未發의 體를 충실히 함양하면 已發의 用이 中節之和를 얻는 것이 더욱 용이할 것이기 때문이다. 달리 말하자면, 四端이 발현하는 상황을 성찰하기보다 그 뿌리가 되는 四德의 性을 먼저 배양하고 나면, 사단은 더욱 무성하게 발현될 수 있다는 것이다.[20]

---

18) 『朱文公文集』 卷32, 「答張欽夫」49, 君子之於敬, 亦無動靜語默而不用其力焉. 未發之前, 是敬也, 固已主乎存養之實. 已發之際, 是敬也, 又常行於省察之間.

19) 『朱文公文集』 卷32, 「答張欽夫」49, 人自有未發時, 此處便合存養. 豈可必待發而後察, 察而後存耶? 且從初不曾存養, 便欲隨事察識, 竊恐浩浩茫茫無下手處. …… 以此觀之, 則用力之先後判然可觀矣. …… 來敎又謂, 熹言以靜爲本, 不若遂言以敬爲本. 此固然也. 然敬字工夫通貫動靜, 而必以靜爲本. 故熹向來輒有是語. 今者遂易爲敬, 雖若完全, 然却不見敬之所施有先有後, 則亦未得爲諦當也.

20) 『朱文公文集』 卷73, 「胡子知言疑義」, 孟子指齊王愛牛之心, 乃是因其所明而導之, 非以爲必如此然後可以求仁也. 夫必欲因苗裔而識本根, 孰若培其本根而聽其枝葉之自茂耶?

그러나 主靜으로서의 居敬 공부는 靜寂의 시점을 찾아가 默坐澄心하는 것이 아니다.[21] 그것은 단지 일상에서 莊敬涵養하는 공부를 간단없이 실행함으로써 이루어지는 것이다. 주자는 억지로 靜寂의 시점을 찾을 것이 아니라 평소 때 끊김없이 마음을 함양한다면 미발 때에 心性의 온전한 본체를 길러낼 수 있다고 생각하였다.[22] 주자가 강조하는 主靜의 靜은 활동이 결여된 한 시점을 의미하는 것이 아니라, 의식의 활동을 가능하게 하는 원천과 근원을 의미하는 것이었다. 이러한 점에서 볼 때 主靜 공부는 의식 활동을 정지시키는 것이 아니라 마음의 본래성과 근원성을 지키고 배양하는 것이라는 데 더 중점이 있다. 主靜 공부는 정적주의적인 것이라기보다 차라리 근본주의적인 것이라 말하는 것이 더 옳을 것이다.

이상 주자의 중화론을 정리하면 다음과 같다. 주자는『중용』에 언급된 未發, 中, 大本, 致中의 개념을 연쇄적이고 일관적으로 해석하고자 하였다. 그래서 그는 심리 활동이 전개되지 않은 未發의 시점이 中이자 大本으로 규정될 수 있는 형이상학적 근거를 모색하였다. 주자는 本然之性의 개념을 도입하여 미발이 왜 중이고 대본인지를 설명하였다. 이것은 비단『중용』을 정합적으로 해독한 과정이었던 것만이 아니라, 현상적 마음에 형이상학적 도덕 근거를 마련함으로써, 현재적 인식 주체에게 이상적 도덕 주체의 본래성을

21) 清代의 王懋竑은 주자의 主靜공부를 道南學의 未發體認과 같은 것이라고 오인하였다. 그래서 그는 다음과 같이 말하고 있다. “己丑答也, 其中亦多未定之論 …… 以靜爲本, 亦似偏於靜. …… 凡此恐皆未定之論.” 또한 그는 다음과 같이 말하기도 했다. “迄己丑, 又悟其非, 更定已發・未發之分, 以胡氏先察識後涵養爲不然, 而於未發仍守延平之說, 其云: 以靜爲本, 又云: 從靜出漸漸養出端倪來, '則猶體認未發氣象之論也.'(王懋竑,『朱子年譜』「朱子年譜考異」卷一)

22)『朱文公文集』卷64「與湖南諸公論中和第一書」, 未發之前, 不可尋覓. 已覺之後, 不容安排. 但平日莊敬涵養之功至, 而無人欲之私以亂之, 則其未發也. 鏡明水止, 而其發也. 無不中節矣. 此是日用本領工夫.(미발함양의 실천에 관해서는 홍성민, 「주자철학에서 미발함양의 문제」『철학연구』제104호, 대한철학회, 2007.를 참조하시오)

부여한 것이기도 했다. 이를 통해 현실 세계의 개체는 자기 내면에 보편타당한 도덕 근원을 보유할 뿐 아니라, 자기 수양을 통해 현실의 도덕을 실현할 수 있는 자율적 도덕 주체가 될 수 있었다.[23)]

---

23) 이러한 점에서 鍾彩鈞(Chung Tsai-chun)은 중화신설의 의의를 '주체의 발견'이라고 규정한다.(Chung Tsai-chun, *The development of Concepts of Heaven and of Man in the Philosophy of Chu Hsi*, Institute of Chinese Literature and Philosophy, Academia Sinica, Taiwan, Republic of China, 1993, 109-110쪽 참조)

3. 주자 중화론 비판과 욕망의 도덕론론

그러나 대진은 주자의 중화론 구도를 전면적으로 반대하였다. 대진에 의하면, 주자가 보편타당한 도덕의 원리를 개체의 내면에 있는 것으로 간주함으로 말미암아, 사회에는 합리적인 윤리체계가 파괴되고 주관적 독선과 아집만 만연하게 되었다는 것이다.

> 시비를 분별하지 못하고 제멋대로 행동하는 아주 어리석은 자라도 어떤 일을 하거나 다른 사람을 책망할 때는 모두 '理'를 들먹이지 않는 경우가 없다. 이것은 송나라 이후로부터 시작되어 습속이 이루어진 것이니, '리'를 '마치 어떤 사물이 있어서 하늘로부터 마음 안에서 갖추어진 것처럼' 여긴다. 그리고는 자기 마음속의 '의견'을 그 리에 해당시킨다. 이 때문에 기세를 등에 업고 권세와 지위를 옆에 끼고 말재주를 더하는 사람은 자신의 '리'가 펴지게 되고, 반면 힘이 약하고 기세가 위축되며 말을 잘하지 못하는 사람은 자신의 '리'가 굽혀지게 된다. 아! 이런 식으로 사태를 주재하고 이런 식으로 타인을 주관하는 것이 사실은 '리'가 아니라는 것을 그 누가 말해줄 것인가?[24)]

24) 『孟子字義疏證』「理」, 今雖至愚之人, 悖戾恣睢, 其處斷一事, 責詰一人, 莫不輒曰理者, 自宋以來始相習成俗, 則以理爲 「如有物焉, 得於天而具於心」, 因以心之意見當之也. 於是負其氣, 挾其勢位, 加以口給者, 理伸 ; 力弱氣慴, 口不能道辭者, 理屈. 嗚呼, 其孰謂以此制事, 以此制人之非理哉!

주자학의 기본 구도에 따르면, 개인들은 모두 보편적 천리를 보유하고 있다고 말해진다. 그래서 누구나 자기 내면으로부터 보편타당성을 확보하여 자신의 합리성을 주장할 수 있게 된다. 하지만 이러한 理는 보편적인 게 아니라 사실 개인적인 것에 불과하기 때문에 서로 충돌할 수밖에 없다. 이때 자신이 주장하는 理를 타인이 수용하지 못할 때는 그 사람이 보편타당한 리를 거부하는 것이라고 비판할 것이며,[25] 더 심각하게는 무력과 권세, 언변으로 자기주장을 정당화하고 타인에게 강요하기도 한다. 이렇게 되면 권력과 폭력이 바로 合理인 것으로, 본래적 合理는 合理 아닌 것으로 자리바꿈하게 된다. 이와 같은 윤리적 파행이 발생하는 원인은 주자가 개체의 마음 안에 보편타당한 도덕 근원을 설정해두었기 때문이라고 대진은 비판한다.

뿐만 아니라 대진은 未發涵養의 취지에도 심각한 문제가 있다고 비판한다. 주자에게 있어 未發의 中은 性의 모습으로, 순수한 도덕 결정체를 가리킨다. 주자는 이 도덕 본원을 우선적으로 장악함으로써 萬事에 적절히 대응할 수 있다고 생각하였다. 즉 主靜 공부를 통해 도덕의 뿌리를 배양하는 것이 선행과제라고 여겼던 것이다. 그러나 대진이 보기에 主靜의 공부론은 선험적 도덕 본원으로 환원하려 한다는 점에서 현실의 상황을 도외시하는 폐단을 낳을 뿐 아니라, 자기 내면으로 몰입한다는 점에서 외부의 객관적 도덕률을 간과하게 하는 위험이 있다.

그래서 대진은 이러한 주자학의 환원주의적 태도를 이단의 학설이라고 규정하면서,[26] 도덕은 오직 감정과 욕망이 활동하는 현실

25) 『孟子字義疏證』「理」, 不寤意見多偏之不可以理名, 而持之必堅；意見所非, 則謂其人自絕於理.

속에서 찾을 수 있을 뿐이라고 역설한다.

> 만일 飮食男女와 외물에 감응하여 움직이는 것(感於物而動者)이 전혀 없어서 고요함(靜)으로 돌아가고 전일함(一)으로 귀속하게 된다면, 어떻게 四端의 마음이 있겠는가? 이로부터 본다면 仁義禮智 四德이란 다른 게 아니라는 것을 알 수 있다. 즉 懷生畏死와 飮食男女, 외물에 감응하여 움직이는 것을 완전히 없앰으로써 고요함으로 돌아가고 전일함으로 귀속시킬 수는 없다. 사람의 인식능력(心知) 중 금수보다 탁월한 점에 의존하여 실행하는 것마다 잘못되지 않게 한다면, 이것이 바로 '훌륭한 덕'(懿德)인 것이다.[27]

대진에 따르면 도덕은 경험을 벗어난 곳에 있는 것이 아니라 오직 경험 세계 안에만 존재할 뿐이다. 만일 경험세계를 떠난다면 도덕도 있을 수 없다. 그래서 그는 도덕을 음식남녀의 욕망이 활동하는 일상 세계에서 찾아야 한다고 강조한다. '욕망이 있어야 행위가 있고 행위가 있어야 그 행위의 도덕률도 찾을 수 있다'는 것이다.[28] 대진에 따르면, 욕망하고 감응하는 현실에서 도덕의 단서(四端)를 포착해야 그것으로부터 훌륭한 덕(懿德)을 이루어갈 수 있다. 만일 四端의 본원을 찾아 '고요한 시점으로 돌아가거나'(歸於靜) '專一한 본원으로 귀속하려 하는'(歸於一) 것은 매우 잘못된 수양방법이라고 그는 역설한다. 이러한 점에서 대진은 주자의 主靜공부를 불교의 避世的 無欲論과 다를 바 없는 것이라고 비판한다.[29]

---

26) 『戴震全書』卷6 「與某書」, 聖賢之道德, 卽其行事, 釋老乃別有己心所獨得之道德, 聖賢之理義, 卽事情之至是無憾, 後儒乃別有一物焉與生俱生而制夫事.

27) 『孟子字義疏證』「性」, 使飮食男女與夫感於物而動者脫然無之, 以歸於靜, 歸於一, 又焉有羞惡, 有辭讓, 有是非?此可以明仁義禮智非他, 不過懷生畏死, 飮食男女, 與夫感於物而動者之皆不可脫然無之, 以歸於靜, 歸於一, 而恃人之心知異於禽獸, 能不惑乎所行, 卽爲懿德耳.

28) 『孟子字義疏證』「權」, 無欲則無爲矣 ; 有欲而後有爲, 有爲而歸於至當不可易之謂理 ; 無欲無爲又焉有理!

그러나 주자학자의 입장에서는 대진의 비판을 그대로 수용하지 않을 것이다. 왜냐하면 주자가 말하는 主靜 공부는 대진의 말처럼 그렇게 일상 세계의 욕망과 감정을 모두 외면해버리는 것이 아니기 때문이다. 주자의 主靜 공부는 動靜이 자연스럽게 순환하는 상황 속에서 居敬과 集義를 갈마드는 것을 전제로 하여 이루어지는 것이다. 즉 일상의 動處에서 적절한 도덕 실천을 하기 위해 그 도덕의 본원을 먼저 장악하려는 것이 主靜공부인 것이다. 그러므로 그것은 이미 기본 목적에서부터 경험과 현실에 중점이 놓여있지 미발의 고요함 자체를 목적으로 삼고 있지 않다. 따라서 주자의 主靜 공부는 결코 불교의 피세적 무욕론일 수 없는 것이다.[30] 뿐만 아니라 주자는 未發 涵養을 위해 未發 때로 들어가려 해서는 안 되며 평소에 莊敬한 태도로 마음을 함양해야 한다고 강조하였다. 이점을 고려해 본다면, 주자의 主靜 공부가 일상 세계를 이탈하여 靜寂의 本院으로 환원하려 한 것이 아니라는 점은 더더욱 분명하다.

또한 더욱 중요하게, 주자가 말하는 '未發之中'의 요의란 '私意'와 '私欲'의 偏倚가 없는 도덕적 순선 상태를 가리킨다. 즉 主靜의 주요 목적은 일체 욕망과 감정을 제거하고 고요한 본체로 귀환한다는 것이 아니라 이기적 의식이 발동하지 않는 도덕적 본원을 함양한다는 것이다. 이러한 점에서 彭紹升이 "程朱學에서 無欲을 말한다 해도 그것은 의식이 道義로 歸一하여 私欲이 없게 된 상태를

29) 『孟子字義疏證』「性」, 以水之淸喩性, 以受汚而濁喩性墮於形氣中汚壞, 以澄之而淸喩學. 水靜則能淸, 老、莊、釋氏之主於無欲, 主於靜寂是也. 因改變其說爲主敬, 爲存理

30) 『朱文公文集』 卷32, 「答張欽夫」49, 來教又謂, 言靜則溺於虛無, 此固所當深慮, 然此二字如佛者之論, 則誠有此患. 若以天理觀之, 則動之不能無靜猶靜之不能無動也. 靜之不能無養猶動之不可不察也. 但見得一動一靜互爲其根, 敬義夾持, 不容間斷之意, 則雖下靜字元非死物, 至靜之中蓋有動之端焉.

말하는 것이지, 감각과 사려를 끊고 靜寂으로 귀환하는 것이 아니다"[31]라고 대진에게 반론했던 것은 타당성이 있는 것이라 할 수 있다.

만일 주자의 主靜 혹은 居敬이 일상의 욕망과 감정을 제거하는 것이 아니라 단지 부도덕한 사의사욕을 없애는 것이라면, 이러한 주자의 공부론은 대진도 기꺼이 수용해야 하는 것이다. 왜냐하면 대진 역시 이기성(私)이 仁을 해치는 주된 요인이라고 지적하면서, 이기성을 제거할 때 遂欲達情의 도덕 이상이 실현될 수 있다고 보았기 때문이다.[32]

그러나 대진은 私意와 私欲이 없는 본원 상태를 함양하는 미발함양과 私意를 제거하기 위해 도덕지각을 각성시키는 居敬 역시 모두 거절한다. 왜냐하면 대진이 보기에 미발함양과 거경 공부는 모두 자기 내면의 도덕률에 의거해서 실행되는 것이기 때문이다.

> 자신의 氣質을 엄숙히 하고 본성을 바르게 하며 악행을 마치 원수처럼 미워한 사람이 古今에 적지 않았다. 그러나 그들은 자기가 옳다고 여긴 것만 옳다 하고 자기가 그르다고 여긴 것만 그르다고 여기면서, 천하 사람들이 모두 분명하게 동의하는 輕重의 기준을 잡고 있다고 생각한다. 하지만 실제로는 상황에 따라 저울질해서 무거운 것이 가벼워지거나 가벼운 것이 무거워지는 경우가 있다는 것을 알지 못한다. 그래서 그 시비와 경중이 모두 잘못되어 천하 사람들이 그 화를 입게 되어도 구할 수가 없다. 이것이 어찌 人欲이 가렸기 때문이겠는가? 자신이 믿고 있는 리가 실은 리가 아니기 때문인 것이다.[33]

31) 「彭紹升與戴東原書」, 其謂'君子之欲也, 使一於道義', 夫一於道義, 則無欲矣. 程伯子云: '天地之常, 心普萬物而無心, 聖人之常, 情順萬事而無情. 故君子之學, 莫若廓然而大公, 物來而順應.' 無欲之旨, 蓋在於是, 固非必杜耳目, 絕心慮而後乃爲無欲也.

32) 『孟子字義疏證』「才」, 道德之盛, 使人之欲無不遂, 人之情無不達, 斯已矣. 欲之失爲私, 私則貪邪隨之矣: 情之失爲偏, 偏則乖戾隨之矣; 知之失爲蔽, 蔽則差謬隨之矣. 不私, 則其欲皆仁也, 皆禮義也

33) 『孟子字義疏證』「權」, 古今不乏嚴氣正性、疾惡如讎之人, 是其所是, 非其所非 ; 執顯然共見之重輕, 實不知有時權之而重者於是乎輕, 輕者於是乎重. 其是非輕重一誤, 天下受其禍而不可救. 豈人欲蔽之也哉?自信之理非理也.

대진의 관점에 따르면, 이기성의 극복은 결코 자기 내면의 도덕률에 근거하여 실현될 수 없는 것이다. 아무리 居敬 공부를 실행하여 자기 기질과 욕망을 엄숙히 단속하고 도덕 본성을 바르게 존양한다 해도, 公正無私한 경지를 얻을 수 없다. 그런 사람의 판단은 끝내 자기중심적 의견에 불과한 것이다. 왜냐하면 자기 내면의 도덕률에 입각하는 이상, 주체는 주관의 미궁을 벗어날 수 없기 때문이다.[34] 한 개인이 자기의 내면성에 근거하여 無私의 상태를 이룬다는 것은 애당초 논리적 모순일 뿐이라고 대진은 역설한다. 公平無私性을 도야하는 居敬 공부는 시종 자기 의견에 치우쳐 사회의 客觀的 이치를 보지 못하게 한다는 것이다. 대진의 분석에 의거하자면, 미발의 中은 편중된 개인 안에서의 中正일 뿐이며, 大本은 그 개인만이 신뢰하는 자폐적 세계의 근원일 뿐이다.

이상과 같이, 주자의 중화론은 개인의 의견을 보편적 리로 착각하게 하는 원인이 되었다. 그것은 보편적 리가 개인의 심성에 내재해있다는 그 이론의 기본 구도에서 비롯된 것이다. 이와 관련하여 대진은 주자의 두 가지 오류를 지적한다. 첫 번째 오류는 주자가 理를 氣로부터 분리하여 실체화하였다는 점이다. 대진에 따르면 理란 본래 물질적으로는 氣의 條理이고 가치론적으로는 삶의 욕망이 원만히 이루어진 상태를 뜻하는 '개념'일 뿐이다. 하지만 주자는 이 개념을 실체로 간주하여 氣로부터 초월시킨 다음,[35] 다시 그 초

34) 이러한 점에서 미조구찌 유조(溝口雄三)는 거경 수양의 문제점을 "그러한 '無私'는 그의 주관성으로 인해 새로운 私이 되지 않을 수 없다."라고 평가하였다(미조구찌 유조, 김용천 역, 『중국 전근대사상의 굴절과 전개』, 서울: 동과서, 2007. p.405)

35) 『孟子字義疏證』「理」, 盡乎人之理非他, 人倫日用盡乎其必然而已矣. 推而極於不可易之爲必然, 乃語其至, 非原其本. 後儒從而過求, 徒以語其至者之意言思議視如有物, 謂與氣渾淪而成. 거꾸로 주자학적 입장에서 보자면, 이러한 대진의 입장은 리를 '유명론적'(nominalistic)으로 환원한 것이라 할 수 있다. 이러한 점에서 金觀濤는 대진의 철학을 유명론이라고 규정한다.(金觀濤, 「序: 中國式自由主

월적 실체가 현상 사물을 두루 지배하는 것이라고 생각하였다.[36] 이로 말미암아 배우는 자들이 모두 초월적 理를 추구하고자 하였고, 현실 세계를 도외시하게 되었다는 것이다. 요컨대 理를 실체화하였기 때문에 현실에 대한 이탈이 조장되었다는 것이다.

주자의 두 번째 오류는 理가 개체의 마음에 性으로 구비되어 있다고 생각했던 점이다. 대진에 따르면 인간은 신체와 인식 능력(血氣心知) 이외에 다른 것을 가지고 있지 않다. 氣와 욕망 밖에서 별도의 도덕 원리를 찾을 수 없듯, 인간의 도덕 능력도 이 血氣心知 외에서 찾을 수 없는 것이다. 그러나 주자는 性이라는 이질적 도덕 근원을 인간 존재 내부에 植立함으로써 인간의 삶에 형이상학적 근거를 정초할 수 있었다고 자신하였다. 그러나 이로 말미암아 각 개체는 血氣心知를 외면한 채 자기 내면의 본체를 향해 선험적 환원을 하고자 하였고, 자기 내면 안에서 私意私欲을 없애고 天理의 公平無私함을 실현시킬 수 있다는 잘못된 믿음을 재생산하게 되었던 것이다. 그러나 자기 내재적 도덕률에만 의존하는 한 개체는 자기중심성의 틀에서 벗어날 수 없는 것이었다. 이러한 오류 때문에, 주자학은 결국 實情의 객관적 리를 놓쳐버리고 깊은 주관과 독선의 늪에 빠지고 말았다고 대진은 비판한 것이다.[37]

義的自我意識」, 丘爲君, 『戴震學的形成』, 新星出版社, 2006. p.2)

36) 『孟子字義疏證』「理」, 擧凡天地、人物、事爲, 求其必然不可易, 理至明顯也. 從而尊大之, 不徒曰天地、人物、事爲之理, 而轉其語曰 「理無不在」, 視之 「如有物焉」, 將使學者皓首茫然, 求其物不得.

37) 『孟子字義疏證』「權」, 凡以爲 「理宅於心」, 「不出於欲則出於理」者, 未有不以意見爲理而禍天下者也.

4. 미발론의 해체와 소통의 중화론: 대진의 중화론

그러나 대진의 비판이 당장 문제가 되는 것은, 그렇다면 대진은 『中庸』 首章의 '未發' 구절이 어떻게 해석할 수 있는가이다. 만일 대진의 비판이 온당할 수 있으려면, 적어도 『中庸』 首章에 대한 주자의 독해가 오독임을 밝혀야 하고 나아가 비판의 논리에 부합되는 정확한 독해 방법을 제출해야만 한다. 그렇지 않다면 대진의 비판 역시 마찬가지 '의견'에 불과할 것이기 때문이다. 대진은 이 구절을 어떻게 해독하고 있는가? 대진의 『中庸補注』 중 해당 구절을 살펴보자.

> 中和라는 것은 動靜에서 모두 완만하게 된 상태(俱得)를 의미하는 훌륭한 명칭이다. 희노애락이 中節한 것을 和라고 말할 수 있다. 희노애락이 미발인 상태에는 비록 갓난아기의 무지한 수준이라도 中이라고 말할 수 있다. 희노애락을 말하자면, 미발 때 마음에는 아무런 걸림이 없을 뿐(無所容心) 아니라 발하여 절도에 맞을 경우에도 마음에는 아무 걸림이 없다. 그런데 만일 中和의 실질로 말하자면, 응당 천하의 모든 일이 中으로부터 나오지 않는 것이 없고 和를 최적의 상태로 삼지 않는 것이 없다. 그래서 中을 大本이라 하는 것이고 和를 達道라 하는 것이다.

『중용』에 ‘尊德性’이라는 말은 앞 두 단락의 글(戒愼恐懼와 愼獨 부분)과 서로 갖춰지고, ‘道問學’이라는 말은 이 단락의 글과 서로 갖춰진다. 덕성에 대해 ‘尊’이라고 말한 것은 앞 구절에서 말하는 ‘계신공구’이고 ‘신독’을 가리키며, 問學에 대해 ‘道’라고 말한 것은 여기에서 이 구절에서 말하는 ‘致’를 가리킨다. 덕성은 비유하자면 몸의 혈기와 같은 것이고, 문학은 비유하자면 먹고 마시는 일과 같은 것이다. 자기의 혈기를 보호하지 않고 멋대로 소모하는 것과 먹고 마시는 일을 끊어버려 나의 혈기를 增長시키지 못하는 것이 판연한 두 가지 일임은 매우 자명하다.

희노애락으로 중화를 말한다면 性情의 덕에 대해서는 누구라도 말 못할 사람이 없을 것이지만, 중화로 대본과 달도를 말한다면, 그 누가 이 대본 달도를 완수할 수 있겠는가? 致中和라는 것은 未發과 已發에서 공부하는 것이 아니다. 치중화의 공부는 問學으로 말미암아 그 心知를 확장하여 聰明聖智에 이르고 天德에 도달하는 것이니, 이렇게 하는 것이 致의 공부가 지극한 단계에까지 이르는 것이다.

모든 존재가 자기의 위치에 바르게 자리하는 것(凡位其所者)이 中이고 모든 존재가 그 삶을 온전히 이루어내는 것(凡遂其生者)이 和이다. 천지가 바르게 자리하는 것은 천지의 中이고 만물이 제대로 육성되는 것은 천지의 和인 것이다. 중화하여 천지와 그 덕을 함께 하는 데까지 이를 수 있다. 그래서 ‘천지가 바르게 자리한다’고 하였으니 여기에서 중의 의미가 이와 같음을 알 수 있다. 또 ‘만물이 온전히 육성된다’고 하였으니 여기에서 화의 의미가 이와 같다는 것을 알 수 있다. ‘천지가 바르게 자리한다’는 말은 모든 존재가 자기의 위치에 바르게 자리하는 것을 포괄하여 말한 것이고, ‘만물이 육성된다’는 말은 모든 존재가 그 삶을 온전히 이루는 것을 포괄하여 말한 것이다. 모든 존재가 자기 위치에 바르게 자리하는 것은 하늘이 정한 것(天定)이다. 그래서 근본이다. 모든 존재가 그 삶을 온전히 이루어내는 것은 사람의 일(人事)이 여기에서 다하는 것이다. 그래서 道이다.[38]

---

38) 『戴震全書』「中庸補注」, 中和者, 動靜俱得之美名. 喜怒哀樂中節, 卽可以言和. 其未發也, 雖赤子之心無知, 亦卽可以言中. 論喜怒哀樂, 不惟未發以前無所容心, 卽發而中節, 亦無所容心也. 論中和之實, 則合天下事無不自中出, 無不以和爲至, 故曰大本, 曰達道. 篇内言尊德性, 與上兩節之文相足, 言道問學, 與此節之文相足. 德性曰尊, 所謂戒愼恐懼, 所謂愼獨是也. 問學曰道, 此所謂致是也. 德性, 譬則身之血氣也, 問學譬則飮食也. 不保護而自耗敗其血氣, 與廢飮食之養無以增長吾之血氣, 其爲二事甚明. 以喜怒哀樂言中和, 性情之德, 無一人不可語於此也. 以中和言大本達道, 孰能盡之哉! 致中和者, 其功非於發與未發也, 由問學以擴其心知, 至聰明聖智達天德, 乃爲致之所極. 凡位其所者, 中也, 凡遂其生者, 和也. 天地位, 天地之中也, 萬物育, 天地之和也. 中和而至於與天地合其德, 故曰天地位焉, 見中之如是也, 萬物育焉, 見和之如是也. 天地位焉, 該凡位其所者言也, 萬物育焉, 該凡遂其生者言也. 凡位其所者, 天定者也, 本也. 凡遂其生者, 人事於是乎盡也, 道也.

대진의 방대한 저작 중 中和에 대한 그의 입장을 확인할 수 있는 자료는 위의 구절뿐이다. 그러나 짧은 이 글에서 대진은 주자의 중화론이 『중용』에 대한 오독이었음을 명확히 논증하고, 나아가 자기 철학의 전모를 모두 담아내고 있다.[39)]

대진의 중화론을 이해하기 위해서는 우선 그의 어법학적 연구 성과 한 가지를 살펴볼 필요가 있다. 대진은 고대 중국어에서 '之謂'와 '謂之'의 용법이 서로 다르다는 점을 밝힌 바 있다. 대진에 따르면, '之謂'는 앞에서 지칭한 것으로 뒤의 말을 해석한 것으로, 예를 들어 '天命之謂性'에서 '之謂'는 性의 의미를 '天命'이라는 술어로 해석하고 있는 것이다. 반면 '謂之'는 뒤에서 지칭한 것으로 앞의 내용을 구별하는 것으로, 예를 들어 '自誠明謂之性, 自明誠謂之教'에서 '謂之'는 性과 教를 가지고 '自誠明'과 '自明誠'의 의미를 구별하고 있는 것이다.[40)] 여기에서는 性을 '自誠明'이라는 말로 정의내리거나 해석한 것이 결코 아니다.[41)]

이 점에 입각해 볼 때, 『중용』의 해당 구절은 완전히 새롭게 독해된다. 즉 '喜怒哀樂之未發謂之中, 發而皆中節謂之和'라는 말은 中

39) 段玉裁의 『東原先生年譜』「附著述輯要」에 따르면, 『中庸補注』는 대진 나이 41세(癸未, 1763) 이전에 쓰여진 미완성작이다. 이 책에서 理에 대해 언급한 내용은 『原善』과 『孟子字義疏證』과 완전히 부합하고 있으며, '致中和' '上下察' 등의 구절에서 先儒가 이르지 못한 것을 많이 보충해주었다.(中庸補注一卷, 玉裁向未得見, 今乃得哲嗣中孚郵寄讀之, 蓋亦癸未以前所爲, 未暇竟成之耳. 其言理與『原善』·『孟子字義疏證』無纖微不合者, …… 『中庸』之說致中和, 說上下察, 尤可補先儒所不到.)『戴震全書』卷6, 703–704쪽 참조.

40) 『孟子字義疏證』「天道」, 古人言辭, 「之謂」「謂之」有異: 凡曰「之謂」, 以上所稱解下, 如中庸「天命之謂性, 率性之謂道, 修道之謂教」, 此爲性、道、教言之, 若曰性也者天命之謂也, 道也者率性之謂也, 教也者修道之謂也；易 「一陰一陽之謂道」, 則爲天道言之, 若曰道也者一陰一陽之謂也. 凡曰 「謂之」者, 以下所稱之名辨上之實, 如中庸 「自誠明謂之性, 自明誠謂之教」, 此非爲性教言之, 以性教區別 「自誠明」「自明誠」二者耳. 易 「形而上者謂之道, 形而下者謂之器」, 本非爲道器言之, 以道器區別其形而上形而下耳. 形謂已成形質, 形而上猶曰形以前, 形而下猶曰形以後. 陰陽之未成形質, 是謂形而上者也, 非形而下明矣.

41) 이 두 어구의 차이가 우리말에서는 어떻게 차별적으로 이해되는지 파악하기 위해서는 임옥균 선생의 설명을 참조하면 도움이 될 것이다.(임옥균 역, 『맹자자의소증 · 원선』, 홍익출판사, 1999. 83쪽)

과 和의 의미를 '未發'과 '中節'로 정의하거나 해석한 것이 아니다. 이 구절에서는 단지 '未發'의 상태와 '中節'의 상태를 中과 和로써 구별해주고 있을 뿐이다. 대진에 따르면, 未發과 中節은 모두 '마음에 아무런 걸림이 없는 平靜 상태'(無所容心)를 의미하는데, 희노애락이 발현되지 않아서 마음이 평정한 때는 中이라 할 수 있고 희노애락이 中節되어 마음에 아무런 걸림이 없는 平靜한 상태는 和라고 할 수 있다는 것이다. 즉 中과 和의 개념 구분으로 마음의 평정함이 動靜 때에 각기 어떻게 다른지를 구별할 수 있다는 것이다.

그렇다면 미발과 중절을 中과 和의 부분적 의미로 보는 것은 가능하지만, 中이 바로 未發이고 和가 바로 中節이라고 규정하기는 곤란해진다. 감정의 未發과 中節 상태도 中和라고 부를 수는 있겠지만, 그것은 中和라는 개념의 외연적 예시가 될 뿐 中和의 의미를 온전히 담아내지는 못하기 때문이다. 대진이 "희노애락의 未發을 中이라 말할 수 있고 已發의 中節을 和라고 말할 수 있다."고 한 것도 이러한 제한적 의미 맥락을 가리키는 것이다.

무엇보다 대진은 大本이 未發로 규정되는 것에 극력 반대하고 있다. 그는 미발과 中의 연결점을 제한하는 동시에 未發과 大本의 관계는 완전히 단절시키고자 한다. 그래서 그는 中和의 실질적 의미(中和之實)를 '천하 만사의 근원'과 '최적의 상태'로 규정하면서, 이때 비로소 大本과 達道의 의미가 온전해진다고 주장한다. 中和의 본래적 의미는 한 개인의 性情 문제와 관련되는 것이 아니라 세계 전체의 존재 근거와 최적의 조화 상태를 가리킨다는 것이다. 이러한 점에서 대진은, 주자가 未發을 중심으로 中和와 大本達道의 의미를 심리적 차원으로 해석했던 것에서 탈피하여, 大本達道를 중심으로

中和의 의미를 세계 전체의 차원으로 해석하고 있는 것이다.

그렇다면 대진에게 있어 中和란 구체적으로 어떤 의미인가? 우선 中의 의미를 자세히 고찰해보자. 대진은 中을 '모든 존재가 자기의 위치에 바르게 자리하는 것'이라고 정의하고, 다시 '하늘이 정한 것'(天定者)이라고 설명하였다. 그래서 中이 근본(本)이라는 것이다. '天命之謂性'에 대한 대진의 해석을 살펴보면 이 말의 의미를 보다 분명히 파악할 수 있다.

> 태어나면서 하늘로부터 제한되는 것, 이를 天命이라고 한다. 부모로부터 形氣를 나누어받는다는 것은 바로 陰陽五行으로부터 나누어받는다는 것이다. 사람과 百物은 각자 그 부류에 따라 번식하고 살아가는데 이는 모두 氣化의 자연스러움이다. 『大戴禮記』에 이르기를 "도로부터 나누어지는 것을 命이라 하고, 한 사물에서 형성되는 것을 性이라 한다."고 했다. 도에서 나뉘어진다는 것은 음양오행에서 나누어진다는 것이다. 性에 있어 큰 구별은 각각 氣에 따라 분류되는데, 똑같은 부류 가운데에서도 또한 제각기 다르다. 그러므로 '하늘이 명한 것을 性이라 한다'고 하는 것이다.[42]

대진은 天을 '陰陽五行의 運行'이라는 의미로 파악하고 命을 '제한'의 의미로 규정하면서, 이로부터 性의 의미를 정의하고 있다. 즉 음양오행이라는 氣의 운행으로부터 정해진다는 점에서, 性은 血氣心知라는 氣質的 특성[43]으로 정의되고 또한 삶의 욕망은 性의 자연스러운 발현으로 규정된다.[44] 이는 만물이 모두 욕망하는 존재

42) 『中庸補注』, 生而限於天, 是曰天命. 凡分形氣於父母, 卽爲分於陰陽五行. 人與百物各以類滋生, 皆氣化之自然. 『大戴禮記』曰: 分於道謂之命, 形於一謂之性. 分於道者, 分於陰陽五行也. 性之大別, 各以氣類, 而同類之中, 又復不齊. 故曰: 天命之謂性.

43) 『孟子字義疏證』「理」, 人之血氣心知本乎陰陽五行者, 性也.

44) 『孟子字義疏證』「理」, 性, 譬則水也 ; 欲, 譬則水之流也 ; 節而不過, 則爲依乎天理, 爲相生養之道, 譬則水由地中行也.

로 태어났고 그래서 욕망이 정당하다는 것을 천명하는 중요한 대목이다. 대진에게 있어 주체는, 주자처럼 도덕 근원에 기반한 도덕 주체가 아니라, 욕망하는 존재인 것이다. 욕망은 자연스럽고 정당한 것이며, 존재의 가장 심층적 본질이다. 이와 같이, 대진은 주자의 理本論을 氣一元論으로 전환함으로써 욕망을 만물의 제1 본질로 규정하고 있다.

또한 天命의 '命'은 사물의 선천적 제한성을 가리키므로, 命에 의해 결정되는 性은 바로 만물의 기질적 제한성을 가리킨다고 할 수 있다. 다시 말해, 性은 氣의 運化 과정에서 형성된 한 종류 사물의 차별적 특성, 즉 사물의 種的 특성을 의미한다는 것이다. 나아가 대진이 '같은 부류 중에서도 제각기 다르다.'라고 말한 점에 비추어 볼 때, 性은 종적 특성 뿐 아니라 개체마다 제각기 다른 性向, 性格, 個性 등의 의미도 띠고 있는 것이다. 요컨대 性이란 天理的 공통보편성을 가리키는 것이 아니라 날 때부터 정해진(天定) 사물마다 천차만별인 특성, 성격, 개성의 의미한다고 할 수 있다. 인간과 만물의 차별적 특성은 天에 의해 그 선천적 타당성을 보장받고 있다. 이러한 점에서 인간과 만물의 개별성과 다원성은 그 자체로 정당한 것이다.

이상의 두 가지 측면에서 볼 때 性은 존재자들마다 '개별적이고 다원적인 욕망의 원천'을 의미한다. 바꿔 말해 존재의 의미는 제각각 다양하게 욕망하며 살아가는 것이라고 할 수 있다. 이러한 점에서 대진이 말하는 中의 의미 역시 -즉 '모든 존재가 자기의 위치에 바르게 자리하는 것'- 개별적이고 다원적인 모든 주체들이 각자의 욕망을 승인받아 저마다의 삶의 터전에 적절히 안착하는 것이라고 할 수 있다. 이러한 상태가 바로 세계의 근본(大本)이 된다고 대진은 생각하였다.

和의 의미는 이러한 中의 의미에서 자연스럽게 도출된다. 즉 대진이 생각했던 和의 의미는 -즉 '모든 존재가 그 삶을 온전히 이루어내는 것'(凡遂其生者)- 다원적인 욕망의 주체들이 다차원적으로 소통하면서, 각자의 그리고 서로의 욕망을 호혜적으로 충족하고 사회 全體的 조화를 이루어가는 것(遂欲達情)이라고 하겠다. 대진은 이것을 완전한 도덕의 상태라고 생각하였다.[45)]

中和의 의미가 이렇게 교정될 때, 주자학의 未發論 전통은 해체에 직면하게 된다. 중화는 더 이상 개체의 심리적 사태나 국면이 아니며, 개체 내부에는 어떠한 도덕 근원도 주어져있지 않은 것이 된다. 주자의 중화론은 『중용』의 '謂之' 구문을 오독하여 빚어진 해프닝으로 귀결되어 버리고, 그로 인해 인간 존재에 관한 형이상학적 기반 역시 함께 흩어져 버리고 만다.

이로부터 致中和의 의미 역시 뒤바뀔 것이라는 점은 충분히 예상된다. 대진은 致中和를 전적으로 道問學의 공부로 해석한다. 대진에 따르면, 「중용』 앞 절의 戒愼恐懼와 愼獨 부분은 尊德性 공부에 대한 설명이고, 致中和 부분은 道問學에 관한 설명이라는 것이다. 대진은 致中和란 마음의 未發과 已發 시점에서 실행하는 向內的 공부가 아니라 인간의 血氣心知를 대외적으로 확장하여 聰明聖智에까지 이르게 하는 向外的 공부라고 확언한다. 대진에 따르면, 다양한 욕망의 주체들이 자기 삶의 자리(中)를 확인하고 나아

45) 『孟子字義疏證』「才」. 天下之事, 使欲之得遂, 情之得達, 斯已矣. 惟人之知, 小之能盡美醜之極致, 大之能盡是非之極致. 然後遂己之欲者, 廣之能遂人之欲；達己之情者, 廣之能達人之情. 道德之盛, 使人之欲無不遂, 人之情無不達, 斯已矣.

가 타자와의 호혜적 소통과 전체적 조화(和)를 이루어가기 위해 사회적 윤리성을 파악하고 그 윤리성에 맞게 실천해나가는 것이 바로 致中和이다.

그렇다면 대진의 致中和는 구체적으로 어떤 것일까? 中和가 본래 다양한 주체들의 조화로운 소통을 의미하는 것이므로, 致中和의 공부에서는 일차적으로 소통을 가로막는 이기성을 문제시한다. 대진은 公正無私한 보편적 리란 개체의 내면에 혹은 개체들을 초월하여 존재하는 것이 아니라 주체와 타자의 관계 속에 존재하는 상호관계적인 것일 뿐이라고 간주한다. 그래서 대진은 개체 스스로 타자와의 관계 안에서 형성되는 도덕 준칙을 가지고 개체 자신의 이기성을 극복해야 한다고 주문한다.

타자와의 관계 안에서 존재하는 보편타당한 리를 파악하기 위해 대진은 易地思之하는 絜矩의 태도를 강조한다. 즉 타자의 입장에서서 주체 스스로 반성(反躬)해볼 때 보편타당한 도덕률을 이해할 수 있다는 것이다.[46] 그래서 대진은 恕의 태도를 무엇보다 강조한다.[47] 恕의 태도를 갖지 않는다면 타당한 도덕 준칙을 얻을 수도 없고 이기성을 극복할 수도 없기 때문이다.[48]

대진이 恕를 강조했던 이유는 그것을 통해 도출된 이치라면 누

46) 『孟子字義疏證』「理」, 日: 理也者, 情之不爽失也；未有情不得而理得者也. 凡有所施於人, 反躬而靜思之: 「人以此施於我, 能受之乎?」凡有所責於人, 反躬而靜思之: 「人以此責於我, 能盡之乎?」以我絜之人, 則理明. 天理云者, 言乎自然之分理也；自然之分理, 以我之情絜人之情, 而無不得其平是也.

47) 『原善』, 去私莫如强恕.

48) 그렇다면 대진은 忠이나 敬 같은 덕목들을 모두 부정하는 것일까? 그렇지 않다. 대진은 忠의 의미도 타자와의 관계 속에서 이해하고(視人猶己, 則忠), 경의 의미도 타자와의 소통 준비로 파악한다.(凡對人者, 接於目而睹, 則戒愼其儀容；接於耳而聞, 則恐懼有愆謬. 君子雖未對人亦如是, 蓋敬而不敢少肆也.『孟子字義疏證』「理」 참조) 대진의 사상에서 내면 지향적 공부는 전혀 설정되어 있지 않다.

구나 동의할 수 있는 상식적이고 합리적인 기준이 될 수 있기 때문이다. 즉 어느 한 사람의 의견에로 치우치지 않고 다수의 입장과 이익이 고르게 반영된 이치가 만들어질 수 있다는 것이다. 그렇다면 이것은 사회 구성원의 일반 의지(general will)나 민주적 합의 같은 근대적 단서를 시사해주는 듯하다.

그러나 대진의 관심사는 그러한 데까지 뻗어가지 않았다. 대진에 따르면, 萬人의 욕망은 이미 天道의 차원에서 '豫定調和'가 전제되어 있으며, 개체들의 욕망은 그러한 선천적 질서 안에서 충족되고 조화될 수 있을 뿐이다.[49] 주체들은 비록 저마다 다양한 존재론적 특성들을 지니는 다원적 존재이기는 하지만, 그 욕망은 이미 天命의 分限으로 정해져 있는 것이다.[50]

그렇다면 이 道를 어떻게 파악할 수 있는가? 대진은 이 道가 '六經'이라는 聖人의 언어 속에 온전히 보존되어 있다고 생각하였다. 그래서 보편타당한 리를 파악하고 사회적 소통을 이루어내려면 먼저 六經에 대한 이해가 선행되어야 한다고 대진은 주장했다. 육경에는 지당한 행위 준칙이 담겨 있기 때문이다.[51] 그래서 그는 六經에 대한 언어학적 탐구, 즉 考證學에 몰입하게 되었던 것이다.[52]

---

49) 이러한 점에서 이토 타카유키(伊東貴之)는, 대진은 만인의 욕망을 동질적인 것으로 간주하였고, 그렇기 때문에 욕망의 갈등과 조절의 과정을 상정하지 않은 것이라고 평가한다. 이러한 점에서 그는 대진으로부터 근대적 계기를 기대할 수 없다고 생각한다. 그는 이점을 '대진의 차질'이라 명명한다.(伊東貴之, 「중국 근세사상사에서의 동일성과 차별성」, 미조구찌 유조 외, 동국대 동양사연구실 역, 『중국의 예치 시스템』, 청계, 2001, p.219.)

50) 天命으로 결정되는 性은 욕망 주체의 개별성과 다양성을 의미하기도 하지만, 그와 동시에 각 개체가 자기 分限 안에서 스스로 욕망을 조절함으로써 욕망의 전체적 질서에 부합하는 것을 뜻하기도 한다. 다시 말해 性은 욕망의 선천적 제한성이기도 한 것이다.

51) 『孟子字義疏證』「權」, 聖人之言, 無非使人求其至當以見之行；求其至當, 卽先務於知也. 凡去私不求去蔽, 重行不先重知, 非聖學也.

52) 대진의 철학과 고증학에 대한 연관성에 대해서는, 홍성민, 「대진의 고증학적 기일원론」, 『중국철학』제8집, 중국철학회, 2001과 이호영, 「대진의 철학적 방법론」『양명학』제17호, 한국양명학회, 2006을 참

이것이 그가 致中和를 道問學으로 해석하지 않을 수 없었던 시대적 이유이기도 하다.

어쩌면 道와 六經이라는 욕망의 소통과 調和의 기준은 또 하나의 형이상학일 수 있다. 다양한 욕망들이 구체적으로 교류하는 현장 너머에 그 현장을 지도하는 원리가 메타적으로 선재하고 있다는 생각은, 형이상학을 부정하고자 했던 그가 다시 형이상학을 받아들이게 되는 모순이 아닐까? 뿐만 아니라 대진에게 있어 주체란 사실 전제된 형이상학적 질서에 순응하여 타자의 욕망을 이해하고 자기 욕망을 조절할 것만 허락된 몰주체적 존재일 뿐일지도 모른다.[53)]

그러나 이러한 생각은 대진에게 너무 많은 '근대적 희망'을 기대했던 것에 대한 실망인 것 같다. 여기에서 밝힐 수 있는 의의란, 대진이 주체의 본질을 다원적 욕망의 존재로 간주하고, 그 다양한 욕망주체들이 욕망을 호혜적으로 소통해가는 것을 이상적 상태로 제시했다는 점일 것이다. 그것이 도덕 주체의 건립에 주력했던 주자의 중화론을 돌파하여 대진이 새롭게 구축한 중화론의 의미이다.

조하시오.

53) 니시 준죠(西順藏)는 "대진의 주체를 '주체적 계기'를 상실한 '전체 구조의 단순한 구성분자'일 뿐"이라고 정의하였다.(西順藏, 「'戴震の方法'試論」『中國思想論集』, 筑摩書房, 1969. 참조)

5. 나가는 말

朱子 철학에서 中和論은 주체의 선험적 도덕 본질을 정립하고 주체의 내면적 수양을 유도하는 이론적 근거가 된다. 그러나 대진은 이러한 주자의 중화론에 심각한 윤리적 독단주의가 내재해 있다고 비판한다. 대진에 따르면, 주자의 중화론은 도덕의 본원을 주체의 선험적 의식 상태로 귀결시키고 수양의 범위를 주체 내면의 심리 영역으로 제한함으로써, 주체가 다양한 타자와 소통하는 통로를 스스로 차단하고 자기 주관성의 城壁 안에 스스로 갇히게 만들었기 때문이다.

이러한 문제를 극복하기 위해 대진은 中和에 대한 새로운 해석을 시도한다. 대진의 새로운 해석에 따르면, 中은 주자학에서 말하는 바와 같이 마음의 선험적 도덕 상태 혹은 초월적 도덕 실체(性)를 가리키는 것이 아니라, 다양한 존재자들이 각자의 본성대로 각자의 삶의 자리에 온전히 안착하는 것을 가리킨다. 또한 和는 개체의 의식 활동이 적절한 조화를 이룬 상태를 의미하는 것이 아니라,

다양한 존재자들이 호혜적으로 소통하면서 사회 전체의 조화를 이루어가는 것을 의미한다. 이와 같이 대진은 중화에 대한 새로운 해석을 통해 주자학의 미발론의 전통과 윤리적 주관주의를 해체하고 다원적 주체들이 호혜적으로 소통하고 조화해갈 수 있는 길을 제시하였다.

그런데 대진의 주자학 비판은 정당한 것이었는지 엄밀히 따져볼 필요가 있다. 대진은 주자학의 格物致知 공부론에 대해서는 단 한 마디도 언급한 적이 없다. 대진은 주자가 居敬 수양만 강조할 뿐 학문에 대해서는 소홀히 하였다고 비판했는데,[54] 이는 쉽게 동의할 수 없는 것이다. 주자학에서 격물치지가 매우 강조되고 있으며 거경 공부와 긴밀한 연관을 맺고 있다는 것은 매우 분명한 사실이다. 주자는 격물치지를 통해 타자와 소통함으로써 객관적이고 합리적인 도덕 이법을 찾아가야 한다고 강조하였고, 또 그 방법으로 경전에 대한 연구를 대단히 중시하였다.[55] 그럼에도 불구하고 대진은 주자학의 중요한 절반을 의도적으로 외면하고 있는 것처럼 보인다. 만일 그렇다면 대진은 주자학이 주관주의에 빠졌다고 비판할 수도 없을 것이고, 사회적 소통을 강조하고 道問學을 역설한 것도 새로운 이야기가 아닐 것이다.

하지만 주자에 대한 대진의 비판은 여전히 의미가 있다. 대진이 시종 주자의 居敬涵養 공부를 문제시한 것은, 그것의 근거가 너무 비실재적이고 그것의 효과가 너무 비객관적이기 때문이었다. 주자

---

54) 『孟子字義疏證』「理」, 詳於論敬而略於論學.(原註：程子云：敬以治之, 使復如舊, 而不及學. 朱子於中庸致中和, 猶以爲戒懼愼獨.)

55) 주자의 미발함양이 어떻게 격물치지와 정합적으로 연결되는가의 문제는, 전병욱의 앞의 글을 참고할 것.

는 거경함양을 도덕 주체의 건립(立本)이라는 차원에서 제시하였지만, 그것은 실증할 수 없는 형이상학적 믿음에 기반한 것이기 때문에 대진이 우려했던 주관주의의 폐단을 양산할 수 있는 것이었다. 그래서 대진은 이를 비판함과 동시에 그 초월적 전제를 유명론적으로 단순화함으로써 주자 공부론이 주관주의로 쏠릴 경향을 교정하고자 했다.

이러한 점에서 보자면, 대진은 주자 철학의 전모를 비판한 것이라기보다 오히려 주자 철학을 한쪽 방향으로 끌고 감으로써 주자 철학 내부의 모순성을 해소하고자 했다고 평가할 수 있겠다.[56] 간단히 말해 대진은 주자학의 합리적 경향 -초월적 이성에 입각한 합리주의가 아니라 경험 상식에 기반한 합리성- 을 철저히 발전시켰던 것이다.

56) 이러한 점에서 章學誠은 戴震을 주자학의 계승자로 평가하였고(『文史通義』「朱陸」 참조), 余英時는 주자와 대진의 계승 관계를 강조하여 중국의 智識主義 전통이라고 명명하였다.(余英時, 「從宋明儒學的發展論淸代思想史」『內在超越之路』, 中國廣播電視出版社, 1993. 참조)

참고문헌

戴震, 임옥균 역, 『맹자자의소증·원선』, 홍익출판사, 1999.
戴震, 『戴震全書』, 合肥: 黃山書社, 1997.
程顥 程頤, 『二程遺書』 北京: 中華書局, 2007.
王懋竑, 『朱子年譜』 北京: 中華書局, 1998.
朱熹, 『朱文公文集』(『朱子全書』, 上海: 上海古籍出版社, 2002)
朱熹, 『朱子語類』 北京: 中華書局, 1984.
朱熹, 『中庸章句集注』(『朱子全書』, 上海: 上海古籍出版社, 2002)
朱熹, 『中庸或問』(『朱子全書』, 上海: 上海古籍出版社, 2002)
章學誠, 『文史通義』, 北京: 中華書局, 1990.

溝口雄三, 김용천 역, 『중국 전근대사상의 굴절과 전개』, 서울: 동과서, 2000.
溝口雄三 외, 동국대 동양사연구실 역, 『중국의 예치시스템』, 성남: 청계, 2001.
丘爲君, 『戴震學的形成』, 北京: 新星出版社, 2006.
余英時, 『內在超越之路』, 中國廣播電視出版社, 1993.
西順藏, 『中國思想論集』, 東京: 筑摩書房, 1969.
Chung Tsai-chun, *The development of Concepts of Heaven and of Man in the Philosophy of Chu Hsi*, Institute of Chinese Literature and Philosophy, Academia Sinica, Taiwan, Republic of China, 1993.

이승환, 「주자 수양론에서 미발의 의미: 심리철학적 과정과 도덕심리학적 의미」, 『퇴계학보』 제119집, 2006.
이호영, 「대진의 철학적 방법론」『양명학』제17호, 한국양명학회, 2006.
전병욱, 「주자의 미발설과 거경격물의 수양론」『철학연구』, 고려대 철학연구소, 2009.
홍성민, 「주자철학에서 미발함양의 문제」『철학연구』 제104호, 대한철학회, 2007.
홍성민, 「대진의 고증학적 기일원론」, 『중국철학』제8집, 중국철학회, 2001.

프로이트와 니체, 욕망의 '억압'과 '긍정'*

허경

1. 들어가면서 – 욕망과 문화 사이의 관계 설정
2. 오이디푸스 콤플렉스 – 근친상간의 타부
3. 『문명속의 불만』 – 욕망의 억압, 문명의 필연
4. 니체, 힘에의 의지
5. '도덕 비판' – 삶의 긍정, 욕망의 긍정
6. 운명에 대한 사랑(Amor fati) "네가 할 수밖에 없는 것을 해라!"
7. 나가면서 – 욕망과 문화를 바라보는 두 가지 관점

* 이 논문은 정부(교육과학기술부)의 재원으로 한국연구재단 대학중점연구소지원(인문사회분야) 사업에 선정되어 2008년 이래 진행 중인 고려대학교 철학연구소의 〈호모 데지데란스 (Homo Desiderans)에 관한 연구 Philosophical Anthropology of Desire〉(KRF-2008-411-J04401)의 일환으로 수행된 것으로서, 동 연구소 주최로 2010년 8월 20일 고려대학교 인촌기념관에서 열린 학술대회 〈동서철학에서 보는 욕망과 인간〉에서 발표된 논문을 전면 수정・보완한 것이다.

1. 들어가면서－욕망과 문화 사이의 관계 설정

니체(Friedrich Nietzsche, 1844-1900)와 프로이트(Sigmund Freud, 1856-1939)라는 두 사상가 사이의 관계 설정은 다양한 방법으로 상상해 볼 수 있을 것이다. 나는 이 글에서 두 사상가의 **욕망**(慾望, desire) 및 그를 바라보는 **문화**(Kultur)에 관련된 사유를 개략적으로 살펴보고 그러한 논의에 바탕하여 욕망과 관련한 두 사상가 사이의 가능한 관계를 정립해 보고자 한다. 우선 나는 그들이 욕망을 바라보고 있는 기본적 시각 및 방법론을 살펴볼 때 궁극적으로 프로이트를 욕망의 '부정'과 '억압'에 기초하여 이른바 그가 말하는 '문명'을 이루고자 하는 인물로서, 니체를 욕망의 '긍정'과 '추구'에 입각하여 새로운 인간상 곧 '위버멘쉬' 혹은 새로운 문명을 창출하고자 하는 인물로서 바라볼 수 있다고 가정한다.[1] 사실 스스로를 '최초의 심리학자'로서 규정하는 니체와 '정신분석의 아버지'

[1] 보다 거시적인 시각에서 볼 때, 나는 물론 이렇게 19세기 중후반 혹은 20세기 초의 유럽 사상에 대한 보다 정확한 이해에 기초하여 궁극적으로는 '오늘-여기 우리'의 욕망관 정립 혹은 재정립에 도움을 주고자 하는 소박한 기대를 품고 있다.

프로이트의 사상이 보여주는 유사성은 명백한 것이다. 물론 니체는 프로이트의 존재를 알지 못 했던 반면, 프로이트는 니체를 '(자신의 이전에 존재했던) 최초의 정신분석가 가운데 한 사람'이라고 불렀음에도 불구하고[2] 자신이 니체를 읽지 않았다고 선언했으며, 또 자신의 이론에 비추어 볼 때 니체가 유년기의 중요성 및 무의식적 방어의 메커니즘을 이해하지 못했음을 분명히 했다.[3] 이 논문은 이러한 두 사상가의 욕망에 관련된 개념 혹은 담론들을 살펴봄으로써 '욕망'의 문제와 관련되어 있는 그들 사상의 의미와 차이를 보다 분명히 드러내고자 하는 시도이다.

이러한 관심에 입각하여 우선 이하에서는 욕망에 관련된 두 사상가의 이론을 개략적으로 살펴보도록 하자. 두 사상가의 생몰연대로 보아 니체를 먼저 다루고 이후 프로이트를 다루어야 하겠지만, 아래의 논의에서는 욕망의 '억압과 긍정'이라는 논문의 기획에 맞추어 프로이트를 먼저 다루고 그 연후에 니체를 다루고자 한다. 한편 이러한 분석의 과정에서 나는 두 사상가의 주요한 학문적 방법론이었던 정신분석과 계보학 그리고 보다 이후의 개념사적 분석의 방법론을 사용할 것이다.

2) 다음에서 재인용. 김정현, 「니체와 현대 심층심리학의 탄생」, 정동호 외, 『오늘 우리는 왜 니체를 읽는가』, 책세상, 2006, 323쪽.

3) 다음에서 재인용. 이창재, 『정신분석과 철학』, 학지사, 2005, 317쪽. 물론 이러한 프로이트의 발언들이 자신의 '학문적 독창성'을 유지하기 위한 프로이트의 의도에서 기인한 것으로 볼 수도 있을 것이다. 현재 전해지는 프로이트의 발언 및 저술에서 그가 사실상 니체를 오해하거나 오독하고 있는 경우가 적지 않게 발견되는 만큼, 실제로 프로이트가 니체를 얼마나 정확히 이해하고 있었는가에 대한 답변 역시 회의적일 수밖에 없다.

2. 오이디푸스 콤플렉스 - 근친상간의 타부

욕망에 관련된 프로이트의 담론을 검토하기 전에 가장 우선 되어야 할 작업은 대강이라도 욕망과 관련된 프로이트의 용어를 확정해 두어야 할 필요성이다. 대략 현대 한국어의 '욕망'이라 번역되어온 프로이트의 독일어는 Trieb, Begierde, Wunsch 등인데, 이들 개념들이 인근 영·불어와의 대조 및 일어 번역 등을 거쳐 현대 한국어로 정착되는 과정은 매우 복잡한 번역학적 문제를 드러낸다.[4] 하지만 프로이트의 가장 포괄적인 욕망 관련 개념은 아마도 Trieb가 되어야 할 것으로 보인다. 보통 영어의 instinct 혹은 drive, 불어의 pulsion 등으로 번역되는 이 단어는 우리말 정신분석 관련

4) 이 부분에 대한 논의는 그 논증의 특성상 광범위하게 그 권위를 인정받고 있는 유럽 정신분석계의 여러 저작 및 현대 한국어로 된 연구서 혹은 번역서의 도움을 받았다. 예를 들어, 『정신분석사전』의 우리말 번역자 임진수의 다음 논의를 보라. "프로이트는 일찍이 〈Id〉라는 라틴어를 사용한 적이 없다. 그것은 단지 영국의 정신분석가들이 〈무의식의 욕망〉을 뜻하는 〈das Es〉를 영어로 번역하기 위하여, 궁여지책으로 라틴어에서 빌려온 것이다. 따라서 그러한 역사적 배경을 전혀 모른 채, 한국어에서 〈이드〉라는 번역어가 통용되는 것은 아마 프로이트의 텍스트가 2중, 3중의 중역을 거쳐 수입된 것과 무관하지 않다. 다시 말해, 그것은 프로이트의 텍스트가 영어로 번역된 된 뒤, 일본어를 거쳐 수입된 결과이다."(장 라플랑슈·장 베르드랑 퐁탈리스 지음, 다니엘 라가슈 감수, 『정신분석사전』 [이하, 『사전』], 임진수 옮김, 열린책들, 2005, 320쪽).

서 등에서 충동・본능・욕구・욕망・욕동 등으로 다양하게 번역되어 왔다. 이 Trieb는 1967년에 출판되어 연구자들 사이에서 광범위하게 권위를 인정받고 있는 라플랑슈와 퐁탈리스의 『정신분석사전』에 따르면 '인체로 하여금 어떤 목표로 향하게 하는 압력(에너지의 충전, 운동 기능의 요인)으로 되어 있는 역학적 과정'을 의미하며, 우리말 번역본에서는 욕동이라 번역되어 있다.[5] 프로이트에 따르면 "욕동의 원천은 육체적 흥분(긴장상태)으로 되어 있고, 그것의 목표는 욕동의 원천을 지배하는 긴장상태를 없애는 것이며, 그 목표는 대상 속에나 대상을 통해서 도달할 수 있다."고 한다.[6] Trieb의 핵심적 성격은 '그것이 개체로 하여금 어떠한 행동을 하도록(혹은 하지 않을 수 없도록) 압력을 행사한다.'는 뉘앙스를 갖는다는 점이다. 이는 프로이트에 의해 경제학적 곧 양적 요소로서 파악되는 것으로 '심리적인 것과 신체적인 것 사이의 경계-개념'이자 '육체적인 것이 심리에 파견하는 대표(représentant)'로서 이해된다.[7]

이렇게 욕동 혹은 욕망에 관련된 프로이트의 입장은 시대에 따라 다양한 편차를 보이지만 그 핵심적인 주장은 단적으로 **오이디푸스 콤플렉스**(Oedipus Complex)라 말하지 않을 수 없다. 오이디푸스 콤

5) 『사전』, 276쪽. 한편 나는 각 프로이트 주요용어 및 개념에 대한 이 책의 우리말 번역어들을 본 논문 전반을 통하여 '표준'으로서 채택할 것이다(나의 수정이 들어간 경우에는 각주를 통하여 밝힐 것이다). 이러한 나의 선택은 물론 이 『사전』의 우리말 번역이 실제로 '표준적'이어서라기보다는, 본 논문의 목적은 프로이트가 사용한 개별 용어들의 우리말 번역어 확정이 아니라 그러한 각각의 용어들이 논문의 분석 대상인 우리말의 '욕망' 개념에 얼마나 근접하며 또 프로이트가 이렇게 이해된 욕망 관련 개념들을 도구로 하여 궁극적으로 '욕망'을 어떻게 바라보았는가를 알고자 하는 것에 있다는 사실에 의해 정당화 될 수 있을 것이다.

6) 같은 책, 같은 곳. 이 Trieb를 때로 충동(instinct)이나 본능(nature)으로 번역하기도 하는데, 전자는 유전적으로 고정되어 있다는 점 이외에도 그 1회적 성격 때문에, 후자는 지나치게 포괄적이라는 이유에서 그리 정확한 번역은 아니라 생각된다. 더욱이 욕동은 충동과 달리 그 발달 양식 및 대상 선택에 있어 각 개인의 발전 양태에 따라 거의 무한한 변형태들을 갖는다는 점을 지적할 수 있다.

7) 같은 책, 276–277쪽.

플렉스는 잘 알다시피 테베의 왕인 라이오스와 왕비 이오카스테의 사이에서 난 아들 오이디푸스가 "아버지를 죽이고, 어머니를 범할 것"이라는 예언자 테레시아스의 신탁에 관련된 이야기이다. 프로이트에 따르면, 소포클레스의 희곡이라는 형태로 창작된 이러한 신화 구조의 핵심은 모든 인간은 **'그 본성상'** 타인의 안위는 물론 자기 자신의 미래마저도 희생시킬 만큼 무자비하고 쾌락 원칙(Lustprinzip, pleasure principle)을 따르는 즉각적인 무의식(unconsciousness) 혹은 이드(id)의 충동을 가지고 있다는 사실이다.[8] 쾌락원칙에 대해 프로이트는 다음처럼 기술한다.

> 정신분석학의 이론에 따라 우리는 조금도 주저하지 않고 정신적 사건이 취하는 진로가 **쾌락 원칙**Lustprinzip에 의해서 자동적으로 규제된다고 생각한다. 다시 말해서 우리는 그러한 사건의 진로가 항상 불쾌한 진행에 의해서 작동되고 그것의 최종 결과는 긴장의 완화—즉, 불쾌를 피하고 쾌를 얻는 것과 일치하도록 방향을 잡는다고 믿는다.[9]

이러한 쾌락 원칙의 무자비한 추동 하에 오이디푸스는 비록 모르고 행한 일이기는 하지만 "어머니를 취하고 싶고, 그에 방해가 되는 아버지를 죽이고자 하는" **인류 전체의 욕망**을 본의 아니게 실현한 인물이 되었다. 프로이트에 따르면, 이러한 쾌락원칙은 사실상 생리학의 '항상성(恒常性) 원칙'(Konstanzprinzip)에서 따라 나오는 것이며, 물리학에 있어서의 '안정성을 추구하는 경향'이라는

8) 프로이트의 연구자들은 그의 사상을 대략 1920년을 전후로 나누고 있는데, 대략 1900년에 발간된 『꿈의 해석』(Die Traumdeutung)에서 구체화된 '무의식—전(前)의식—자아' 구조를 1차적 지형으로, 1920년 발간된 『쾌락원칙을 넘어서』(Jenseits des Lustprinzips)에서 정식화되는 이른바 '이드—에고—슈퍼에고' 구조를 2차적 지형이라 지칭한다.

9) 지그문트 프로이트, 「쾌락원칙을 넘어서」, 『정신분석학의 근본개념』, 윤희기 · 박찬부 옮김, 프로이트 전집, 열린책들, 2003(재간), 269쪽. 인용자 강조.

개념을 정립한 페히너(Gustav Theodor Fechner, 1801-1887)의 원칙에 종속되는 것이다.[10] 하지만 프로이트에 따르면, 욕망의 이러한 무제한적이고 즉각적인 가히 무자비한 충족을 바라는 욕망은 여러 가지 현실적 제한과 제약으로 말미암아 자신의 방향을 조정할 수밖에 없는데, 따라서 욕망은 바로 그가 뒤이어 말하고 있는 일종의 제한원리로서의 현실 원칙에 의한 규제를 수락하게 된다. 왜냐하면 쾌락원칙은 그것이 비록,

> 정신 기관의 〈1차적〉 작업 방법에 고유한 것이기는 하나, 외부 세계의 난관 가운데 처해 있는 유기체의 자기 보존이라는 관점에서 볼 때 쾌락원칙은 처음부터 비효과적이고 심지어는 매우 위험스럽기까지 하다는 사실을 우리는 잘 알고 있다. 자아의 자기 보존 본능의 영향 하에서 쾌락원칙은 〈**현실 원칙**Realitätsprinzip〉에 [의해] 대치된다. 현실원칙은 궁극적으로 쾌락을 성취하겠다는 의도를 포기하지는 않는다. 그러나 그것은 쾌락에 이르는 장구한 간접적인 여정에 대한 단계로서 만족의 지연, 만족을 얻을 수 있는 많은 가능성의 포기, 불쾌를 잠정적으로 참아내는 일을 요구하고 실행한다.[11]

현실 원칙이란 곧 욕망이 궁극적으로 현실적인 **자기 보존 본능** 혹은 보다 정확한 프로이트의 용어로는 **자기 보존 욕동**(Selbsterhaltungstriebe)이라는 목적을 갖는 자아(ego)의 조정 기능을 받아들여 현실적 차선책을 택하기 위한 것이라 할 수 있다. 프로이트의 이론에 의하면 이러한 인간의 자기 보존 본능 혹은 욕동은 생물학적인 것으로 선천적인 것이며 따라서 변경 불가능한 것이다. 그리고 프로이트는 바로 이러한 자기 보존 본능과 그것을 처음부터 가능케 하는 선천적이며

10) 같은 책, 272쪽.

11) 같은 책, 273쪽. 인용자 강조.

원초적인 생명력 자체 혹은 삶의 충동을 **리비도**(libido)라 부르는데, 프로이트는 바로 이 리비도와 성적 충동 혹은 **성 욕동**(Sexualtrieb)을 지칭하는 **에로스**(Eros)를 동일한 것으로 바라본다.[12)]

---

12) 프로이트의 욕망 혹은 욕동 개념은 사실상 일관하여 성 욕동(Sexualtrieb)을 모델로 한 **이원론**으로 볼 수 있는데, 상기의 1차적 지형에서 욕동의 이원론은 성욕동과 배고픔·섭식기능과 같은 자아 욕동(Ichtriebe) 혹은 자기보존 욕동(Selbsterhaltungstriebe)의 **사이**에, 2차적 지형에서는 삶의 욕동(Lebenstriebe)과 죽음의 욕동(Todestriebe) **사이**에 있는 것으로서 가정되는데, 특기할 점은 이들 두 욕동이 이전과 같이 '인체 기능의 구체적인 **동인**'으로서 이해되기보다는 차라리 '인체의 활동을 궁극적으로 조정하는 **기본 원칙**'으로서 가정되고 있다는 점이다.

3. 『문명속의 불만』 – 욕망의 억압, 문명의 필연

이제 이러한 논의를 바탕으로 이상의 연관 관계 전체를 프로이트의 '의식-전의식-무의식'이라는 1차적 지형 및 '이드-에고-슈퍼에고'라는 2차적 지형과의 관련 하에 간략히 정리해보자.[13)]

우선 프로이트의 1차 지형에서, 생물학적 필요에 해당되는 자기보존본능은 충족되어야 할 것으로, 쾌락원칙을 따르는 성 욕동은 적절성이 담보 된 실천에 의해 제어되어야 할 것으로 이해된다. 한편 2차 지형에서는 근본적으로 성 욕동 곧 에로스에 기반한 것으로 가정되는 리비도적 삶의 본능은 일정한 제약이 있지만 기본적으로는 적절히 충족되고 또 권장되어야 할 것으로, 자기와 타인에 대한 파괴적 공격성으로 대표되는 죽음의 본능은 그 자연적 성질에도 불구하고 그것이 갖는 (자기 및 타자) 파괴적 성향에 대항해 우리가 투쟁해야만 할 대상으로 나타난다. 이렇게 프로이트의 욕망 혹

13) 물론 연구자에 따라서는 다음과 같은 세 가지 단계로 나누는 경우도 있다. "(가) 성충동[성 욕동]과 도덕적 충동[욕동]을 대비시킨 초기. (나) 리비도와 자아를 대비시킨 중기. (다) 에로스(사랑의 충동)와 타나토스(죽음의 충동)을 대비시킨 후기"(강영계, 『니체와 정신분석』, 서광사, 2003, 319쪽).

은 욕동 개념 일반은 초기에는 성 욕동을 그 기본 모델로 하여 출발하였으나, 이후에는 점차로 인간의 생물학적 필요 및 사회적 · 반사회적 요구를 모두 포함하는 일반적 개념으로 변모하는 정신분석의 핵심 개념을 구성한다. 결국 프로이트의 **욕동**(Trieb) 개념은, 전기의 생물학-생리학적 특성에 대한 강조, 후기의 문화적-신화적 특성에 대한 강조를 제외한다면, 가장 광의의 생리학적 · 생물학적 · 문화적 · 사회적 욕망 및 욕구 관련 개념들을 모두 포괄하는 하나의 일반 개념으로 이해될 수 있다.

결국 프로이트적 인간은 쾌락원칙을 따르는 이드의 무자비한 충동을 현실원칙을 따르는 에고의 적절한 조정 기능 하에 자신의 삶의 욕동인 리비도, 곧 성 욕동으로서의 에로스를 '적절한 방식으로' 충족하고자 노력할 수밖에 없는 존재이다. 왜냐하면 그렇게 하지 않을 경우, 인간은 그러한 즉각적이고 무제한한 자기 충족을 향한 자신의 행동이 욕망과 욕동의 충족에서 오는 쾌락은 고사하고 때로는 자기 존재의 소멸을 맞을 수 있는 위험성을 늘 안고 있는 것임을 잘 알기 때문이다. 인간은 결국 오이디푸스처럼 자신의 모든 욕망을 충족시킬 수는 없다. 그는 필연적으로 자신의 욕망을 억압해야 한다. 그리고 바로 이렇게 이기적이고 성적인 개인의 욕구를 '성적인 것 이외의 방식과 대상을 향하여' 곧 '사회적으로 바람직한 방식으로' 변형시키는 과정을 프로이트는 승화라 부른다. **승화**(昇華, Sublimierung, sublimation)는 상기의 라플랑슈와 퐁탈리스에 따르면 다음과 같이 설명된다.

> 성욕과 특별히 관계는 없지만, 성 욕동의 힘이 원동력이 되는 인간의 활동을 설

명하기 위해 프로이트가 가정한 과정. 프로이트는 주로 예술 활동과 지적 탐구를 승화의 활동으로 기술하고 있다. 욕동이 비성적(非性的)인 새로운 목표를 향하고, 사회적으로 가치있는 대상을 겨냥하고 있으면 승화되었다고 말한다.[14)]

한편 프로이트 자신은 승화에 대하여 다음처럼 기술하고 있다.

> 인간의 끊임없는 성 본능은 문명 활동에 엄청난 에너지를 공급하는데, 이것은 인간의 성 본능이 갖고 있는 두드러진 특징 덕택이다. 인간의 성 본능은 그 대상을 다른 것으로 바꿀 수 있고, 이처럼 대상이 뒤바뀌어도 그 강도는 사실상 거의 줄어들지 않는 특징을 갖고 있다. 최초의 성적 대상을 대신하는 것은 더 이상 성적인 대상이 아니지만, 정신적으로는 최초의 대상과 관련되어 있다. 최초의 성적 대상을 다른 것으로 바꿀 수 있는 이런 능력을 〈**승화** Sublimation〉 능력이라 부르는데, 성 본능이 갖는 중요성은 바로 이 승화 능력에 있다.[15)]

결국 승화는 프로이트가 어떻게 보아도 성적이지 않은 인간의 다양한 활동을 설명하기 위해 도입한 개념이다. 이는 사실상 프로이트에게는 커다란 모순 없이 도입될 수도 있는 개념이었는데, 이는 프로이트가 성적인 욕동으로서의 에로스와 삶의 근본적 충동으로서의 리비도를 같은 것으로 전제하고 있었기 때문이다. 여하튼 승화는 프로이트가 사용한 다양한 개념들 중 긍정적인 것으로는 거의 유일하다고 말할 수 있을만한 개념이다. 프로이트에 따르면, '인간이 동물과 달라지는' 지점 곧 **문화**(Kultur)를 갖게 되는 것은

---

14) 『사전』, 211쪽.

15) 지그문트 프로이트, 「〈문명적〉 성도덕과 현대인의 신경병」, 『문명 속의 불만』, 프로이트 전집, 열린책들, 2003(신판), 16쪽. 인용자 강조. "성 욕동은 엄청난 양의 힘을 문화적인 작업에 쏟아 붓는다. 그것은 본질적으로 성 욕동이 강도를 잃지 않으면서 그것의 목표를 이동시킬 수 있는, 특별히 눈에 띄지 않는 특성 때문이다. 우리는 원래 성적이던 목표를, 더 이상 성적이지는 않지만 심리적으로 그것과 결부된 다른 목표로 바꾸는 능력을 승화의 능력이라 명명할 것이다."(『사전』, 211쪽). 물론 '성적인 것의 비성적인 것에로의 승화'라는 개념은 후에 칼 포퍼(Karl Popper, 1902–1994)가 적절히 비판했듯이 기본적으로 **반증 불가능한** '비과학적' 개념이다.

다름 아닌 바로 승화를 통해서이며, 그러한 승화는 다름 아닌 무조건적이고 즉각적인 욕동 혹은 욕망의 충족을 보류하고 사회적으로 적합한 방식과 대상으로 전환하는 능력에 다름 아니다. 그런데 프로이트에 따르면, '문화'를 가능케 하는 승화가 인간에게 가능한 것은 인간이 즉각적인 쾌락원칙을 따르고자 하는 자신의 욕망 혹은 욕동을 **억압**(Verdrängung, repression)할 수 있기 때문이다. 라플랑슈와 퐁탈리스는 억압을 다음처럼 정의한다.

> 욕동과 결부된 표상(생각, 이미지, 기억)을, 주체가 무의식 속으로 내몰거나 무의식 속에 머물게 하려는 심리 작용. 억압은 욕동의 충족–그 자체로는 쾌락을 제공하는–이 다른 욕구에게는 불쾌감을 유발할 위험이 있을 경우에 일어난다.[16]

인간은 욕동 혹은 욕망을 가진 존재이고, 이러한 충동들은 쾌락원칙을 따른다. 그러나 무한정한 즉각적인 욕동과 욕망의 충족은 자타의 공멸을 낳을 위험성이 있으므로 인간은 에고의 현실원칙에 따라 자신과 타인의 욕망을 조절하고 억압하는 방법을 고안해 내었다. 그러한 욕망의 조절 혹은 억압을 위한 인위적 제도와 장치의 총체가 문화 혹은 문명이다.[17] 이렇게 프로이트에 따르면, "문화적인 작업에 사용되는 힘은, 그렇게 대부분 성적 흥분의 도착적 요소라고 부르는 것의 억압에서"[18] 나오는 것이며, 다시 보다 "일반적으로 말해서 우리 문명은 본능 억제에 그 바탕을 두고 있다"[19]고

16) 『사전』, 244쪽.

17) 프로이트는 문명을 '동물적인 상태에 있었던 우리 조상의 삶과 우리의 삶을 구별해주고, 인간을 자연에서 보호해 주고 인간의 상호 관계를 조정해 주는 두 가지 목적에 이바지하는 규제와 성취의 총량'이라 정의한다(프로이트, 「문명 속의 불만」, 『문명 속의 불만』, 프로이트 전집, 열린책들, 2003(신판), 265쪽).

18) 『사전』, 212쪽; 프로이트, 「〈문명적〉 성도덕과 현대인의 신경병」, 『문명 속의 불만』, 18쪽.

19) 프로이트, 「〈문명적〉 성도덕과 현대인의 신경병」, 『문명 속의 불만』, 15쪽.

말할 수 있다.

그러므로 프로이트에 따르면, 결국, **문화는 욕망의 억압에서만 나온다**. 또한 "문명의 본질은 개인적으로는 만족을 얻을 수 있는 가능성을 제한하지 않았던 사람들이 공동체 구성원으로서는 그 가능성을 스스로 제한한다는 사실에 있다."이런 의미에서 프로이트가 말하는 문화 혹은 문명이란 그것이 욕망의 조절 혹은 억압을 목표로 한다는 점에서 다양한 **현실원칙들의 총합**이라고도 말할 수 있다. 그리고 프로이트는 말년으로 가면서 이 억압의 대상을 오이디푸스적인 성적 충동에 그치지 않고, 파괴 혹은 죽음의 욕동 혹은 **공격성**에로까지 확장하였다.[20] 따라서, 성적 욕동에서 공격성까지, 문명이 발달함에 따라 인간이 억압해야 하는 욕동의 총량은 가히 무한히 늘어난다. 이렇게 해서 저 유명한 프로이트주의의 **염세주의적 역설**이 발생한다. 인간은 생존을 위해 문화를 만들었다. 그리고 인간은 욕망의 억압과 승화를 통해 스스로에게 안정감과 문화를 선물해 주었다. 그러나 이제 문화가 발달할수록 그 안에 존재하는 인간 혹은 개인은 더욱더 많은 억압과 금지에 시달리게 된다. 이렇게 하여 역설적이게도 문명이 발달할수록 인간은 더욱더 큰 욕구불만의 상태에 놓이게 된다. "개개인의 자유는 문명이 주는 선물이 아니다."[21] 결과는 신경증과 죄책감으로 대표되는 질병의 창궐이다.[22] 인간이 다시금 동물이 되어 오이디푸스적 욕망을 충족시킬

20) 가령 『문명 속의 불만』을 보라.

21) 프로이트, 「문명 속의 불만」, 『문명 속의 불만』, 271쪽.

22) 같은 책, 301–302, 303, 309, 311–312, 314, 316, 327. 이는 공격성과 죄책감에 관한 논의에 관련된 부분들이다. 특히 다음을 보라. "이는 [...] 죄책감이 문명 발달에 가장 중요한 문제임을 지적하고, 문명의 진보를 위해 우리가 치르는 대가는 죄책감의 고조에 따른 행복의 상실임을 보여주고자 한 내 의도에 완전히 부합한다"(316쪽).

수는 없다. 인간은 문화와 금기를 만들었고,[23] 문화는 인간에게 신경증을 선사한다. 인간의 신경증은 문명이 선사한 피할 수 없는 문명의 뒷면이다. 인간은 이미 과거처럼 욕망의 억압 없이 욕망을 무한정하게 충족해가며 동물처럼 살 수도 없으며, 그렇게 살아서도 안 되는 존재가 되었다. 그렇다면 인간은 오직 시간의 경과와 문명의 발달에 따라 자신에 대한 금지와 억압의 강도와 총량을 무한히 늘려갈 수밖에 없고, 그 결과 더욱 더 심각하고 무거운 신경증과 죄책감에 빠져갈 수밖에 없다.[24] 결국 욕망의 억압과 그에 따르는 **신경증**과 **죄책감**의 증대는 자신의 생존과 문화의 지속을 위해 인류가 받아들일 수밖에 없는 **필연적인** 현상이다.

그러나 우리에게 주어진 이 모든 욕망의 억압과 금기는 과연 모두 자연적인 것, 필연적인 것, 타당한 것, 불가피한 것일까? 프로이트의 이러한 이론에 대한 비판적 견해는 프로이트 이후 꾸준히 그리고 지속적으로 제기되어 왔다. 그러나 이러한 '필연적이나 불행한' 현상에 대한 비판을 제기한 최초의 사상가는 다름 아닌 프로이트 자신이다.

> 나는 [...] 회피할 수 없는 의문이 하나 있다. 문명의 발달이 개인의 발달과 그처럼 광범위한 유사성을 갖고 있다면, 그리고 문명의 발달이 개인의 발달과 똑같은 수단을 채택하고 있다면, 문화적 욕구의 영향으로 말미암아 일부 문명이나 문명 시대-어쩌면 인류 전체-가 〈신경증〉에 걸렸다는 진단을 내릴 수도 있지 않을

23) 사실은 바타이유(Georges Bataille, 1897-1962)적으로 말해, 우리는 **바로 이러한 금기가 문화를 만들었다**, 혹은 푸코(Michel Foucault, 1926-1984)적으로 말해 **인간을 탄생시켰다 혹은 구성했다**고 말해야만 할 것이다.

24) 물론 이러한 억압의 결과로서의 신경증은 그 원초적인 측면인 성적인 부분의 억압을 통해 가장 강력히 나타날 것이다. "신경병을 일으키는 결정 요인을 꿰뚫어 볼 수 있는 사람은 성적 제약이 강화된 것이야말로 현대 사회에서 신경병이 늘어나는 원인이라고 확신하게 될 것이다"(프로이트, 「〈문명적〉 성도덕과 현대인의 신경병」, 『문명 속의 불만』, 18쪽).

까? 그런 신경증을 자세히 분석해보면, 실제로 관심을 가질 가치가 있는 처방에 도달할 수 있을지도 모른다. 정신분석을 문명 공동체까지 확대하려는 이런 시도가 어리석거나 무익하다고는 말하지 않겠다.[25]

물론 그러한 시도는 어리석거나 무익하지 않으며, 이제 우리는 - 다름 아닌 프로이트 자신의 말대로 - **문명 공동체의 병리학**을 향해 '용감하게' 착수해야 할 충분한 이유를 가지고 있다.[26] 프로이트는 현재 인류의 문명 공동체 전체가 그 **본성상** 병들어 있음을 주장하며, 그에 대한 진단과 치료를 목적으로 하는 미래의 문명 공동체 병리학을 꿈꾼다. 그러나 그러한 시도는 실패하게 될 것이다. 그것은 프로이트가 인간의 문명적 성과가 가능한 것은 기본적으로 인간이 자신의 욕망을 억압함으로써만 가능하다고 보았기 때문이다. 프로이트 자신의 이론 역시 인류 공동체가 이루어낸 문명적 성과의 일부분이다. 욕망의 억압이 없는 문명은 없다. 이는 **논리적으로** 문명의 발전이 결국 더 많은 억압을 불러올 수밖에 없음을 의미한다. **프로이트의 이론 구조에는 출구가 없다**.[27] 물론 그렇다고 해서 우리가 프로이트 이론의 성과 전체를 버릴 필요는 없다. 우리는 프

25) 프로이트, 「문명 속의 불만」, 『문명 속의 불만』, 327쪽. 그리고 바로 이런 관점에서, "현대의 〈문명적〉 성도덕이 과연 우리에게 강요하는 희생을 상쇄할 만한 가치가 있느냐 하는 문제를 제기할 수 있다."(프로이트, 「〈문명적〉 성도덕과 현대인의 신경병」, 『문명 속의 불만』, 33쪽).

26) 물론 이러한 프로이트의 논의의 배면에는 에로스로 대표되는 성적 욕구 및 욕동뿐 아니라 타나토스(Thanatos)로 대변되는 인간의 **공격 본능** 및 **(자기) 파괴 욕구**에 대한 분석이 자리 잡고 있으나, 이곳에서는 논의의 도식화를 위해 다루지 않았다.

27) 이는 프로이트가 문명공동체의 병리학을 설립하고자 하는 **의지**가 없다는 말이 아니라, 그의 이론이 본질적으로 그러한 의도를 실현시킬 수 있는 **능력**이 없다는 말이다. A. 아들러의 다음과 같은 말은 프로이트 논리가 보여주는 이러한 **폐쇄 순환 구조**의 정곡을 찌르고 있다. "여러분이 어디서 억압이 오느냐고 묻는다면, 여러분은 〈문명으로부터〉라는 대답을 듣게 되지만, 여러분이 계속해서 문명은 어디서 오느냐고 묻는다면, 〈억압으로부터〉라는 대답을 들을 것이다. 따라서 여러분이 보시다시피 그것은 말장난에 불과하다."(프로이트, 「정신분석 운동의 역사」, 『정신분석학 개요』, 프로이트 전집, 열린책들, 2003(신판), 115-116쪽에서 재인용)

로이트의 이론 전체를 다 받아들이지 않고도, 그것의 유용한 부분을 여전히 이용할 수 있다. 그러나 이는 적어도 '정통' 프로이트주의의 도그마들에 대한 전면적 수정과 재배치, 곧 사실상의 포기를 의미하는 것이다. 따라서 나는 이른바 프로이트가 추구했던 '문명 공동체 병리학'은 역설적이게도 프로이트와는 또 다른 철학적 · 인식론적 기반 위에 설립되어야 한다고 생각한다. 그러한 새로운 철학적 · 인식론적 사유의 **한 가능성**은 니체의 사유 안에서 찾아질 수 있다.

4. 니체, 힘에의 의지

스스로를 '최초의 심리학자'[28]로 규정하는 니체에게 욕망 혹은 욕동 개념의 분석과 비판은 피할 수 없는 일이었을 것이다. 우선 니체는 **욕동**(Trieb) 및 **무의식**의 개념을 분명히 이해하고 있었다.

> 어떤 사람이 아무리 폭넓게 자신을 인식하고자 하더라도 그의 본질을 구성하는 충동[욕동] 전체를 인식하는 것보다 더 불완전한 것은 없다. 보다 거친 충동들의 이름은 거의 댈 수도 없으며, 그것들의 수와 강도, 그것들의 증강과 감소, 그것들 상호 간의 작용과 반작용, 무엇보다도 그것들에 영양이 공급되는 법칙은 전혀 알려져 있지 않다."[29] 또한 "자아의식은 유기체가 기능을 다할 때 덧붙여지는 마지막의 것이며, 거의 불필요한 것이다. [...] 위대한 주요 활동은 무의식적이다.[30]

이렇게 스스로를 무의식과 욕동의 법칙을 탐구하는 심리학자로서 규정한 니체의 사상과 관련하여, 이에 관련되는 그의 첫째 개념

28) "내 이전에 도대체 어떤 철학자가 **심리학자**였던가?"(프리드리히 니체, 「왜 나는 하나의 운명인지」, 「이 사람을 보라」, 『전집 15』, 백승영 옮김, 책세상, 2002, [6], 463쪽).

29) 프리드리히 니체, 「아침놀」, 『전집 10』, 박찬국 옮김, 책세상, 2004, 136쪽.

30) 프리드리히 니체, 「유고(1881년 봄~1882년 여름)」, 『전집 12』, 안성찬 · 홍사현 옮김, 책세상, 2005, 11[316], 573쪽.

은 단연 **힘에의 의지**(Wille zur Macht)일 것이다.[31] 우선 눈에 뜨이는 점은 니체가 이미 명시적으로 힘에의 의지를 인간 정신의 무의식을 탐구하는 심리학, 심층심리학, 생리-심리학 및 저항 등의 관념에 연관시켜 사유하고 있다는 점이다.

> 심리학 전체가 지금까지 도덕적인 편견과 두려움에 사로잡혀 있었다: 즉 심리학은 감히 심층까지 들어가지 못했다. 내가 파악한 것처럼 심리학을 힘에의 의지의 형태론과 발달이론으로 파악하는 것 – 이 점에 관해서는 그 누구도 아직 자신의 사상을 통해 언급하지 못했다. [...] 도덕적 편견이 가하는 폭력은 가장 정신적인 것으로, 언뜻 보기에 가장 냉담하고 아무런 전제가 없는 세계에로까지 깊숙이 침투했다. – 그리고 자명한 이치이지만, 그 세계를 손상시키고, 방해하고, 현혹시키고, 왜곡시키고 있다. 진정한 생리 심리학Physio–Psychologie은 연구자의 마음속에 존재하는 무의식적인 저항과 싸워야만 한다.[32]

이제 이러한 이해를 바탕으로 아래에서는 프로이트의 욕동・욕망 관련 개념들과 니체의 '힘에의 의지'를 비롯한 욕망 관련 개념들 사이의 비교를 통해 니체 개념들의 일반적 특성을 검토해 보자. **첫째,** 일반적으로 '의지'는 '의식적이며 숙고된 행동'(l'activité réfléchie et consciente)으로 정의되며, 따라서 지속성 그리고 때로는 합리성마저도 담보할 수 있는 개념이다.[33] 따라서 의지란 '욕망의 의식적이며 숙고된 형식'이다. 니체적 의미의 '(힘에의) 의지'란 이러한 의지 개념 일반을 그 극단적 형식에까지 이끌어 간 모습이라 볼 수 있으며, 따라서 힘에의 의지는 개체와 그의 삶 그리고 욕망에 대한

---

31) 물론 잘 알려져 있는 것처럼 니체 저술에는 심각한 판본학적 문제와 그에 따른 논쟁이 존재한다. 다음을 참조. 이상엽, 「니체 유고 논쟁과 새로운 니체 전집」, 정동호 외, 『오늘 우리는 왜 니체를 읽는가』, 책세상, 2006, 137–170쪽.

32) 프리드리히 니체, 「선악의 저편」, 『전집 14』, 김정현 옮김, 책세상, 2004, 1[23], 44쪽.

33) Didier, Julia, *Dictionnaire de la philosophie*, Larousse, 1984, p.300.

철저한 긍정 위에 기초해 있는 하나의 철학적 개념이다. **둘째,** 프로이트에게 있어서의 욕망이 비록 인간 개체 전체에 해당되는 보편적 개념이라 할지라도 그것은 각자의 경험과 의도에 따르는 개별적이고도 다양한 변양을 갖는 주관적 특성을 갖는다. 그러나 니체의 힘에의 의지는 '인간이라는 류(類) 전체'에 해당되는 가히 '보편적인' 의지이다. **셋째,** 그리고 이러한 니체의 의지는 우리가 그것을 추구해야만 하는 '당위'(Sollen)이자 동시에 세계가 이미 그러한 것으로서의 '사실'(Sein)을 기술하는 개념이다.[34] 힘에의 의지는 사물과 인간을 포함한 우리 모두의 존재론적, 보다 정확히는 생성론적 형식이며, 또한 하나의 사실에 관한 개념이자 동시에 우리가 적극적으로 추구해야 할 하나의 가치론적 당위에 관한 개념이다.[35]

이렇게 니체의 힘에의 의지는 사실과 당위를 모두 포괄하는 하나의 **생성론적** 형식이라는 의미에서,[36] 이른바 '엄밀한 사실로서의 과학성'을 주장하는 프로이트의 욕동·욕망과는 다른 개념이다. 프로이트의 욕동·욕망 개념이 생물학·생리학적인 것 혹은 무시간적인 신화·문화적·문명비판적인 것이었음에 반하여, 니체의 힘에의 의지 개념은 근본적으로 철학적·존재론적·인식론적인 것이며, 무엇보다도 처음부터 그 근본에서 **근대 비판적**인 것 곧 자신의 **동시대 비판**이라는 의미에 있어서의 **문명비판적**인 것이었다.

---

34) 물론 니체는 '보편'이란 개념을 인정하지 않으며, 따라서 '인간이라는 류 전체에'라는 표현 역시 불가능한 표현이다. '사실과 당위의 구분' 역시 니체는 받아들이지 않을 것이다. 이러한 용어들은 니체 철학의 일반적인 특성을 표현하기 위하여 전통 철학으로부터 편의상 빌려온 것이다.

35) 그러나 이는 마치 윤리학에서 '심리학적 이기주의로부터 윤리적 이기주의를 이끌어내려는 논증'의 경우처럼 이미 자기 모순을 포함하고 있다. 우리가 '하지 않을 수 없는 것'을 "적극적으로 추구해야 한다."는 말은 도대체 어떤 의미인가?

36) 니체 이전의 전통철학이라면 이를 하나의 '형이상학적 형식'이라 불렀을 것이다.

5. '도덕 비판' – 삶의 긍정, 욕망의 긍정

니체에 있어 **욕망의 긍정**이란 다름 아닌 **삶의 긍정**에서 따라 나오는 필연적이고도 자연스러운 귀결이다. 따라서 우리가 니체에 있어서의 '욕망의 긍정'이라는 주제를 이해하고자 한다면, 우리는 니체의 '삶의 긍정'이라는 테제를 먼저 이해해야 한다. 마찬가지로 니체의 '삶의 긍정'이란 그의 '세계의 긍정' 곧 '힘에 의지의 긍정'에서 따라 나오는 논리적 결과이다. 곧 "삶이 있는 곳에는 또한 의지가 있지만 삶에의 의지(Wille zum Leben)가 아니라 **힘에의 의지**가 있다."[37] 힘에의 의지는 무엇인가가 무엇인가를 의욕하는 행위이다. 모든 존재는 그것이 살아있다는 그 사실 자체로부터 무엇인가를 의욕할 수밖에 없다. 그리고 모든 의욕하는 행위 자체 안에는

37) Friedrich Nietzsche, *Sämtliche Werke (KSA) II*, Berlin, 1988, S. 372. 인용자 강조. 물론 심각한 판본학적 문제를 안고 있지만, 『힘에의 의지』의 마지막 구절은 이러한 관점을 잘 드러낸다. "이 세계는 힘에의 의지이고 – 그리고 그 이외의 아무 것도 아니다!"(Diese Welt ist der Wille zur Macht – und nichts au ß erdem!) 한편 나의 이 논문 초안이 발표되었던 학술대회의 논평자로 나선 임건태 박사는 힘에의 의지를 "힘들의 다수로 이루어진 우주와 세계를 표현하는 메타포라고 할 수 있으며 여기서 니체가 굳이 의지라는 용어를 사용한 의도는 힘은 항상 다른 힘에 작용하려는 경향을 지닐 수밖에 없음을 부각시키기 위해서"라고 말하고 있다. 논문의 교정과 수정에 임건태 박사의 지적에 크게 도움을 받았음을 이 자리에 명기해둔다.

어떠한 관점으로부터 그것을 의욕한다는 의미가 함축되어 있다. 이렇게 니체는 **관점주의**(Perspektivismus)에 입각하여 모든 것 곧 힘에의 의지를 바라본다. 그리고 이 세상에 존재하는 것들의 개수가 실로 무한하다는 사실에서 이 세상에 존재하는 관점 역시 무한할 수밖에 없다는 논리적 결론이 도출된다. 고정된 단 하나의 입점(Standpunkt)이란 없으며 오직 무한한 관점만이 존재할 뿐이다. 어떤 것이 지금 어떻게 보인다면 혹은 보여왔다면, 그 말은 논리적으로 그것이 **어떤 관점으로부터** 그렇게 보여져왔다는 말에 다름 아니다.

관점이 없는 앎, 지식이란 없다. 이 세계의 모든 지식과 앎은 예외 없이 늘 어떤 관점에서 바라본 지식이자 앎이다. 관점만이 앎을 가능케 한다. 이는 결국 이 세상에는 **관점**만이 남게 된다는 말에 다름 아니다. 이것이 니체의 관점주의이다.[38] 그리고 관점이란 필연적으로 **해석**을 낳는다. 결국 이제까지 이른바 '사실'이라고 불리어왔던 것은 사실상 '해석된 사실'에 불과하게 된다. 따라서 "사실이 아니라 해석(만)이 있을 뿐이며",[39] 마찬가지로 동일한 논리에 입각하여, "**도덕적 현상들은 존재하지 않는다. 단지 이 현상들에 대한 도덕적 해석이 있을 뿐이다.**"[40] 달리 말하면, 인간은 의욕하

---

38) 그리고 니체는 너무도 탁월하게도 자신의 관점마저도 하나의 관점에 불과함을 부정하지 않는다. 결국 이제까지 자신의 관점을 유일한 하나의 절대적 혹은 보편적 관점이라고 주장해왔던 모든 관점은 자신 스스로가 그저 단지 또 다른 하나의 관점임을 이해하지 못한 것에 불과하다. 이것이 이른바 '니체주의'가 불가능한 이유이며, 자기 관점의 상대성 혹은 상대적 보편성만을 기꺼이 인정하는 니체 이후의 '니체적 사상가들'이 보여주는 **인식론적 도덕성**의 근거이다. 푸코의 「니체, 계보학, 역사」(1971)는 이런 입장을 취하는 대표적인 글이다.

39) 프리드리히 니체, 『니체 전집 19. 유고(1885년 가을~1887년 가을)』, 이진우 옮김, 책세상, 2005, 7[60], 383쪽.

40) 같은 책, 2[165], 182쪽.

지 곧 욕망하지 않을 수 없으며, 욕망이란 다른 아닌 그 존재가 살아있다는 사실 자체에서 생겨나는 필연적 현상이다. 또한 관점주의의 논리에 의해 욕망에 관한 단 하나의 '올바른' 관점 혹은 해석이란 존재하지 않는다.[41] 마찬가지로 **도덕적 혹은 비도덕적 욕망**이란 존재하지 않으며, 오직 **욕망에 대한 도덕적 해석**만이 존재할 뿐이다. 그리고 인간 욕망의 도덕적 단죄, 욕망의 부정 혹은 억압, 한마디로 말해 **금욕주의적 이상**이라는 관점은 다름 아닌 또 하나의 관점 곧 '삶에 대한 총체적 부정'의 결과로서 생겨난 것이다. 이렇게 니체에게 있어서의 '삶의 긍정'이라는 테제는 바로 이러한 '삶의 부정'에 대한 비판에서 나오는 것이며, 이러한 비판은 단적으로 그의 기존 **도덕 비판**의 작업 속에서 수행된다. 왜냐하면 니체에게 있어 '도덕'이란 근본적으로 '삶을 단죄하고자 하는 것'이기 때문이다.[42] 이른바 '도덕'이란 대부분 삶에 대해 유해한 덕목들에 대한 찬미이다.[43]

니체가 자신의 1887년의 저작 『도덕의 계보－하나의 논박서』에서 수행하고 있는 것은 기본적으로 바로 이러한 금욕주의적 이상

---

41) 물론 저 유명한 니체의 "신은 죽었다."는 말은 바로 이러한 "절대적 관점이 부재한다."는 말의 다른 표현이다.

42) 특히 「도덕의 계보 – 하나의 논박서」(『니체전집 14. 선악의 저편 · 도덕의 계보』, 김정현 옮김, 책세상, 2002)를 보라.

43) 이러한 삶에 대한 부정은 니체에 따르면 고대 그리스의 소크라테스 혹은 플라톤 이후 생겨난 것이다. "플라톤 **대** 호메로스 : 이것이야말로 완전하고 진정한 적대관계이다–전자는 최선의 의지를 지닌 '저편 세계의 인간'이자 삶의 위대한 비방자이고, 후자는 아무 의도가 없는 삶의 숭배자이자 **황금의** 자연이다"(「도덕의 계보 – 하나의 논박서」, 『니체전집 14. 선악의 저편 · 도덕의 계보』, 제3논문 25, 529쪽); "14 [100] 진정한 *그리스 철학자들*은 소크라테스 이전 철학자들이다 : 소크라테스와 더불어 무언가가 변했다"(『니체전집 21. 유고(1888년 초~1889년 1월 초)』, 14[100], 92쪽). 한편 이러한 '병든' 관점은 **예수** 이후의 기독교와 결부되면서 수 천 년 동안 **서구 사회 전체**를 지배해왔으며, 그것의 가장 최근 형식이 **공리주의 · 사회주의 · 자유주의 · 자본주의** 및 **진보 · 역사** 등과 같은 **모든 근대적인 것들**이다. 바로 이러한 의미에서 니체의 '참다운' 철학은 늘 **'반시대적** 고찰'(*Unzeitgemässe* Betrachtungen)이자 **근대 비판**일 수밖에 없었다.

의 메커니즘 분석 · 비판이다. 이 책을 통해 니체가 수행하고자 하는 것은 '기존에 존재하는 **도덕적 가치 평가들 자체에 대한 비판적 평가**' 곧 '이제까지의 모든 가치들에 대한 전도'이다. 니체는 저서 전반을 통해 이제까지의 모든 도덕적 가치 평가 자체가 '삶에 대한 부정' 곧 니체의 표현을 따르면 '**병적인** 관점'에 기초한 것이었음을 밝힌다. 니체에게 있어 도덕과 그것의 모체이자 총체로서의 **문화**(Kultur)는 바로 이러한 관점에서 이해된다. "'인간'이라는 맹수를 온순하고 개화된 동물, 즉 **가축**으로 길들이는데 **모든 문화의 의미**가 있다는 것이 어찌 되었든 오늘날 진리로 믿어지고 있는데, 만일 이것이 진실이라면, 고귀한 종족과 그들의 이상을 결국 모욕하고 제압하게 된 저 반응 본능과 원한 본능은 모두 의심할 여지없이 본래의 **문화의 도구**라고 보아야만 할 것이다."[44]

문화와 도덕의 본질은 인간을 길들이는 것, 곧 자신의 건강한 욕망을 억압하고 그것을 병든 금욕주의적 이상(에의 욕망)에 합치시키는 데에 있다. 아니 소크라테스와 결합된 기독교는 아예 인간의 **모든 욕망 자체를 죄악으로** 규정하고 단죄한다. 이는 물론 유대 · 기독교에 의해 수행된 도덕에 있어서의 노예반란이 승리한 결과이며, 이제 인간은 '약속하고 책임지는 동물'이 되어 마치 그어진 선 안을 빙빙 도는 수탉처럼 스스로를 도덕의 틀 안에 묶어버렸다. 니체가 결국 수행하고자 하는 것은 다음과 같은 일련의 물음이다.

사람들은 도덕을 성실히 지키면 자신이 도덕적인 인간이 되고 혹은 최소한 부도덕한 인간이 되지 않고, 자신의 그러한 행동이 도덕적인 결과를 낳으리라 기대한다. 그러나 **만약 도덕 자체가 비도**

44) 니체, 「도덕의 계보 – 하나의 논박서」, 『니체전집 14. 선악의 저편 · 도덕의 계보』, 2002.

덕적인 것이라면? 도덕 자체가 삶의 부정에 입각해 있어 우리가 그것을 성실히 지킬수록 삶이 부정되고 우리들 자신이 병들게 된다면? 사람들은 **도덕이 부도덕한 것일 경우**를 상상치 못한다. 도덕은 그 자체로 도덕적인 것이며 그러한 도덕의 성실한 수행은 도덕적 결과를 낳으리라 기대한다. 그러나 도덕 그 자체가 부도덕한 것이며, 따라서 도덕의 성실한 수행이 부도덕한 비인간적인 결과를 낳는다면? 양심의 가책과 죄책감에 괴로워하는 사람은 자신을 괴롭히는 양심이 과연 양심적인 것인가, 그 양심이 과연 도덕적인 것인가, 그 양심이 과연 인간적인가를 묻지 못한다. 그러나 **양심의 가책 자체가 하나의 병이라면, 죄책감 자체가 하나의 비도덕적 현상이라면**? 니체에 따르면, 인간 욕망에 대한 도덕적 단죄 자체가 이 무의미한 세계에 의미를 주고자 하는 전도된 욕망, 곧 이 세계의 무의미에 대하여 '허무 자체를 의욕하고자 하는' 금욕주의의 결과이다. 니체는 **금욕주의**를 '무의미한 세계를 견디느니 차라리 허무 자체를 의욕함으로써 이 세계에 의미를 주고자 하는' **전도된 욕망**으로서 바라본다. 금욕주의는 이 세계에 의미를 주고자 하는 욕망의 전도된 역설적 표현이다.[45)]

이러한 질문들을 통해 니체가 수행하고자 하는 것은 단적으로 기존 도덕 비판이다. 자신에게 주어진 도덕과 양심의 가책, 죄책감을 아무런 인식론적·철학적 비판 없이 그대로 따르는 행위는 무지에 다름 아니다. 양심의 가책이란 이른바 니체가 말하는 **내면화 과정**, 곧 이러저러한 이유로 인해 가해자를 향해 밖으로 정당하고 건강하게 발산되지 못한 감정을 스스로의 내면에로 돌려 **자기 자**

45) 특히 「도덕의 계보」 중 제2 논문을 보라.

신을 처벌하는 병적인 현상에 다름 아니다.

> '양심의 가책'의 기원에 관한 나 자신의 가설 [...] 밖으로 발산되지 않은 모든 본능은 **안으로 향하게 된다.** – 이것이 내가 인간의 **내면화**라고 부르는 것이다: 이것으로 인해 후에 '영혼'이라고 불리는 것이 인간에게서 자라난다. [...] 오래된 자유의 본능에 대해 국가 조직이 스스로를 방어하기 위해 구축한 저 무서운 방어벽은 – 특히 형벌도 이러한 방어벽에 속한다 – 거칠고 자유롭게 방황하는 인간의 저 본능을 모두 거꾸로 돌려 **인간 자신을** 향하게 하는 일을 해냈다. 적의, 잔인함과 박해, 습격이나 변혁이나 파괴에 대한 쾌감 – 그러한 본능을 소유한 자에게서 이 모든 것이 스스로에게 방향을 돌리는 것, 이것이 '양심의 가책'의 기원이다. [...] 이와 더불어 인류가 오늘날까지 치유하지 못하고 있는 가장 크고도 무시무시한 병, 즉 **인간의 인간에 대한, 자기 자신에 대한** 고통이라는 병이 야기되었던 것이다 [...] 사실 그때 시작하여 결말의 전망이 전혀 보이지 않는 연극의 진가를 평가하기 위하여 신과 같은 관객이 필요했다.[46)]

이렇게 볼 때, 니체의 관점에서 본다면, **자신에게 주어진 도덕을 무비판적으로 따르거나 혹은 자신이 느끼는 양심의 가책을 아무런 비판적 관점 혹은 현재화 없이 받아들이는 행위**는 사실상 **부도덕한 행위**로 규정되어야 한다. 양심의 가책은 자신의 욕망을 따르려는 동기 혹은 그렇게 하여 행해진 행동에 대한 후회의 감정, 더 나아가 도덕적 책임추궁이다. 양심의 가책은 욕망을 단죄한다. 그러나 니체에 따르면, 나는 양심의 가책 자체에 대하여 '지금-여기서' 철학해야 한다. 이러한 도덕 비판 혹은 철학의 과정은 욕망을 긍정한다. 한편, 이런 면에서, 잘 알려져 있지는 않지만 니체의 『유고』에서 보이는 다음과 같은 단편은 현대 도덕철학 및 윤리학에 혁명을 가져올 수 있는 핵심적 주장으로서 기억될 가치가 있다.

46) 「도덕의 계보 – 하나의 논박서」, 제2논문 16, 430–431쪽.

> **나의 주장**: 도덕적 가치 평가 자체를 비판해야 한다는 것. 도덕적 감정-충동을 "왜?"라고 물음으로써 저지해야 한다는 것. "왜?"와 도덕 비판에 대한 이 열망은 바로 정직의 고상한 감각으로서 우리가 **지금** 갖고 있는 **도덕성의 형식 자체**라는 것. 우리의 정직, 즉 우리를 기만하지 않으려는 의지는 스스로 그렇다는 것을 입증해야 한다는 것: "왜 안 되지?" -어떤 법정 앞에서?- 기만당하지 않으려는 의지는 다른 기원을 가지고 있다. 정복과 착취에 대한 주의, 삶의 정당 방어 본능. // 이것이 너희에 대한 나의 요구다 - 그 요구들은 너희 귀에 들리지 않을 수도 있다 -: 너희가 도덕적 평가 자체를 비판해야 한다는 것. 너희가 여기서 비판이 아닌 예속을 요구하는 도덕적 감정-충동을 "왜 예속을?"이라는 질문으로 저지해야 한다는 것. 너희가 "왜?"와 도덕 비판에 대한 이러한 열망을 지금 너희가 갖고 있는 도덕성의 형식 자체라고 보아야 한다는 것. 너희가 너희 시대를 명예롭게 만드는 가장 고상한 정직의 형식이라고 보아야 한다는 것.[47]

이러한 주장의 핵심에는 다름 아닌 네게 주어지는 기존의 모든 도덕적 주장과 정서에 대하여 **왜를 물어라, 스스로 근거를 따져가며 생각해라**, 곧 간단히 말해 "**철학하라!**"는 단 하나의 주장이 놓여 있다. 니체의 모든 철학에는 자신이 속한 문명에 대한 **자기비판**으로서의 문명비판, 근대 비판이라는 요소가 숨겨져 있다. 니체는 소크라테스와 예수에 의해 주조된 문명 안에 태어난 서구인으로서 최후의 심판이 아닌 자기 이성의 법정을 스스로 만들어나가라고 우리에게 명령한다. **주어진 도덕에 대하여 끊임없이 왜를 묻는 행위 자체**, 이것이 다름 아닌 '**도덕성의 최근의 형식**'이며, 다름 아닌 나의 욕망의 긍정을 전제로 하는 행위이다.[48] 이런 관점에서 볼 때, 위에서 말한 이른바 '도덕성의 최근 형식'이란 다름 아닌 생의 부

---

47) 『유고(1885년 가을~1887년 가을)』, 2[191], 197-198쪽.

48) 그리고 바로 이렇게 삶과 도덕에 대하여 주어진 정답이 없다는 것이야말로 니체가 말하는 "신은 죽었다"라는 말의 의미가 될 수 있을 것이다. 니체의 철학 전체를 서구인의 자기 문명 비판으로서 읽을 때, 니체의 이러한 언명은 우리에게는 어느 19세기 조선 지식인이 발하는 "군자는 죽었다!", "성인은 죽었다!" 혹은 "부처는 죽었다!"와 같은 명제의 의미로 이해되어야 한다고 본다.

정에 입각한 금욕주의의 다양한 모습들에 대하여 철학적 물음을 던지는 것이며, 그러한 기존 도덕에 대한 질문 행위와 그에 따라 새롭게 자신의 도덕적 준거를 설립하는 행위, 자신의 욕망에 대한 긍정의 행위가 된다. 그리고 이러한 과정은 무한히 반복된다. 니체의 도덕 비판이란 다름 아닌 삶의 긍정에 입각한 행위이며, 삶의 긍정이란 바로 그 **유기체**가 하나의 **생명체**로서 가질 수밖에 없는 **욕망에 대한 긍정**이다.

6. 운명에 대한 사랑(Amor fati) – “네가 할 수밖에 없는 것을 해라!”

니체의 이러한 삶과 욕망에 대한 글자 그대로의 전적인 ‘존재론적’ 긍정을 잘 드러내주는 개념은 아마도 **운명에 대한 사랑**(amor fati)일 것이다. 운명애는 ‘같은 것의 영원히 되돌아옴’이라는 니체의 사상과 연결되면서 니체 철학의 한 정점을 구성한다.[49] 운명애는 ‘낙타-사자-어린아이’ 곧 긍정하며 창조하는 **위버멘쉬**의 개념과 맞물리면서 ‘긍정에로의 새로운 길’(ein neuer Weg zum Ja)[50]을 우리 앞에 드러내준다. 기존의 억압적 도덕이 항상 무엇인가를 “**하지 말라!**”는 부정의 형식 아래 울려 퍼지는 것과는 반대로, 삶에의 전적인 긍정으로 표상되는 운명에 대한 사랑은 “**이 세계와 자기 자신의 오늘을 긍정하라!**”는 긍정의 형식 아래 울려 퍼진다. “나는 그 어느 것도 다른 식이기를 바라지 않으며, 되돌리기도 바라지 않는다 – 나는 그 어떤 것도 달리는 원할 수가 없다 ...... 운명애 Amor fati ...... 그리스도교마저 필수적이 된다: 최고의 형식, 그 가장 위

49) 물론 이때의 ‘같은 것’이란 사실상 **생성하는 것** 곧 **다른 것**으로서 이해되어야만 한다.

50) Friedrich Nietzsche, *Sämtliche Werke (KSA) III*, Berlin, 1988, S. 834.

험한 형식, 삶에 대한 부정 안에 있는 가장 유혹적인 형식이 비로소 자신의 최고의 긍정에 도전한다-"[51] 니체 스스로가 불구대천의 적으로 간주했던 그리스도교마저도 긍정하게 만드는 이러한 긍정, 존재하는 모든 것에 대한 이러한 긍정은 결국 생성하고 생성되는 모든 것에 대한 긍정이며, 그러한 전면적인 긍정을 통해 또 다시 생성되는 나 자신을 포함한 **이 세계 전체에 대한 생성론적 긍정**이다. 그리고 바로 살아있는 유기체이자 생명체로서의 내가 갖는 나의 욕망 또한 이렇게 끊임없이 생성하고 변화한다. 무한히 생성하고 무한히 사라지는 나의 욕망의 생성소멸에 나 자신을 맡기고, 나와 욕망과 세계가 생겨나고 사라지는 것을 받아들이는 것, 그것이 니체가 말한 욕망과 삶의 긍정이며, 그것은 궁극적으로 **욕망의 긍정을 통한 자기 존재의 생성적 구축**에 다름 아니다.[52] 니체의 운명에 대한 사랑은 "~을 하지마라!"라는 욕망의 부정에 기초 소크라테스적 다이모니온이 아니며, 오히려 그것은 "너 자신과 이 세계를 있는 그대로 **긍정하라**!",[53] 더 나아가 "네가 하고 싶은 것, 혹은 네가 하지 않으려 해도 하지 않을 수 없는 무엇인가를, 또 혹은 네가 할 수밖에 없는 것을 **더욱 더 하라**!"는 개체적 욕망의 전적인 긍정에 기초하고 있다. 이렇게 니체적 생과 욕망의 긍정은 나 자신과 세계를 스스로 만들어가는 **생성론적 긍정**이자 **상호적 창조**이다.

---

51) 『니체전집 21. 유고(1888년 초~1889년 1월 초)』, 25[7] 5, 558쪽.

52) 이는 이후 20세기 중후반 들어 푸코에 의해 **자기의 테크놀로지 · 주체화 · 문제화** 등의 개념으로 구체화된 가능성이다. 푸코의 『성의 역사』(1-3권, 1976-1984)을 보라.

53) 앞의 각주에서도 밝힌 것처럼 물론 이때의 '있는 그대로'란 '생성적으로 만들어져 가는 혹은 파괴되어 가는 그대로'라는 구체적 시공간 속의 구성적 의미를 갖는다.

7. 나가면서 – 욕망과 문화를 바라보는 두 가지 관점

프로이트와 니체가 욕망 혹은 문화와 반드시 상반되는 관점을 가지고 있다고 상정할 필요는 없을 것이다. 그럼에도 불구하고 두 사상가가 인간의 본원적인 욕망과 그것을 바라보는 문화를 대하는 방식 사이에는 일정한 대립점이 존재한다. 아래에서는 글을 마치면서 욕망 및 문화를 바라보는 두 사상가의 방식에서 나타나는 공통점 및 차이점을 대략적으로 정리해보고, 이에 입각하여 이들의 이론이 오늘 우리가 욕망을 바라보는 관점에 어떠한 의미를 가질 수 있는지에 대하여 간략하게 논하고자 한다.

첫째, 두 사상가는 모두 자신의 동시대 문명에 대한 비판적 관점을 유지하고 있는 **문명비판가들**로서 자리매김 될 수 있다. 물론 자신의 정신분석 이론이 갖는 보편적이고도 과학적 특성을 강조하는 프로이트는 자신의 본능 혹은 욕동 이론이 고정되어 있으며 '시간과 공간에 구애받지 않는' **인류의 본성 자체**에 뿌리박고 있다는 관점을 취하고 있으며, 따라서 그의 동시대 비판은 그저 자신의 동시대에 구체적으로 극대화되어 나타난 인간 본성의 부정적 측면에 대한 비판이며, '힘에의 의지'로서 표상되는 세계와 인식의 생성적 본질에 기초한 니체의 경우에는 이것이 소크라테스 혹은 플라톤 이래로 이어져온 세계와 인식에 대한 잘못된 이해가 동시대적 형식으로 표현된 것을 비판하는 것이지만, 양자는 공히 자신의 동시대에 대해 비판적 관점을 취하고 있다.

둘째, 이와 연관되는 것으로서, 이미 지적한 것처럼, 프로이트의 개념은 그 근본에서 과학적인 것이며, 니체의 개념은 철학적인 것이다. 프로이트의 에로스적 욕동 개념은 비록 시기적으로 그 강조점의 차이가 있을지언정 근본적으로 철저히 생물학·생리학적인 것이며, 니체의 욕동과 무의식의 개념은 근본적으로 형이상학적인 것 곧 생성론적인 것이다. 가령 다음과 같은 니체의 문장은 어떤 의미에서는 이미 니체가 프로이트의 **리비도=에로스** 이론을 선취하고 있었음을 말해준다고도 해석될 수 있을 것이다. "예술적 잉태에서 방출되는 힘과 성교에서 방출되는 힘은 동일한 것이다: 오로지 한 종류의 힘만이 존재한다."[54] 하지만 니체의 이러한 통찰은 어떤 가설과 실험, 검증 혹은 반증을 통해 구성된 과학적 명제가 아닌, 다만 이전 시기 어느 철학자의 일관된 세계관에 입각하여 논리적으로 구성된 하나의 철학적 명제이다. 이런 면에서 프로이트의 정신분석은 자신의 이전 시대에 존재했던 니체적 **예술생리학**(Physiologie der Kunst)의 과학적 '구현'으로도 혹은 '축소'로도 읽힐 수 있다.[55] 프로이트의

54) 니체, 『니체전집 21. 유고(1888년 초~1889년 1월 초)』, 23[2], 504쪽. 다음의 문장 역시 니체가 늘 과거와 '원초적 장면'(primal scene)에로 향하려는 경향을 갖는 프로이트적 정신분석에 대한 비판을 선취한 것으로도 읽힐 수 있을 것이다. "앞을 보라! 뒤돌라보지 말라! 늘 근거들로 향하면 몰락한다"(니체, 『니체전집 21. 유고(1888년 초~1889년 1월 초)』, 20[73], 451쪽).

'정신분석'과 니체의 '예술생리학'이라는 두 개의 개념은 과학과 철학의 공통점만큼이나 다양한 차이점들을 드러내주는 두 개의 전혀 다른 개념들이다.

셋째, 두 사상가 모두 다만 암시적이고 암묵적인 형태로만 전제하고 있을 따름이지만, 그럼에도 불구하고, 프로이트와 니체는 모두 서양 사상의 이른바 '보편적' 특성을 부정하지 않는다. 물론 고대 희랍 비극에 보이는 오이디푸스 신화라는 문화적 특수성을 이른바 '동물 혹은 야만과 인류 혹은 문명'을 가르는 보편적 타부에로까지 승격시키고 있는 프로이트의 경우에는 이러한 점이 자신이 의지하는 정신분석 이론의 보편적 과학성의 개념과 얽히면서 더욱 극대화된다. 프로이트에게 있어, 세계의 현상에 대한 유일한 보편적 관점으로서의 **과학성**(scientificity)이란 사실상 절대적인 것이며 단적으로 말해 '진리'에 다름 아니다. 그리고 이러한 과학성이란 사실상 이른바 뉴튼 이래의 이른바 **근대 서양 과학 혁명**(modern western scientific revolution)의 전통만을 배타적으로 지칭하는 것이다. 프로이트에게 '서양과학이 아니면서 사이비 과학도 아닌 또 다른 보편 과학'이란 처음부터 존재할 수 없는 것이다. 과학은 그저 서양 과학의 줄임말이다. 니체의 경우, 만약 그의 힘에의 의지 이론이 옳다면, 바로 그 이론에 의해, 지금 유일 보편 과학으로 스스로를 지칭하고 있는 서양 과학은 단지 가능한 무수한 과학의 형식들 중 단 하나의 형식에 불과하게 된다. 하지만 이러한 원론적인 혹은 이론적인 수준을 떠나 니체 자신이 현재 남겨져 있는 저술을 통해 비서

55) 물론 이러한 표현이 프로이트가 니체의 '직접적 영향 아래' 자신의 정신분석을 창시했다고 말하는 것은 아니며, 이러한 표현은 다만 '광의의 시대정신'이라는 측면에서 기술된 것이다.

양 과학 혹은 학문의 가능성을 긍정적으로 언급한 부분은 존재하지 않으며, 현재 남아 있는 니체의 저술에 등장하는 불교, 도가, 유가 등의 동아시아 혹은 비서양 사상 혹은 그러한 전통의 고전들에 대해 니체는 예외 없이 비판적 관점을 유지하고 있다.

넷째, 욕망 혹은 욕동의 문제와 관련하여 양자는 공히 이를 넘어서는 새로운 인간과 문명의 도래에 대한 희망을 피력하고 있다. 양자는 모두 개인과 사회에 대하여 '병든' 상태에 대한 '건강한' 상태를 상정하고 있으며, 당연한 말이지만, 명백히 건강한 상태를 지향하고 있다. 프로이트의 경우, 스스로는 욕망 혹은 욕동의 적절한 충족을 통한 병든 사회와 병든 인간의 극복, 곧 건강한 인간과 사회를 말하고 있지만,[56] 이미 밝힌 바대로, 그러한 프로이트의 희망은 그의 정신분석이 전제하는 이론 구조 자체의 모순으로 말미암아 실패할 수밖에 없는 기획이라 생각된다. 프로이트의 이론에 따르면, 문명이 발전할수록 인간은 자신의 성적 욕동과 공격성을 필연적으로 더욱 더 억압할 수밖에 없기 때문이다. 한편, 니체의 경우, 니체는 잘 알려진 것처럼 위버멘쉬의 개념 및 『차라투스트라는 이렇게 말했다』 중 「세 가지 변화에 대하여」에 등장하는 낙타-사자-어린아이의 비유에서 잘 드러나는 바와 같이,[57] 미래의 주권적 개인은 자신의 욕망을 스스로 지배하고 조절하는 자이며, 이를 위해 개인은 고된 자기 단련과 훈육을 통해 스스로를 만들어가야 한다. 이렇게 스스로가 스스로에게 부과한 훈육과 규율을 실천해 나가는

56) 에리히 프롬(Erich Fromm, 1900–1980)의 저작 『건전한 사회』(*Sane Society*, 1955)는 바로 이러한 프로이트의 기획을 잇는 현대 정신분석의 시도이다.

57) 프리드리히 니체, 『전집 13. 차라투스트라는 이렇게 말했다』, 정동호 옮김, 책세상, 2000.

자 곧 미래의 주권적 개인은 자신에게 주어진 기존의 도덕과 문명을 비판하고 이를 극복해나가는 자, 달리 말해 새로운 문명의 창조자에 다름 아니다. 니체는 '기존의 도덕과 문명에 대해 아무런 비판적 의식 없이 이를 지키는' 낙타를 넘어, 그리고 '기존의 도덕과 문명을 철저히 부정하고 파괴하는' 사자를 넘어, '스스로를 창조하고 자신의 도덕과 문명을 만들어내는 존재'로서의 어린아이를 제시한다. 그리고 이 어린아이는 바로 세계와 욕망에 대해 긍정하는 자에 다름 아니다.

이미 서두에서 밝힌 것처럼, 프로이트와 니체는 그 공통점만큼이나 다양한 차이점을 가지고 있는 사상가들이며 그들의 입장에 대해서는 다양한 관계 설정이 가능할 것이다. 나는 이 논문을 통하여 프로이트의 입장은 근원적으로 욕망에 대한 부정적 관점을 벗어나지 못하고 있음을 밝히고자 하였다. 프로이트의 문화는 인간이 스스로의 욕망을 건강한 상태로 조절・유지하고자 고안된 것이지만, 그의 문화는 그러한 상태를 넘어서는 만성적인 과잉 억압의 상태에 빠지게 된다.[58] 문명에 의한 만성적 불만족의 상태는 인간이 사회를 이루고 살기 위해 지불해야만 하는 하나의 필연적인 대가이다. 니체 역시 궁극적으로 인간이 문화를 벗어날 수 없음을 잘 알고 있었다. 문화를 벗어나 자연으로 돌아가려는 인간의 시도조차 하나의 인위(人爲, the artificial) 곧 문화이자 문명이다. 니체에 의하면 인간에게 남겨진 유일한 길은 기존의 문화와 도덕을 맹종하거나 자연으로 돌아가는 것이 아니라, 오히려 더 앞으로 나아가 새

58) 잘 알려진 것처럼, 『에로스와 문명』(*Eros and civilization*, 1955) 등에서 나타나는 헤르베르트 마르쿠제(Herbert Marcuse, 1898–1979)의 이론은 바로 이런 만성적인 과잉 억압(Surplus repression)의 원인을 관료주의적 자본주의에서 찾고자 하는 시도이다.

로운 인간과 문화를 창조하는 것이다. 그리고 그러한 창조자로서의 인간이 바로 세계를 긍정하는 자이자 창조하는 자로서의 어린아이이다. 이 어린아이 혹은 위버멘쉬는 자신의 욕망을 단죄하는 양심의 가책에 대하여 철학하여 그것을 물리치는 존재이자, 자신의 욕망을 절대적으로 긍정하는 존재, 자신을 단련시키고 훈육시키며 그리하여 병들지 않은 건강한 새로운 자기 자신과 문명을 창조하는 생성적 존재이다.[59] 결론적으로, 니체에 따르면, 자신의 욕망을 부정하고 있는 자는 여전히 자신의 존재를 부정하고 있는 자이다. 전반성적 단계의 낙타를 넘어, 그리고 기존의 도덕을 비판하고 전통적 가치를 파괴하는 사자를 넘어, 어린아이 혹은 위버멘쉬의 단계에 이른 주권적 개인은 자신의 욕망 곧 자신의 존재를 긍정해야 한다. 그리고 이러한 세계와 자신 그리고 **욕망**에 대한 전적인 긍정은 다름 아닌 '힘에의 의지'로서의 세계와 인식의 **생성론적** 성격에 대한 철저한 이해에서만 나온다.

---

59) 물론, 니체의 입장 역시 일정한 **문제점**을 가지고 있다. 니체는 이러한 주장을 "범죄자는 자신의 범죄를 긍정할 만큼 위대하지 못하다."라는 식의 극단적인 형식에로까지 밀고 나아가고 있기 때문이다. 물론 이러한 발언이 단지 일종의 '과장된 수사학'에 불과한 표현이라고 치부할 수도 있겠지만, 우리가 니체의 텍스트들을 차분하게 검토해본다면 문제는 그리 단순하지 않으며, 오히려 니체가 – 우리에게는 '부당한 것'으로 보이는 – 특히 니체가 말하는 '강자'에 의한 이러한 타인에 대한 착취와 점유에 대하여 과연 부정적인 입장을 취하고 있는지 의심스럽다. 그러나 우리는 비록 어떤 이가 실제로 니체적 의미의 '위버멘쉬'라 하더라도 그가 어떤 타인에 대해서 도덕적으로 '우월적인' 지위를 갖는다고는 인정하기 어렵다. 우리는 그가 누구이든 가령 타인의 물건을 부당하게 빼앗는 착취 혹은 갈취로서의 범죄마저도 그가 위버멘쉬라는 이유로 긍정할 수는 없다. 니체의 이러한 입장은 물론 윤리적으로 정당화하기 어려운 주장이며, 우리는 이에 대해 가령 '최소한 남에게 피해가 되지 않는 한도 내에서'와 같은 일정한 **윤리적 제한**을 두고 싶은 충동을 느낄 것이다. 단적으로 이는 이른바 '사회적으로 건강한' 욕망과 '그렇지 못한' 욕망의 구분을 가능케 하는 **메타적인 윤리적 기준**의 존재에 관한 문제이다. 이는 물론 광의의 실존주의 윤리 일반에 관련된 문제로서 매우 복잡한 윤리적 및 사회・정치철학적 '난점들'을 불러일으키는데, 나 개인적으로는 니체 사상 자체 내에는 그러한 단서에 기준을 제공해 줄 수 있는 윤리적 기준이 **부재**한다고 본다. 니체의 사상 내에서 근현대의 공리주의・의무론 혹은 현대 롤즈(John Rawls, 1921–2002)의 정의론에서와 같은 규제적인(prescriptive) 철학적 제한 개념을 찾아내고 거기에 타당한 철학적 정당성을 부여하기란 **어려운 일**이라 생각된다.

참고문헌

Ⅰ. 니체

1) 책세상 『니체 전집』(21권)
2) 청하 『니체 전집』(12권)
3) 니체 관련

정동호 외, 『오늘 우리는 왜 니체를 읽는가』, 책세상, 2006.
질 들뢰즈, 『니체와 철학』, 이경신 옮김, 민음사, 1998.
질 들뢰즈, 『들뢰즈의 니체』, 박찬국 옮김, 철학과 현실사, 2007.
피에르 클로소프스키, 『니체와 악순환. 영원회귀의 체험에 대하여』, 조성천 옮김, 그린비, 2009.

Ⅱ. 프로이트 · 정신분석

1) 열린책들 『프로이트 전집』(별권 2권 포함, 총 17권)
2) 정신분석 관련

김석, 『프로이트 & 라캉. 무의식에로의 초대』, 김영사, 2010.
데이비드 메이시, 『라캉 이론의 신화와 진실. 콘텍스트로 라캉 읽기』, 허경 옮김, 민음사, 2001.
딜런 에반스, 『라캉 정신분석 사전』, 김종주 외 옮김, 인간사랑, 1998.
스튜어트 슈나이더맨, 『자크 라캉, 지적 영웅의 죽음』, 허경 옮김, 인간사랑, 1997.
장 라플랑슈 · 장 베르트랑 퐁탈리스 지음, 다니엘 라가슈 감수, 『정신분석사전』, 임진수 옮김, 열린책들, 2005; Jean Laplanche et J.-B. Pontalis, Vocabulaire de la Psychanalyse, P.U.F., 1967.

Ⅲ. 그 외

강영계, 『니체와 정신분석』, 서광사, 2003.
이창재, 『정신분석과 철학』, 학지사, 2005.
윌리엄 B. 어빈, 『욕망의 발견. 우리가 원하는 것을 우리는 왜 원하는가』, 윤희기 옮김, 까치, 2008.
토머스 루이스 외, 『사랑을 위한 과학』, 김한영 옮김, 사이언스 북스, 2001.
Didier, Julia, *Dictionnaire de la philosophie*, Larousse, 1984.

인륜성의 실현으로서 욕망의 변증법
-헤겔 철학에서 인륜성과 욕망의 관계-*

소병일

* 이 논문은 2008년 정부(교육과학기술부)의 재원으로 한국학술진흥재단의 지원을 받아 수행된 연구임 (KRF-2008-411-J04401).

1. 들어가며

인륜성은 헤겔 철학의 핵심적 주제 중 하나였으며, 헤겔 후대의 많은 철학자들에 의해 연구된 바 있다. 본 논문은 기존의 연구에서 잘 다루지 않았던 '욕망(Begierde)'[1]을 중심으로 헤겔이 추구했던 '인륜성(Sittlichkeit)'의 의미를 재검토하고자 한다.

헤겔의 '인륜성'은 그가 살던 당시의 사회적 문제를 해결하기 위한 윤리・정치・사회 철학적 지향성이다. 그것은 단순하게 말하면 '개인이 그 사회생활의 총체와 자신을 동일시하는 것'[2]이며, 고립된 개인들의 산술적 집합이 아닌, 각 개인의 삶이 보여주는 역동성을 담보할 수 있는 실질적인 조화의 상태를 의미한다.[3] 이러한 인

1) 욕망으로 번역될 수 있는 헤겔의 용어는 Begierde, Bedürfniss, Trieb 등이 있다. 이 글에서 욕망을 Begierde의 번역어로 사용할 것이다. 헤겔은 욕망(Begierde) 개념을 예나 시기 충동(Trieb), 욕구(Bedürfniss) 개념과 혼동하여 사용하지만, 『정신현상학』 이후 대체로 욕망을 동물적인 것과 대비되는 '인간적인' 본성으로, 충동을 '형이상학적인 욕구'로, 욕구를 '노동을 매개로 하는 욕망'의 의미로 사용한다. 헤겔의 개념 사용과 그 변화에 관해서는 소병일, 『헤겔의 욕망론』, 고려대학교, 2008. pp.61-74, 142-146 참조.

2) 슬로모 아비네리/김장권, 『헤겔의 정치사상』, 한벗, 1988, pp.128.

3) 예나 시기부터 헤겔은 사회계약론과 칸트주의적 윤리학을 넘어설 수 있는 윤리적 지향성으로 인륜성을 제시했다. 특히 예나 시기의 경우 헤겔의 인륜성 개념은 '고대 그리스적인 정치철학'과 '국민경제학'을 통합한 것이라고 볼 수 있다. 예나 시기 헤겔의 인륜성 개념에 관한 정치철학적 연구는 악셀 호네트/문

륜성은 욕망을 중심으로 이해할 경우, 욕망으로 대변되는 개인의 개별성을 어떻게 사회적으로 지양할 수 있느냐의 물음으로 바꿀 수 있을 것이다.

철학사적으로 욕망과 그 사회적 지양에 관한 이해 방식은 크게 두 가지로 구분할 수 있을 것이다. 우선 욕망을 파괴적이고 제어하기 힘든 자연적 충동 혹은 동물적인 욕구와 동일한 것으로 파악하는 입장이다. 이러한 입장은 일반적으로 욕망을 어떠한 방식으로든 억제할 때만 형식적인 차원에서나마 사회적 관계에 들어설 수 있다는 입장을 취한다. 반면 두 번째로 욕망을 긍정적으로 수용하려는 입장이 있다. 이 경우 욕망은 주요한 삶의 동력으로 포섭되면서, 그것에 의해 발생하는 대립과 갈등과 같은 부정적 성격은 정신과 삶이 실현되는 계기가 된다.

헤겔은 욕망에 관한 두 가지 입장을 비판적으로 통합했다고, 특히 근대철학에 집중할 경우, 홉스와 스피노자, 피히테의 욕망 개념과 그 의미를 재구성했다고 볼 수 있다.[4)] 헤겔은 욕망을 자기중심적이고 대립과 갈등을 유발하는 인간의 본성이자, 동시에 타인을 인정할 수 있는 계기로, 나아가 인간의 의식과 사회적 관계를 발전시킬 수 있는 동력으로 파악한다. 여기서 욕망은 구체적인 삶의 역동성이자 인륜성의 현실적 원리를 의미하게 된다.

본 논문에서는 헤겔 철학에서 인륜성과 욕망의 관계를 다루기 위해, 후기의 저작들보다 상대적으로 이에 관한 기초적인 문제의식

성훈, 이현재, 『인정투쟁』, 동녘, 1996, P. 34 이하; Ludwig Siep, "The contemporary relevance of Hegel's practical philosophy", *Hegel New Directions*, McGill-Queen's Univ. Press, 2006, p.144 참조.

4) 헤겔의 욕망 개념의 철학사적 의미에 관해서는, 소병일, op. cit., pp.20-39 참조.

과 풍부한 논거들을 제시하는 예나 시기 단편들과 『정신현상학』에 주목하고자 한다.[5)]

---

5) 헤겔의 인륜성에 관한 제도, 사회, 정치철학적인 더 심화된 논의는 그의 말기 저작인 『법철학』에서 찾을 수 있다. 이에 관한 국내외 연구는 많기에 본 논문에서는 욕망의 문제에 집중하고자 한다. 또한 『법철학』은 예나 시기 단편들이나 『정신현상학』에 제기된 욕망에 관한 풍부한 문제의식들을 사상하거나 일반화시킨 형태로 전제하고 있기 때문에 논의에서 제외해도 무리가 없을 것이다.

2. 인륜성의 토대 – 욕망, 노동, 소유

인륜성은 그 자신의 고유한 학적인 체계가 완성되지 않은 청년기부터 헤겔의 주요한 주제였다. 특히 『인륜성의 체계』나 체계 기획과 관련된 단편들에서 헤겔은 어떻게 개인들이 인륜성이라는 보편적 질서를 자신들에게 내재화시키고, 그 질서 속에서 자신의 고유성을 전개할 수 있는지, 즉 개인과 사회의 실질적인 조화의 가능성에 대해 탐구한다. 결론부터 말하자면 헤겔은 그 근거를 '인정(Anerkennung)'이라는 상호주관성의 원리에서 찾는다.[6] 이때 인정은 단순히 타자를 존중해야 한다는 순수한 당위적 태도와는 거리가 멀다. 그는 '인정'을 개인들이 추구해야 할 주관적인 지향성을 넘어 구체적인 삶을 통해 객관적으로 구조화되는 것으로 파악한다. 특히 인륜성은 욕망으로 대변되는 근대적 개인의 삶과 밀접한 연관을 맺는데, 이러한 인륜성의 문제는 다음과 같은 욕망에 관한 물

6) 예나 시기 헤겔의 인정 개념은 오래 전부터 국내에서 활발히 연구되었다. 대표적인 논의로는 윤병태, 「산다는 것의 인륜적 구조–예나 시기 헤겔을 사로잡은 문제」, 『헤겔연구』 제5호, 1994; 김준수, 「헤겔의 승인이론–예나 중기 정신철학적 초고들을 중심으로」, 『철학연구』 제51집, 2000; 이종철, 「예나 시기 헤겔의 '인륜성'에 관한 연구」, 『사회와 철학』 제18호, 2009 참조.

음으로 전환할 수 있다. 자신의 욕망을 충족시키려는 개인들이 어떻게 대립과 분열에서 벗어나 공동체 속에서 조화를 이룰 수 있는가?

헤겔의 인륜성은 욕망을 중심으로 보자면 개인의 욕망과 이성이 혹은 인간의 자연적 본능과 사회적 관계가 대립하지 않는 상태를 의미한다. 그는 이러한 인륜성의 근거인 인정을 인간의 본성인 욕망과 그 충족 과정에서 찾는다.[7] 인간의 욕망은 노동과 소유를 통해서만 실현되는 것이고, 그 노동과 소유의 과정 자체가 바로 상호인정의 구조를 함축하기 때문이다.[8] 이는 욕망을 자기중심적이며 파괴적인 것으로 간주하면서 욕망을 제어하거나 제거해야 한다고 주장하는 전통적인 이성중심주의적 입장과 헤겔 철학의 차이를 보여준다. 그렇다면 어떻게 욕망과 노동, 그리고 소유로부터 인륜성의 기본 원리를 도출될 수 있는가?

헤겔은 욕망을 노동의 과정을 거쳐야만 해소될 수 있는 인간의 고유한 욕구라고 규정한다.[9] 동물이 자연을 직접적으로 먹어 없앰으로써 생존을 유지한다면, 인간은 노동을 통해서만 생존을 유지한다. 헤겔에 따르면 노동은 욕망의 발생 원인이자 충족과정이다. 이때 노동은 대상을 '없앰(Vernichten)'으로써 주체와 객체의 통일을

7) 정확히 말하면 예나 시기 헤겔의 인륜성 개념은 형이상학적인 성격이 강한 충동(Trieb)과 밀접한 연관이 있다. 그에 따르면 생존의 과정은 자연과 나, 타인과 나 사이의 분열과 대립을 겪는 과정이지만, 인간에게는 분리 상태를 넘어서려는 충동이 존재하기에 인정으로 나아갈 수 있다. 이에 관해서는 소병일, 「예나 시기 헤겔의 욕망과 인정 개념-피히테와 헤겔의 차이를 중심으로-」, 『철학』 98집, 한국철학회, 2009, p.139이하 참조. 그러나 충동의 실현태가 욕망이라고 할 때 욕망의 운동을 통해 인륜성을 추론한다고 해석해도 큰 무리가 없을 것이다.

8) 프랑크푸르트 시기 헤겔은 인륜성의 근거로서 사랑을 강조한다. 이후 헤겔은 사랑에 관한 논의를 욕망의 구조로 포섭하면서 핵심적인 주제로 다루지 않는다. 헤겔의 청년기 사랑 개념과 예나 시기 인정 개념의 관계에 관해서는 소병일, 「사랑에서 인정으로-청년기 헤겔의 사랑 개념과 예나 시기 인정 개념의 실천철학적 여관성에 관하여」, 『인문과학연구』 제20집, 2009 참조.

9) Hegel, "System der Sittlichkeit", *Gesammelte Werke*, Band 5, Hamburg/M, 1975, S.282. 이하 SdS 약칭.

이루는 것이며, 향유하는 것이다. 헤겔의 입장에서 보자면 인간에겐 직접적으로 자신의 욕망을 실현시키는 동물적인 자연상태란 존재하지 않는다. 인간의 기본적인 생존과정은 동물과 달리 노동이라는 매개를 거칠 수밖에 없기 때문이다. 그리고 이러한 노동의 과정은 필연적으로 관념이 형성되는 과정이기도 하다. 노동과정에서 동물과 다른 인간 욕망의 고유한 특성이 드러난다.[10] 기존의 이성중심주의 철학이 욕망을 동물적 본능이자, 주관적인 심적 상태라고 고려했다면 헤겔은 욕망이 노동과 소유와 같은 매개 과정을 통해서만 충족될 수 있다는 사실에 주목한다.

특히 노동은 헤겔의 인륜성에서 빼놓을 수 없는 필수적인 요소를 이룬다. 헤겔의 노동 개념의 중요성과 이에 관한 연구는 이미 많이 진행되었기에 욕망과 관련된 그 핵심적인 의미만 검토하자면, 노동은 욕망을 충족시키는 과정을 넘어 보편적 의식의 발전이며, 그 결과를 한 개인의 삶 속에서 내재화시키는 과정을 함축한다.[11] 노동도구에 대한 헤겔의 분석은 어떻게 개인적 욕망이 노동을 통해 주관적이고 개별적인 성격에서 벗어날 수 있는가를 보여준다.

> 욕망하는 자와 욕망되는 대상은 개별자들로서만 존립하다가 사라지고 말지만, (노동)도구는 전통 속에서 계속 증식된다.[12]

---

10) 헤겔에게 욕망과 노동은 하나의 개념쌍을 이룬다. 이는 그가 노동을 '억제된 욕망(gehemmte Begierde)'이라고 규정할 때 잘 나타난다. Hegel, Phänomenologie des Geistes, *Gesammelte Werke*, Band 9, Hamburg/M, 1980, S. 149 참조. 이하 PhG로 약칭.

11) 대표적으로 리델(Manfred Riedel)의 경우, 헤겔이 노동 개념을 통해 근대의 이원적 사고방식을 실천적인 방식으로 극복할 수 있는 길을 열었다고 주장한다. "헤겔은 근대 철학의 이율배반을 극복하면서, 즉 자연 없는 주체나 또는 주체 없는 자연만을 고수하는 모든 이념적 물질적 구조에서 벗어나, 인간의 실질적 존재의 근거를 그의 행위의 기반에서 파악할 뿐 아니라 동시에 이론과 실재를 욕망에 대한 새로운 이해 속에서 받아들인다. 이를 통해 헤겔은 노동과 실천의 관계를 규정한다." Manfred Riedel, *Theorie und Praxis im Denken Hegels*, ein Ullstein Buch, 1976, S. 105.

노동도구를 통해 '노동은 자신의 욕구 충족을 위한 한 개인의 노동인 동시에 보편적이며 관념적인 노동'이 된다.[13] 헤겔은 노동도구를 단순히 자연을 가공하기 위한 수단이 아니라, 노동 대상인 자연을 파악하고, 노동의 목적에 맞추어 자연을 변형시키는 일련의 과정을, 나아가 한 개인의 의식과 삶의 방식을 응축한 것으로 이해한다. 노동 도구는 노동 후에도 계속해서 노동의 방식과 형태를 규정한다. 따라서 노동도구는 일시적인 욕망의 충족에 의해 사라지는 것이 아니라, 욕망의 충족방식을 계속 규정하는 것이 된다. 노동 과정 일반은 인간의 의식을 역사적으로 사회적으로 발전시키고 조직화시키는 과정을 포함하며, 개별적인 욕망의 실현과정이자 그 지양과정이 된다. 나아가 노동은 한 사회의 윤리적 규범의 토대를 형성하는 사회적 관계이기도 하다. 그래서 헤겔은 노동을 단순히 욕망을 충족시키기 위한 수단이 아니라 '보편적 상호과정이며, 도야(Bildung)'이며, '상호적 인정'이라고 규정한다.[14]

그렇다면 소유는 어떻게 인륜성의 토대인 인정의 구조를 실현하는가? 소유란 그 무엇을 내 것으로 가지거나 만드는 것이다. 헤겔에 따르면 소유란 그 무엇이 내 것이라는 '관념'인데, 그것은 어떤 것을 내 것으로 하고 싶은 욕망이 없다면 발생할 수 없다.

> 주체가 대상과 맺는 관계, 욕망을 통한 대상에 대한 관념적 규정, 이것이 소유이다.[15]

---

12) Hegel, Jenaer Systementwürfe Ⅰ, *Gesammelte Werke*, Band 6, Hamburg/M, 1975, S. 300.

13) Ibid., S. 143.

14) SdS, S. 290.

15) Hegel, Jenaer Systementwürfe Ⅲ, *Gesammelte Werke*, Band 8, Hamburg/M, 1975, S. 284.

그런데 어떤 대상에 관한 소유 관념은 타자가 없다면, 즉 타자로부터 인정받지 못한다면 의미가 없다. 욕망의 충족의 결과물로서 소유는 내 것으로 만들려는 것인 동시에 내 것임을 확인시켜줄 수 있는 타인을 필요로 하기 때문이다. 헤겔은 욕망을 충족시키기 위한 과정이자 결과물인 노동과 소유가 상호의존적일 수밖에 없다는 사실에서 인륜성의 단초를 찾는다. 헤겔은 노동과 소유 속에서 인정의 구조가 내재화되어 있다고 해도, 홉스를 연상시키는 '생사를 건 투쟁'[16]처럼 욕망이 개인들이 서로 대립하고 갈등하는 원인이 될 수 있음을 잊지 않는다. 그런데 그는 이러한 생사를 건 투쟁이 자신의 욕망과 소유를 인정받기 위한 것이지만, 본질적으로 개인들이 '인격체로서 존중받으려는 투쟁', 즉 인정투쟁이라고 규정한다는 점에서 홉스와 다르다.[17] 홉스가 인간학적으로 인간은 본성적으로 이기적이고, 권력을 탐하는 존재라고 전제하고 있다면, 헤겔은 타인으로부터 존중받으려는 욕구를 가장 궁극적인 인간의 본성으로 전제한다.[18] 욕망의 궁극적인 대상이 타자의 인정이라는 헤겔의 예나 시기 주장은 이후 그의 저작들에서 기본적인 전제를 이룬다. 그러나 예나 시기 그는 고대로부터 욕망과 관련하여 논의되었던, 그리고 인륜성의 실현에 분명한 장애로 작용할 수 있는 다양한 정념이나 부정적 사태를 상대적으로 심도있게 다루지 못한다. 전통적으로 개인이나 사회적 차원에서 통제되거나 억압되어야 할 것으로

16) Ibid., S. 221.

17) SdS. 318 참조.

18) 헤겔은 명예를 둘러싼 대립은 타자의 정신적 인정을 요구하는 것이고, 이것이 바로 '만인의 만인에 대한 투쟁'의 본질이라고 말한다. Ibid., S. 318. 참조. 나아가 그는 약탈과 강탈과 같은 대립도 단순히 재산권의 침해가 아니라 인격의 파괴이자 인정의 손상이라고 말한다. Ibid., S. 316 참조.

간주되었던 욕망의 부정성과 그 문제들에 관한 헤겔의 체계적인 논의는 『정신현상학』에서 찾을 수 있다.

3. 욕망의 부정적 사태와 인륜성

예나 시기의 이론적 모색을 거쳐, 『정신현상학』에 이르러 헤겔은 인간의 의식 발전 과정을 정신의 자기운동 과정으로 재구성하고 하나의 원리로 체계화시킨다. 그러나 『정신현상학』은 욕망에 관한 기존의 문제의식을 추상적으로 일반화시킨 것이 아니라 욕망의 역동성을 원리로 끌어들임으로써 삶의 다양한 계기들을 오히려 구체화시키고자 한다. 인륜성과 욕망의 관계에 관련하여 우리는 『정신현상학』에서 노동과 소유와 같은 기존의 논거들과 더불어 인륜성에 반한다고 볼 수 있는 욕망의 부정적 측면들에 대한 헤겔의 입장이 무엇인가를 유추할 수 있다. 욕망의 부정적 성격에 관한 그의 입장을 구체적으로 논의하기 전에 『정신현상학』에서 나타나는 욕망과 인륜성의 의미를 간단하게나마 정리하는 것이 필요할 것이다.

헤겔이 『정신현상학』에서 거론하는 인륜성의 내용은 예나 시기 단편들과 크게 다르지 않다. 인륜의 왕국(Reich der Sittlichkeit)이란 '개인들이 자립적인 현실성 속에서 그들의 본질이 이루는 절대적인 정신적 통일에 다름 아니다.'[19] 인륜이란 개별적인 개인들이 자신의 자립성 혹은 고유성을 주장하면서도 어떤 보편적 질서 속에서의 조화, 즉 상호인정에 이른 상태이며, 욕망하는 개인이 자기부정과 극복을 통해 도달하게 되는 이상적인 삶의 형태를 의미한다.[20]

헤겔은 『정신현상학』에서 욕망을 예나 시기의 논의를 넘어 하나의 원리로 체계화시키고, 의식발전의 주요한 내재적 계기로 포섭한다. 헤겔이 예나 시기 구체적인 경험이나 노동과 소유를 통해 인정의 구조를 설명하는 방식을 취했다면, 그는 『정신현상학』에 이르러 욕망을 실질적인 인정으로 나아갈 수 있는 구체적인 계기를 찾는다.[21]

욕망 자체에 관한 헤겔의 논의는 주로 '자기의식' 장을 중심으로 진행된다. 여기서 거론되는 욕망의 운동과 원리는 자기의식 이후 등장하는 의식의 형태와 변화, 특히 인륜성의 의미를 이해하기 위해 필수적이다. 헤겔의 규정에 따르면 '자기의식'이란 그 자체로 분열과 통일의 과정인 '생(Leben)'의 한 가운데에서 자신과 외부 대상의 분리와 차이를 직접적으로 극복하려는 의식이다. 헤겔의 생 개념은 끊임없이 자연을 소모하면서 타인과 살아가는 개인의 삶을 함축한다. 삶은 나와 나 이외의 대상을 분리시키는 과정인 동시에 하나가 되는 과정인 것이다.[22] 이때 자기의식은 이러한 삶의 원리

---

19) PhG, S. 194 참조.

20) 헤겔은 『정신현상학』에서 하나의 장으로 인륜성을 다룬다. 이때 인륜성은 정확히 고대 그리스적 인륜성을 지칭하며, 아직 실질적인 인륜성에 도달하지 못한 의식발전의 한 과정으로 설정된다.

21) 『인륜성의 체계』의 경우, 경험적 의식의 직접적인 형식으로부터 출발하여 인륜성을 추론하였다면(이에 관해서는 Ludwig Siep, *Anerkennung als Prinzip der Praktischen Philosophie*, München, 1979, p.181 참조), 정신철학으로 전환하면서 헤겔은 정신의 자기운동을 통해 인륜성을 해명하고자 한다. 이에 관해서는 Heinz Kimmerle, Das Problem der Abgeschlossenheit des Denkens, *Hegel-Studien Beiheft Band 8*, Bonn: Bouvier, 1982, S. 219 이하 참조.

를 직접 실현하는 개인의 모습이라고 말할 수 있다. 헤겔은 이러한 자기의식의 본질을 '욕망 일반'[23]이라고 규정하며, 동시에 자기의식은 '인정된 것'[24] 으로서만 존재한다고 주장한다.

욕망이 인정된 것으로서만 존재한다는 의미는 무엇인가? 헤겔에 따르면 욕망은 그것의 대상이 외부 사물이건 사람이건 완전히 자신의 것으로 만들려는 것, 나 외의 것은 집어 삼켜버리고 없애는 것이다. 달리 말해 욕망은 욕망하는 주체의 자립성을 위해 대상을 절멸시키는, 즉 대상의 자립성을 부정하는 것이다. 그런데 인정과는 전혀 상반되어 보이는 욕망의 구도 속에서 어떻게 인정이 도출될 수 있는가? 헤겔은 대상의 자립성을 부정하려는 욕망의 실현과정은 바로 대상의 자립성을 받아들여만 하는 과정과 다르지 않다고 주장한다. 욕망이 충족되는 순간, 즉 대상이 없어지는 순간 욕망은 사라질 것이다. 그런데 헤겔이 보기에 욕망하는 주체가 생을 유지하는 한, 즉 죽지 않는 한 욕망이 사라지는 순간은 결코 발생할 수 없다. 왜냐하면 삶 자체가 욕망의 과정이기 때문이다. 결국 한 개인은 죽지 않는 한 욕망을 충족시킬 수 있는 대상을 항상 필요로 한다. 역설적으로 보이지만 욕망을 통해 실현되는 삶은 욕망의 그 본성과 달리 대상의 자립성을 끊임없이 받아들여야 하는, 즉 인정해야만 하는 과정이 된다. 이것이 소위 욕망하는 주체와 대상이 만들어 내는 변증법적 관계라고 말할 수 있다. 욕망은 기본적으로 타

22) 생은 자기의식을 설명하기 위해 필요한 개념이 아니라, 헤겔 철학의 원리를 이루는 핵심 개념이라고 할 수 있다. 마르쿠제에 따르면 헤겔은 청년기부터 신 혹은 정신과 같은 전체적인 원리를 설명하기 위해 생 개념을 사용한다. Herbert Marcuse, *Hegels Ontologie und die Theorie der Geschichtlichkeit*, Vittorio Klostermann Frankfurt/M, 1975, pp.257-258 참조.

23) PhG, S. 104.

24) Ibid., S. 109.

자를 부정하는 과정처럼 보이지만, 필연적으로 타자를 인정할 수밖에 없는 구조 속에 놓여 있는 것이다. 삶과 욕망은 주체와 대상의 분열하고 대립하는 과정이지만, 그 분열과 대립은 대상에 대한 인정의 원초적 근거인 셈이다.[25)]

이러한 헤겔의 설명방식은 인정에 대한 본원적 욕망을 전제로 인륜성을 해명하려고 했던 예나 시기와 달리 그가 분열과 대립이라는 삶의 일반 원리로부터 욕망과 인정의 원초적 관계를 추론하고 있음을 보여준다.

헤겔이 '자기의식'의 단계에서 욕망의 기본원리로부터 도출하는 인정의 구조는 소위 이성적인 존재들의 합리적인 사고를 통해 도달하는 윤리적인 태도가 아니다. 여기서 인정이란 타자의 필요성을 의식적으로 자각하기에 만들어지는 것이 아니라, 욕망하는 개인들 간의 극단적인 대립 속에 내재된 객관적인 구조와 같은 것이다. 이것이 전통적으로 내려오는 욕망에 관한 부정적 견해들, 정확히 말하면 고통과 좌절의 원인으로서의 욕망에 관한 헤겔의 기본 입장을 이룬다.

『정신현상학』에 나타난 욕망의 기본원리를 알아보았으니, 이제 본격적으로 헤겔이 어떻게 욕망의 부정적 사태들을 어떻게 자신의 철학 체계에 수용하며, 인륜성의 조건으로 고려하는지 검토해 보자.

25) 욕망은 개인의 개별성을 보여주는 것이면서, 동시에 보편적인 인정 관계로 나아갈 수 있는 '순수한 형식성'의 원리를 보여준다고 말할 수 있다. 이에 관해서는 Thomas A. Lewis, *Freedom and Tradition in Hegel*, Univ. of Notre Dame, 2005, p.61 참조.

1) 죽음의 공포

삶 자체를 욕망의 과정이라고 헤겔이 규정할 때, 인륜성의 실현은 욕망을 통해 드러나는 분열과 적대성을 어떻게 극복할 수 있느냐의 문제가 된다. 헤겔은 홉스와 다른 차원에서 죽음의 공포를 사회화의 조건으로, 즉 인륜성이 실현되기 위한 계기로 받아들인다.[26] 그는 홉스처럼 죽음의 공포로부터 국가와 같은 외적인 통제의 필요성을 도출하는 것이 아니라, 개인이 욕망의 개별성을 넘어설 수 있는 의식전환의 근본적인 계기를 발견한다. 예나 시기 헤겔은 앞서 언급했지만 죽음의 공포를 불러일으키는 '생사를 건 투쟁'을 인격체로서 존중받으려는 인정투쟁에서 찾았다. 그러나 『정신현상학』에서 그는 예나 시기와 유사하지만 이를 하나의 일관된 원리로 재구성한다. 여기서 그는 생사를 건 투쟁이 발생하는 근본적인 이유는 타자를 죽임으로써 도달할 수 있다고 생각하는 '자기확신(Gewißheit seiner selbst)'[27]에서 찾는다. 헤겔은 인간에게는 자기확신에 대한 근본 충동이 있다고 전제한 후 여기에 욕망의 변증법적 구조를 적용하는 방식을 취한다. 욕망의 기본구조가 그러한 것처럼 자신확신을 위해 타자를 죽이려는 인간은 타자를 죽이는

26) 헤겔은 이미 『인륜성의 체계』와 비슷한 시기에 쓴 논문에서 홉스가 말하는 자연상태와 이것을 기반으로 한 국가관을 다음과 같이 비판한다. "자연상태라는 허구에 따르면, 자연상태는 그것이 초래하는 폐해로 인해 그 상태에서 벗어나게 된다. 그런데 이는 그것이 도달하려는 것, 즉 혼란스럽게 대립하는 것의 화합은 좋은 것이고, 그렇게 되어야 한다고 미리 전제하는 것일 뿐이다……결국 (이러한 입장)은 분할된 것의 다수성 또는 관계들의 다수성만을 서술할 뿐이다." Hegel, "Über die wissenschaftlichen Behandlungsarten des Naturrechts, seine Stelle in der praktischen Philosophie, und sein Verhältnis zu den positiven Rechtswissenschaften", *Gesammelte Werke, Band 4*, Frankfurt/M, 1968, S. 426.

27) PhG, S. 112.

순간 자기확신에 도달할 수 없는 존재이다. 따라서 그러한 욕망의 좌절은 타자를 인정하게 만드는 출발점이 된다. 물론 투쟁의 당사자들이 욕망의 구조를 합리적인 차원에서 이해하고 타자를 인정하게 되는 것은 아니다. 헤겔은 생사를 건 투쟁에 동반되는 죽음의 공포를 자기확신이라는 원초적 욕망의 적대성을 넘어설 수 있는 첫 번째 계기로 삼는다. '주인과 노예(Herrshaft und Knechtschaft)'에 관한 헤겔의 유명한 비유는 욕망의 구조과 죽음의 공포를 토대로 개인이 자기중심성을 벗어나 타자를 인정하게 되는 과정을 압축적으로 보여준다.[28)]

헤겔은 생사를 건 투쟁 이후 의식은 두 가지로 분화된다고 주장하면서, 죽음의 공포를 극복한 의식을 주인으로 그리고 그 공포에 굴복한 의식을 노예로 비유한다. 일단 주인을 자신의 생명보다 자기확신을 더 소중히 여겼기에 자립적인 존재로, 노예를 생명의 보존을 위해 주인에게 굴종하였기에 비자립적인 존재라고 평가할 수 있다. 여기서 헤겔은 주지하다시피 이러한 주인의 의식과 노예의 의식이 서로 역전된다는 주인과 노예의 변증법을 제시한다. 이를 통해 주인은 비자립적인 존재로 그리고 노예는 자립적인 존재로 전환된다. 헤겔은 이러한 전환이 가능한 이유를 예나 시기부터 인륜성의 근거로 삼았던 노동과 죽음의 공포를 통해 설명하고자 한다. 노예는 생사를 건 투쟁에서 죽음의 공포에 굴복하고, 그 공포 때문에 주인을 위해 노동을 하는 존재이다. 그리고 주인은 죽음의

28) 헤겔의 '주인과 노예'의 비유는 크게 세 가지 입장으로 해석될 수 있다. 역사적인 관점, 심리학적 관점, 마지막으로 사회 철학적 관점이다. 필자는 욕망에 관한 헤겔의 논의에 관해서는 심리학적 관점과 사회 철학적 해석이 더 설득력이 있다고 본다. 이에 관해서는 소병일, 『헤겔의 욕망론』, 고려대학교, 2008, PP.100-103 참조.

공포를 극복하였기에 노예를 노동시키고 그 노동결과물을 향유한다. 그런데 이러한 주인의 자립성 혹은 자기확신은 허망한 것이다. 왜냐하면 주인은 생존하기 위해 노예의 노동에 의존해야 할 뿐만 아니라, 노예가 자신을 주인이라고 인정해 줄 때만 자신을 주인으로 자각할 수 있기 때문이다. 즉 주인은 물질적으로 정신적으로나 노예에게 의존해서만 살아갈 수 있기 때문에 오히려 비자립적인 존재로 전락한다. 헤겔에 따르면 주인은 삶의 구체적인 과정과 동떨어져서 타자에 대해 초연해 하는 허망한 존재일 뿐이다. 반면 노예는 생존을 위해 노동을 하지만 이 과정에서 자신을 도야시킴으로써 스스로 자립할 수 있는 능력을 키운다. 그리고 그는 죽음의 공포에 굴복한 대가로 피동적인 형태에서 출발하지만 적대적 욕망을 제어하고 타자를 고려할 수 있는 사회성을 키우게 된다. 이러한 과정을 통해 노예는 육체적으로 정신적으로 실질적인 자립성을 획득할 수 있는 존재, 자기 삶의 주인이 된다.

헤겔의 논의를 정리하자면, 인륜성으로 나아갈 수 있는 개인은 노동을 통해 끊임없이 자연과 관계하면서 삶의 구체성을 획득하는 존재이어야만 한다. 그리고 그 개인은 자신의 원초적 욕망을 제어할 수 있는 능력을 내재화시킨, 그래서 타자를 고려하지만 타자에게 의존하지 않는 자립적인 존재이어야 한다.[29] 특히 죽음의 공포

---

29) 주인과 노예의 변증법 이후 헤겔이 자기의식의 발전단계로 다루는 '금욕주의', '회의주의', '불행한 의식'은 『정신현상학』에서만 고유하게 다루었던 주제이다. 여기서 욕망과 의식의 상호작용과 고전적인 금욕주의에 관한 헤겔의 예리한 고찰을 엿볼 수 있다. 예를 들어 헤겔이 언급하고 있는 금욕주의의 경우 스토아주의를 겨냥하고 있는데, 그는 욕망에 대한 이성의 우위나 욕망을 배제하려는 의식은 추상적이고 허망하다고 비판한다. 왜냐하면 삶과 욕망이 분리되지 않듯이, 욕망을 의도적으로 억압하려는 태도는 삶의 과정을 부정하는 것이기 때문이다. 물론 헤겔은 원초적인 욕망에서 벗어나 스스로를 반성할 수 있는 의식 혹은 이성적 능력을 부정하거나 무의미한 것으로 보지 않는다. 그는 구체적인 삶의 과정을 도외시하고 도달한 자기확신은 공허하고 추상적일 수밖에 없음을 계속해서 강조한다. 스토아주의의 형식성과 공허함에 관한 헤겔의 또 다른 비판은 Hegel, Vorlesungen über die Geschichte der

는 욕망의 극단적인 대립의 결과물인 동시에 개인에게 그 욕망에서 벗어날 수 있는 지혜를 선사하기에 인륜적 관계로 나아가기 위한 핵심적인 체험이라고 말할 수 있다.30)

헤겔의 주인과 노예의 변증법은 사회적 차원과 개인적 차원에서 모두 적용될 수 있다. 사회적 차원에서 보자면 주인과 노예의 변증법은 역사적이고 사회적인 관계 속에서 불평등하게 존재하는 개인들의 관계 속에서 내재된 인정의 기초 형태를 제시한다고 말할 수 있다. 이러한 해석에 따르자면 지배와 종속이라는 적대적 대립은 형식적으로 상호인정과 상관이 없는 것처럼 보이지만, 이러한 대립이 없다면 한 개인은 상호인정으로 나아갈 수 있는 인격체로 성장할 수 없다. 그리고 개인적 차원에서 보자면, 주인과 노예의 변증법은 한 개인에게 공존하는 주인의 의식과 노예의 의식에 관한 설명일 수 있다. 이에 따르면 그 변증법은 죽음의 공포를 통해, 즉 생존을 위해 노동해야만 하는 일상적인 삶의 의식이 그 삶과 유리된 공허한 의식을 극복하는 과정을 그린다고 할 수 있다. 두 가지 해석은 논쟁거리이지만, 주인과 노예의 변증법의 핵심은 죽음의 공포가 없다면 인간은 노동하지 않을 것이며, 나아가 타자를 고려하지 않을 것이라는 인간의 본성에 관한 냉정한 통찰을 전제로 하고 있다. 헤겔은 주인과 노예의 변증법 이후 계속해서 욕망을 통해 드러나는 극단적인 대립과 고통을 체험을 인정관계를 형성할 수 있는 개인들의 필수조건으로 상정한다. 이러한 헤겔의 관점은 한 개인이

Philsophie III, *Werke in Zwanzig Bänden*, Band7, Frankfurt/M, 1986, SS. 293–294 참조.

30) 노예의 죽음에 대한 공포는 한 개인이 합리적 삶과 공동체 의식을 갖게 되는 이유를 설명한다고 볼 수 있다. 이에 관해서는 Allen W. Wood, *Hegel's Ethical Thought*, Cambridge Univ. press, 1990, P.87 참조.

인륜성으로 나아가는 대표적인 과정이라고 할 수 있는 '마음의 법칙(Das Gesetz des Herzens)'과 '양심(Gewissen)'에 관한 논의에서도 그대로 유지된다.

2) '마음의 법칙'과 '광기'

헤겔은 '마음의 법칙'을 『정신현상학』의 '이성' 장에서 다룬다. 여기서 헤겔이 말하는 이성은 '자기의식'의 한계를 넘어 개인이 자신을 자립적인 존재로서 자각하고 세계의 주체로서 스스로를 고양한 단계라고 말할 수 있다.[31] 이성의 단계에서 등장하는 '마음의 법칙'은 한 개인이 자신의 운명을 필연적인 것으로, 자신의 본질로 받아들이고 자신의 개별성에서 벗어나는 상태를 의미한다.[32]

> (마음의 법칙에서) 개별성은 이전 형태의 경솔과 개별적인 쾌락을 추구하려고 하지 않고, 상위의 목적을 추구하는 진지함(Ernsthaftigkeit)을, 즉 자신의 **탁월한** 본질 속에서, 그리고 **인간의 복지**(Wohl der Menscheit)를 추구하려고 한다.[33]

위의 인용문에서 나타나듯이 '마음의 법칙'은 개인이 자신만의 쾌락에서 벗어나 상위의 가치를 추구하려는 태도이며, 이는 한 개인이 인륜적 관계로 나아가기 위한 중요한 과정이라고 이해할 수 있다. 일단 이러한 '마음이 법칙'이 어떻게 등장하게 되는지 살펴보자.

---

31) 헤겔은 이성을 형이상학적 실체가 아니라, 사회적 과정을 통해 형성되는 것으로 파악한다. 이에 관해서는 Terry Pinkard, "Reason, Recognition, and Historicity", *Subjektivität und Anerkennung*(hrsg. von Barbara Merker, Georg Mohr, Michael Quante), Mentis Verlag, 2004, p.60 참조.

32) PhG, S. 202 참조.

33) Ibid., SS. 202-203. 강조는 헤겔

헤겔은 '마음의 법칙'이 등장할 수 있는 이유를 '쾌락의 향유'와 이것의 좌절로부터 발생하는 '고통(Leiden)'에서 찾는다.[34] 여기서 '쾌락의 향유'는 '관찰하는 이성(Beotrachtende Vernunft)'의 자기 한계를 극복하려는 태도를 의미한다. 그리고 '쾌락의 향유'에서 '마음의 법칙'으로 이행하는 과정은 개인이 욕망의 개별성을 넘어서는 과정과 맞물린다고 할 수 있다.

헤겔에 따르면 '관찰하는 이성'의 본질은 모든 대상을 '사물(Ding)'[35]화시키는 것, 즉 모든 대상을 분석하고, 이로부터 일반적 법칙을 찾아낼 수 있다는 근대의 자연과학적 태도이다. 그런데 헤겔은 이러한 사물화가 개인에게 이론과 삶의 분열이며, 개인에게 좌절과 고통을 불러일으킨다고 본다. '쾌락의 향유(Genuße der Lust)'는 이러한 '관찰하는 이성', 즉 근대의 자연과학적 이성에서 나타나는 분열과 공허함을 극복하려는 개인의 욕망이다. 여기서 개인들은 '생의 한복판에서 개성을 찾고, 그 행복을 움켜잡고, 이를 즐기려고 하며', '학문, 법칙, 원리가 아닌 생명을' 움켜잡으려는 한다.[36] '자기의식' 장에서 자연적 욕망이 형식적이나마 상호인정의 단초를 형성하는 것처럼, '쾌락의 향유'는 관찰과 이론으로 해소될 수 없는 나와 세계의 분열을 극복하고 더 상위의 의식 단계, 즉 '마음의 법칙'으로 나아갈 수 있는 계기가 된다.

그렇다면 쾌락을 향유하려는 태도가 어떻게 개별성을 벗어나

34) 여기서 헤겔이 말하는 '쾌락의 향유'는 감각적이고 직접적인 욕망의 충족에서 오는 쾌락을 추구하거나 즐기는 태도를 의미하지 않는다.

35) 관찰하는 이성에서 나타나는 사물의 의미에 관해서는 PhG, S. 190f.

36) Ibid. S. 199 참조. 쾌락의 향유는 당시 독일의 낭만주의적 태도를 대변한다고 말할 수 있다. 이는 헤겔이 괴테의 파우스트를 인용하는 것에서도 잘 드러난다.

'마음의 법칙'으로 이행할 수 있는가? 헤겔에 따르면 쾌락을 향유하려는 개인은 자신의 욕망을 자유롭게 주장하고 즐기려고 하지만 또다시 분열과 공허함에 빠지고 만다.[37] 왜냐하면 향유하고자 하는 삶은 그 자체가 분열과 대립을 전제하는 욕망의 과정이기 때문이다. 그래서 헤겔은 '쾌락의 향유' 속에서 개인은 거꾸로 그 생명이 결핍되었다고 의식하게 되며, 죽은 현실이 보여주는 공허하고, 불가해한 필연성만을 느끼게 될 뿐이라고 주장한다.[38] 그리고 그는 여기서 나타나는 좌절과 고통을 그 개인의 의식이 더 발전할 수 있는 계기로 상정한다. 삶에 도달하지 못한 추상성이 만들어낸 좌절과 고통은 개인으로 하여금 자신이 추구했던 쾌락이 여전히 개별적 감정에 머물고 있음을 자각시키고, 자신의 삶을 주관적인 향유의 대상이 아니라 필연성 혹은 '운명(Schicksal)'[39]을 받아들이게 만든다. 이처럼 운명의 필연을 자신의 본질로 받아들임으로써 '개인의 쾌락은 법칙이 되고, 모든 사람의 마음속에 있는 쾌락'[40]이 되는 '마음이 법칙'이 등장하게 된다.

'쾌락의 향유'에서 '마음의 법칙'으로의 이행에 관한 헤겔의 설명은 의식의 발전 과정으로 일반화시키기에는 다소 자의적이라는 느낌을 주는 것이 사실이다. 그럼에도 불구하고 헤겔의 관점은 욕망과 관련된 다양한 기제들을 의식 발전의 근거로 활용한다는 점에서 논지의 일관성을 보인다. 헤겔에 따르면 인간은 계속해서 자

37) 헤겔은 그 쾌락의 향유가 '공허한 본질성, 순수한 통일, 순수한 구별, 그리고 그 관계의 확장'일 뿐이라고 말한다. Ibid., S. 200 참조.

38) Ibid. 참조.

39) Ibid.

40) Ibid., S. 203.

기확신에 도달하려는 근본적인 욕망을 가진, 그래서 자기 삶의 주인이 되려는 존재들이다. 헤겔에게 쾌락의 향유는 쾌락에 매몰되는 과정이 아니라, 쾌락의 한계를 자각하는 동시에 머리가 아닌 마음으로 삶의 위력을 받아들이는 것이다. 이때 드러나는 삶의 필연성이 '관찰하는 이성' 추구하는 법칙보다 상위의 법칙을 구성할 수 있는 이유는 주체와 대상 간의 이원적 구별을 삶이라는 유기적 과정 속에서 통일시키려고 하기 때문이다. 삶의 역동적 통일성을 배제한 채 대상과 나를 분리하는 근대적 이성을 넘어서 삶을 목적으로 삼고 여기서 쾌락을 추구하려는 태도가 없다면 상위의 가치를 추구하는 '마음의 법칙'은 등장할 수 없다. 이것을 인륜성과 관련하여 보자면, '마음의 법칙'은 개인들이 삶의 필연성 혹은 욕망의 원리를 그 자신의 것이자 동시에 타자의 것으로 받아들임으로써 타자를 인정할 수 있는 이해의 폭을 넓히는 과정이라고 말할 수 있다. 그러나 헤겔은 여기서 멈추지 않는다.

헤겔은 '마음의 법칙'을 상호인정과는 대립적인 상태라고 볼 수 있는 '광기'[41]를 불러일으키는 원인으로도 상정한다. 그에 따르면 '마음의 법칙'은 개인이 자신의 쾌락과 타인의 쾌락을 동일시하는, 달리 말하면 타자 또한 나처럼 살아있는 존재라는 사실을 인정하려는 태도였다. 그러나 이러한 '마음의 법칙'은 여전히 개인의 마음이 가질 수밖에 없는 주관적 측면을 완전히 벗어나지 못한 것이다. 그래서 개인의 '마음의 법칙'은 나와 공동체의 질서 사이에서

---

41) Ibid., S. 205. 헤겔은 광기 개념을 일관된 논의 맥락에서 사용하지는 않는다. 『엔찌클로페디』의 경우 헤겔은 광기를 '인간학' 장에서 욕망과 같은 자기감정의 상태가 자신의 특수성만을 고집하는 것으로 파악한다. Hegel, Enzyklopädie der philosophischen Wissenschaften Ⅲ, *Werke in Zwanzig Bänden*, Band 10, Frankfurt/M, 1986, § 410 참조.

'혹독한 분열과 고통(grausame Trennung und Leiden)'과 불만족을 느낄 수밖에 없다.[42] 더 나아가 '마음의 법칙'은 여전히 개인의 주관에 머물 수밖에 없기에, 헤겔은 그것이 공동체의 질서 혹은 법칙이 일치한다고 해도 개인은 양자의 분열에서 벗어날 수 없다고 본다. 또한 그는 '마음의 법칙'이 공동체의 질서가 되는 순간에도 그 질서는 '보편적인 권력(Macht)'[43]의 형태로 변화하기에 개인은 분열에서 벗어날 수 없다고 주장한다.

'마음의 법칙'은 타자와 공동체를 고려한다는 점에서 개인의 개별성과 주관성을 반성하는 단계라고 말할 수 있다. 그러나 헤겔에 따르면 이 단계에서 개인은 공동체에서 자신의 법칙이 아니라, 타인의 법칙에 지배된다고 생각하게 되며, 결국 '마음의 법칙'을 혐오하게 된다. 여기서 개인은 자신의 법칙과 공동체의 법칙의 대립을 참지 못하고, 자신의 뜻대로 이 세계를 변화시키고자 하는데, 헤겔은 이러한 사태를 '광기'라고 규정한다. 논의 맥락에서 알 수 있듯이 헤겔이 말하는 광기는 자신의 삶과 자신의 속한 공동체의 질서 사이의 분열과 대립을 참지 못하고 어떻게든 양자를 일치시키려는 태도이다. 그리고 그는 이러한 광기에서 '만인의 만인에 대한 투쟁(allgemeiner Widerstand und Bekämpfung aller gegeneinander)'[44]을 불러일으키는 원인을 찾는다. 앞서 '생사를 건 투쟁'이 개인의 자기확신에 관한 것이자, 원초적인 상호인정의 실마리였다면, '만인의 만인에 대한 투쟁'은 자신의 개별성에서 벗어나려는 개인들

[42] PhG, S. 203.

[43] Ibid.

[44] Ibid., S. 207. 예나 시기와 달리 헤겔은 만인의 만인에 대한 투쟁을 이성이라는 의식의 단계에서 발생하는 것으로 파악하고 있는데, 이는 인정 구조의 전면적 확대를 설명하기 위한 것으로 보인다.

사이의 투쟁으로 개인과 사회, 신의 법과 인간의 법 사이의 대립과 그 지양의 가능성을 함축한다.

헤겔의 관점에서 보자면 '이성'의 단계 속에 있는 개인은 자기확신에 대한 욕망 실현에 한 걸음 더 나아간 존재들이라고 할 수 있다. 그러나 다른 측면에서 보자면 이러한 개인들은 욕망에 내재된 분열의 계기들에서 완전히 벗어날 수 없음에도 불구하고, 자신의 욕망과 사고를 가장 확실하다고 믿기에 광기에 빠질 수밖에 없는 존재들이다.[45] 그러나 헤겔은 개인과 공동체의 조화를 위해서 이 광기를 잠재워야 한다고 주장하지 않는다. 그는 광기를 통해 발생하는 '만인의 만인에 대한 투쟁'을 개인이 자신의 개별성을 넘어 타자를 그리고 함께 살아가는 공동체와 기존의 가치관에 대해 전면적으로 반성할 수 있는 기회라는 입장을 취한다. 헤겔에게 '만인의 만인에 대한 투쟁'은 '자기의식' 장에서 보여주었던 욕망의 적대적 성격과 인정의 계기가 가장 확대된 형태로서 공동체의 구성원인 개별자들은 모두가 전면적으로 자신의 상황과 한계를 자각시키는 필수조건인 셈이다.[46]

45) 다른 측면에서 말하자면 '자기의식' 장이 생의 원리를 보여주었다면, '이성' 장은 생의 원리가 보여주는 자연성을 넘어 규범성으로 나아갈 수 있는 이유를 설명하는 부분이라고 할 수 있다. 그런데 헤겔은 '이성'의 단계에서 개인은 '자연성과 규범성의 긴장 관계'를 넘어날 수 없다고 본다. 이에 관해서는 Terry Pinkard, op. cit., pp.48-50, 59 참조.

46) 헤겔의 이러한 생각은 『법철학』에서도 그대로 반복된다. 그는 『법철학』에서 욕구의 체계인 시민사회를 보편성의 형성과정으로 파악한다. 왜냐하면 욕구는 특수성의 원리로서 서로 충돌하면서 스스로 국가라는 보편성을 추구할 수 있는 기반이 마련하기 때문이다. Hegel, Grundlinien der Philosophie des Rechts, *Werke in Zwanzig Bänden*, Band 7, Frankfurt/M, 1986, § § 182-187 참조.

3) '절대적 자유와 공포' 그리고 '양심'

헤겔은 한 개인의 선한 마음 혹은 자발적 의지를 통해 타자를 실질적으로 이해하거나 인정할 수 있다고 생각하지 않는다. 그에 따르면 인간이 자신으로부터 벗어나 타자를 확실히 자각하고, 타자와 함께 공존을 모색할 수 있는 계기는 욕망이고 이것의 극단적인 결과물인 죽음의 공포이다. 욕망의 자기중심성은 적대적 대립과 죽음의 공포를 불러오고, 죽음의 공포는 대립에 놓인 당사자들의 의식과 삶의 방식을 동시에 변화시키는 역할을 한다. 이러한 죽음의 공포는 한 개인이 자신의 개별성을 지양하고 타자와 실질적인 인정을 도모할 수 있는 가장 핵심적인 사태가 된다.

헤겔은 욕망의 적대성을 실질적으로 지양할 수 있는 단계를, 즉 개별자들이 형식적 인정의 방식을 넘어, 실질적 인정의 관계로 나아갈 수 있는 가능성을 '자기확신하는 정신(Der seiner selbst gewisse Geist)'을 논의하면서 거론하는데, 그것이 바로 '양심(Gewissen)'이다. 그에 따르면 '양심'은 그 자체로 '보편적 자기의식', 또는 '인정된 것(Anerkanntsein)' 그리고 나아가 '현실성'이다[47] 여기서 헤겔은 '절대적 자유와 공포(Die absolute Freiheit und der Schrecken)'를 양심으로 나아가기 위한 필수적인 과정으로 상정한다. 헤겔이 논하는 '절대적 자유와 공포'는 '자기의식' 장에서 논한 '생사를 건 투쟁', 그리고 '이성' 장에서 논한 '만인의 만인에 대한 투쟁'과 마찬가지로 욕망의 적대성이 가장 극단적인 형태로 표출되는 곳이자

47) PhG, S. 344.

개인이 그 대립을 넘어설 수 있는 마지막 시련이라고 할 수 있다.

헤겔이 말하는 '절대적 자유와 공포'를 이해하기 위해서는 계몽주의에 대한 그의 관점을 미리 언급해야 할 것이다. 그는 계몽에 관한 논의에서도 계속해서 '자기의식'과 '이성' 장에서 거론했던 욕망의 고유한 대상인 '자기확신'과 '향유'가 인간의 삶에서 고유한 것이며, 동시에 그것들이 개인과 개인, 개인과 사회의 적대적 분열의 원인이었음을 잊지 않는다.

헤겔은 계몽주의가 개인에게 '고유한 확신(einzelne Gewißheit)'과 자기만족 혹은 '향유'[48]를 선사했다고 말한다. 그에 따르면 계몽주의는 '유용성(Nützlichkeit)'을 목표로 한다.[49] 모든 것을 유용성을 기준으로 판단하는 계몽주의에서 개인은 자신을 절대적으로 자유로운 존재로 의식하고 그것을 즐길 수 있다고 생각한다. 그런데 헤겔에 따르면 이 '유용성의 원리'는 '쾌락의 향유'에서 '마음의 법칙'으로의 이행이 보여주었던 것처럼 개인과 공동체의 분열을 극단적인 폭력의 방식으로 극복하려는 원리로 몰락한다. 이 결과 개인들은 다시 한 번 '죽음의 공포'[50]로 내몰리게 된다. 헤겔은 이 절대적 자유가 만들어 내는 '죽음의 공포'를 한 개인이 자기한계를 극복하고, 보편자가 될 수 있는 마지막 고통으로 상정한다.

헤겔의 양심 개념은 『정신현상학』의 논의전개에 따르면, 계몽주의에서 나타났던 '절대적 자유와 공포' 이후에 등장하는 '교양'과 '신앙'의 단계를 넘어서 등장한다. 헤겔에게 양심은 개인과 사회,

48) Ibid., SS. 315-316.

49) Ibid., S. 316 참조.

50) Ibid., S. 321.

개별자와 보편자의 분열을 지양한 의식이자 행위이다. '양심'에 관한 그의 논의는 『정신현상학』의 종착점인 '종교' 장과 '절대지(absolute Wissen)' 장의 내용을 거론하지 않고서도, 개별적이고 적대적인 욕망의 대립을 지양한 보편적 개인들의 삶, 즉 실질적인 인륜성의 핵심이 무엇인가를 보여준다.

'양심'에 관한 헤겔의 입장을 거론하기 전에, 그가 강조하는 '양심'은 칸트적인 의미에서 선의지와 순수의무를 강조하는 '도덕적 의식'이 아니라, 그러한 '도덕적 의식'의 모순과 한계를 극복한 것으로 상정된 것임을 알아야 한다. 헤겔의 용어를 사용하자면 양심은 '직접적인 존재의 추상성을 벗어나 보편적인 것이 되려하는' 욕망이 실현된 것이라고 말할 수 있다.[51] 앞서 살펴보았지만 헤겔은 자기확신에 도달하려는 욕망을 전제하고, 이로부터 인륜성의 조건을 탐구한다. 양심은 욕망의 자연적 성격 또는 적대적 성격 자체로부터 도출되는 형식적 인정 관계를 넘어설 수 있는 인간의 고유한 의식이자 행위방식이다. 헤겔에 따르면 양심은 한 개인이 그 자신이 개별적인 존재가 아니라, 보편적인 의식과 행위 능력을 가진 존재로서 자신을 자각하는 상태를 의미한다. 따라서 양심을 가진 개인들이 실질적인 상호인정의 주체들이라고 말할 수 있다. 양심에 관한 헤겔의 입장을 명확히 이해하기 위해서 간략하게나마 도덕적 의식을 좀 더 언급해야 할 것이다. 헤겔은 계몽주의가 만들어낸 극단적 폭력과 대립을 넘어서려는 노력이 '도덕적 의식(Moralisches Bewußtsein)'이라고 규정한다.[52] 그러나 헤겔에게 이러한 도덕적

51) Ibid., S. 324.

52) Ibid., S. 325 참조. 헤겔은 『정신현상학』에서 마치 계몽주의 이후 도덕적 의식이 필연적으로 등장하는

의식도 욕망을 통해 드러나는 현실적이고 구체적인 생의 과정을 배제하기에 여전히 공허할 뿐이다. 도덕적 의식은 자연과 도덕을 분리시키고, 자연적인 감각에 의존하는 충동이나 '경향(Neigung)'에서 벗어나 순수한 도덕의지나 의지의 순수한 목적을 강조하는 입장이라고 헤겔이 주장할 때, 그는 칸트주의 윤리학을 겨냥하고 있다고 말할 수 있다.[53] 헤겔은 충동과 경향이 바로 자신을 실현할 수 있는 행위의 근거이며, 욕망이 그러한 것처럼 삶의 원리라는 사실을 강조한다.

> 도덕적 행위(Moralisches Handeln)란 자기를 실현하는 것이며, 따라서 충동의 형태를 가지는 의식이며, 즉 도덕적 행위는 직접적으로 충동과 도덕성의 현실적인 조화이기 때문이다.[54]

헤겔에 따르면 '순수한 도덕적 의식'이란 자연, 즉 충동이라는 인간의 본성과 도덕을 분리시킨 후 양자를 조화시키려는 입장이다. 이러한 도덕적 의식은 이미 도덕적 '행위' 속에서 이루어지는 자연과 도덕의 통일을 이해하지 못한 것이다.[55] '양심'을 개인의 의식과 행위의 차원으로 설명하자면, 그것은 개인의 확신이 더 이상 보편적인 원리와 분리되지 않은 상태를 말한다. 쉽게 말해, 내가 그

것처럼 설명하지만, 이러한 이행은 역사적인 사실을 근거로 한다기보다는 자기의식의 고유한 성격에 맞추어져 있는 것처럼 보인다. 헤겔의 입장에서 본다면, 순수 의무를 강조하는 도덕적 의식은 모든 것을 유용성으로 환원했던 계몽주의와 달리 객관적인 행위의 근거를 마련하고, 이를 통해 보편적인 존재로서 자신을 추동하려는 관점이기에, 계몽주의의 반성형태라고 볼 수도 있다.

53) 헤겔의 입장에 따르면, 칸트주의적 윤리학은 이상적인 혹은 피안에 존재하는 상위의 법칙으로서 자연과 현실에서 감각과 감정으로 드러나는 자연을 분리시키는 결과를 가져온다. Ibid., SS. 326-327 참조.

54) Ibid., S. 335.

55) 도덕적 의식에 관해 헤겔은 다음과 같이 비판한다. "도덕적 의식은 (의무와 현실이라는) 형식적으로나 내용적으로 양자의 대립에 관하여 의식하지 못하고……연관된 그 계기들을 개념적으로 파악하지 못하고, 앞으로만 나아간 것이다." Ibid., S.330. 괄호는 필자.

무엇인가를 '확신'하고 '행위'하는 양심은 그 자체로 보편적인 원리를 실현하는 것이다.

양심은 분명 한 개인의 주관적인 확신의 방식으로 나타나기에 헤겔이 양심은 '직접적인 확신'[56]이라고 규정하는 이유를 쉽게 알 수 있다. 그런데 이러한 확신은 더 이상 자의적이고 우연적인 것이 아니다. 헤겔이 말하는 '양심'은 양심 이전에 등장했던 의식들을 거쳐, 즉 구체적인 삶의 모순을 겪으며 자각하게 된 원리에 대한 '앎(Wissen)'이자 이에 대한 '고유한 확신(Überzeugung)'이기 때문이다.[57] 그리고 그 확신은 행위를 통해 현실화된다.

> (행위는) 자신의 개별적 내용을 대상적 요소로 옮겨놓는 것이며, 여기서 내용은 보편적인 것이며 인정된 것이다. 그리고 내용이 인정된다는 것이 행위를 현실적인 것으로 만든다.[58]

헤겔에 따르면 양심과 행위는 분리될 수 없다. 양심의 단계에서 개인은 나와 대상의 분열을 넘어서, 보편적인 존재로서 자신을 자각하고 이에 맞추어 행위할 수 있게 된다. 여기서 헤겔은 의무를 중시하는데, 이때 의무는 칸트주의 윤리학처럼 당위적으로 무엇을 해야만 한다는 명령의 형태로 나타나는 것이 아니라, 행위를 통해 현실적으로 실현될 수 있는 내용을 갖게 된다. 헤겔에 따르면 양심의 단계에 이르러 개인은 자신의 행위가 의무와 부합하는지 여부를 의식할 수 있게 된다. 따라서 도덕적 의식의 한계를 거쳐 의무

---

56) Ibid., S. 343.

57) Ibid. 참조.

58) Ibid., S. 345.

를 자각하게 된 개인은 법률이나 법칙과 같은 공공의 의무를 따로 상정하거나, 이것에 의존하지 않고도 자신과 공동체의 이익을 조화시킬 수 있게 된다. 그래서 양심에 이르러 '개별자의 의무를 다하는 것, 즉 그 자신에 대한 의무를 다하는 것은 타인에 대한 의무를 다하는 것'이 된다.[59]

> 양심은 자기의식의 공통적 요소이며, 그것은 행위가 **존립하고 현실성**을 갖게 되는 실체이다. 즉 양심이란 타자로부터 **인정을 받는** 계기(das Moment des Anerkanntwerdens von den anderen)이다[60]

양심에 이르러 한 개인은 욕망의 자기중심적인 성격에서 벗어나 보편자로서 자기를 실현하게 되며, 타자 또한 그러한 존재라는 사실을 인정하게 된다. 이러한 자립적이고 자유로운 존재들로서 양심 있는 개인들이 헤겔이 생각하는 실질적인 인륜성의 주체인 것이다.

---

59) Ibid., S. 349.

60) Ibid., S. 344. 강조는 헤겔.

4. 맺으며

헤겔은 자기 이전의 철학이나 사상들이 일정한 제약 속에서 인간의 삶과 의식의 영역을 분리시키는 분열에 머물고 있다고 파악하고 있다. 그리고 그러한 입장들의 가장 큰 한계는 삶의 구체성을 담보할 수 있는 욕망과 그 원리를 이해하기 못하거나 배척시키는 것으로 나타난다. 인륜성에 관한 헤겔의 문제의식은 욕망을 통해 드러난 삶의 역동성을 그 안에 수용할 수 있는 윤리적 공동체의 실현이었다고 말할 수 있다.

헤겔의 욕망 개념은 그 대상과 충족과정을 고려할 때, 크게 두 가지로 형태로 구분할 수 있는 것으로 보인다. 첫 번째는 생존과 관련된 것으로 노동과 연결된다. 두 번째는 자기확신에 대한 혹은 자신이 이 세계의 주인이자 보편적 존재로서 고양시키려는 욕망이다. 첫 번째 욕망은 노동을 통해 충족되며 이 과정에서 인정의 구조에 포섭되는 것이라면, 두 번째 자기확신에 대한 욕망은 그 충족과정에서 분열과 대립을 낳지만, 그 속에서 자신을 보편자로 자각함과 동시에 타자를 나와 같은 보편자로서 인정하게 되는 구조로 포섭된다. 물론 헤겔의 관점에서 두 가지 형태의 욕망은 이원적으로 구분되지 않는다. 인간은 동물처럼 단순히 생존에 만족하는 존재가 아니라, 자립적이고 자유로워지기길 원하는 존재이기에 두 가지 형태의 욕망이 동물과 다른 인간의 본성을 이룬다고 보아야 할 것이다. 이에 따라 헤겔에게 욕망은 분열과 대립을 전제로 하는 것이지만, 동시에 그 분열과 대립을 극복할 수 있는 동력인 것이다.

헤겔은 욕망의 역동적 구조로부터 인정의 단초를 마련함과 동시에 인간의 삶의 과정과 역사가 실질적인 인정의 과정으로 나아갈 수 있다고 믿었고, 그 근거를 욕망과 밀접한 연관이 있는 노동과 죽음의 공포에서 찾았다. 그리고 그는 노동과 죽음의 공포를 한 개인이 자신의 개별성과 한계를 자각하고 삶과 세계의 원리를 추구할 수 있게 만드는 매우 중요한 과정으로 포섭하였다.

헤겔에게 욕망은 분열과 통합이 이원적으로 구별될 수 없는 삶의 본질을 구성한다. 이론과 실천, 개인과 사회, 도덕과 행위의 분열은 이러한 삶의 구체성을 받아들이지 못하는 것이며, 이것은 좌절과 고통의 원인이 된다. 이에 따라 근대이성중심주의, 계몽주의, 형식주의 윤리학은 삶과 이론을 분리시키고 삶의 구체성을 획득하지 못한 입장들이라고 말할 수 있다. 헤겔이 지향했던 인륜성은 바로 이러한 분열을 극복하려는 노력의 결과물인 것이다.

물론 지금의 시대에서 보자면 헤겔 철학이 '양심'에서 논하는 실질적인 인륜성의 주체는 일상적인 개인이 아니라 플라톤의 철인이나 스토아의 현자를 연상시킨다. 인륜성과 욕망에 관한 헤겔의 관점은 분명 정신의 자기운동이라는 형이상학적인 전제에서 출발한 것이며, 욕망으로 대변되는 파행적이고 폭력적인, 즉 반인륜적인 행위는 욕망의 변증법으로 해소되기 어려워 보인다. 이에 대해 헤겔은 다른 철학자들처럼 '습관(Gewohnheit)'이나 '교양(Bildung)의 중요성을 강조한다. 그리고 그는 정치철학적으로 인정의 구조를 기반으로 하는 철학자들 중심의 정치 체제를 제시할 수 있을 것이다.[61] 이러한 헤겔의 형이상학적 전제와 인륜성에 대한 고민은, 현대적 담론의 방식을 빌자면 한 시대의 폭력과 절망을 순수하게 받아들이라는 전체주의적이고 순응주의적인 태도를 강조하는 것으로 오해하기 쉬워 보인다. 특히 후기 저작으로 갈수록 자기완결적인 체계의 성격이 강해지면서 욕망을 통해 제기되었던 개인의 구체적인 삶은 상대적으로 부차적인 문제로 밀려나게 된다.

사실상 헤겔 철학을 목적론으로 이해할 경우, 그 목적론적 구조는 현실적 파산선고를 받았다고 볼 수 있다. 왜냐하면 헤겔 이후 인간은 전쟁과 내전, 인종 학살과 같은 수많은 극단적 대립과 죽음의 공포에 내몰렸지만 이로부터 실질적인 인정의 구조가 등장했다고 말할 수 없기 때문이다. 어찌 보면 헤겔의 관점은 그의 기대와 달리 죽음의 공포와 같은 극단적인 상황이 아니면 우리는 타자에 대해 심각하게 고려하거나 그와 공존을 모색하지 않는 존재라는 사실을 다시 한 번 자각시킬 뿐이다. 현대의 개인들은 여전히 자신의 자립성을 자각하지 못한 노예의 상태이거나 절대적 자유만을 외치며 극단적인 대립을 양산하는 존재들이다. 달리 보면 이 시대의 개인들은 자기확신에 대한 욕망도 없이 그저 '생사를 건 투쟁'을 반복하는 것

61) 헤겔의 정치철학적 입장은 플라톤과 아리스토텔레스를 절충한 것이라고 볼 수 있다. 이에 관해서는, Ludwig Siep, "The contemporary relevance of Hegel's practical philosophy", *Hegel New Directions*(ed. by Katerina Deligiorgi), McGill-Queen's Univ. Press, 2006, p.144.

처럼 보이기도 한다. 그렇다면 현대 사회에서 헤겔 철학의 위상은 무엇인가? 그것은 후대의 철학자들이 주목한 것처럼 공허한 형이상학적 목적론의 한계로 치부할 수 없는 인륜성에 관한 헤겔의 문제의식과 욕망을 중심으로 하는 인간 이해방식에서 찾아야 할 것이다. 인간은 욕망하는 존재이며, 욕망은 주관적 심리를 넘어 삶의 방식과 사회적 관계 일반을 함축한다는 헤겔의 입장은 기존의 철학이 보여주지 못했던 탁월한 통찰을 보여준다. 실질적 인륜성이란 도달할 수 없는 이념에 가까운 것이라고 할 수 있다. 그러나 욕망으로 야기되는 삶의 다양성과 그 속에서 파생되는 분열과 고통을 철학 속에 담아내려고 했던 헤겔 철학은 타자를 중심으로 하는 현대적인 논의의 핵심을 선취했다고 볼 수 있으며, 나아가 여전히 개인과 공동체의 실질적인 조화를 자신의 중요한 과제로 삼는 현대의 철학적 논의들에 영감을 제시하기에 충분해 보인다.

참고문헌

김준수, 「헤겔의 승인이론-예나 중기 정신철학적 초고들을 중심으로」, 『철학연구』 제51집, 2000.

소병일, 『헤겔의 욕망론』, 고려대학교 박사학위 논문, 2008.

______, 「사랑에서 인정으로-청년기 헤겔의 사랑 개념과 예나 시기 인정 개념의 실천철학적 여관성에 관하여」, 『인문과학연구』 제20집, 2009

______, 「예나 시기 헤겔의 욕망과 인정 개념-피히테와 헤겔의 차이를 중심으로-」, 『철학』 98집, 한국철학회, 2009

슬로모 아비네리/김장권, 『헤겔의 정치사상』, 한벗, 1988.

악셀 호네트/문성훈, 이현재, 『인정투쟁』, 동녘, 1996.

윤병태, 「산다는 것의 인륜적 구조-예나 시기 헤겔을 사로잡은 문제」, 『헤겔연구』 제5호, 1994.

이종철, 「예나 시기 헤겔의 '인륜성'에 관한 연구」, 『사회와 철학』 제18호, 2009.

Hegel, "System der Sittlichkeit", *Gesammelte Werke,* Band 5, Hamburg/M, 1975.

_____, "Über die wissenschaftlichen Behandlungsarten des Naturrechts, seine Stelle in der praktischen Philosophie, und sein Verhältnis zu den positiven Rechtswissenschaften", *Gesammelte Werke,* Band 4, Frankfurt/M, 1968.

_____, Jenaer Systementwürfe Ⅰ, *Gesammelte Werke,* Band 6, Hamburg/M, 1975.

_____, Jenaer Systementwürfe Ⅲ, *Gesammelte Werke,* Band 8, Hamburg/M, 1975.

_____, Phänomenologie des Geistes, *Gesammelte Werke*, Band 9, Hamburg/M, 1980.

_____, Vorlesungen über die Geschichte der Philsophie III, *Werke in Zwanzig Bänden,* Band 20, Frankfurt/M, 1986

_____, Enzyklopädie der philosophischen Wissenschaften Ⅲ, *Werke in Zwanzig Bänden,* Band 10, Frankfurt/M, 1986.

_____, Grundlinien der Philosophie des Rechts, *Werke in Zwanzig Bänden,* Band 7, Frankfurt/M, 1986

Heinz Kimmerle, Das Problem der Abgeschlossenheit des Denkens, *Hegel-Studien Beiheft Band 8*, Bonn: Bouvier, 1982.

Lewis, Thomas A., *Freedom and Tradition in Hegel*, Univ. of Notre Dame, 2005.

Marcuse, Herbert, *Hegels Ontologie und die Theorie der Geschichtlichkeit*, Vittorio Klostermann Frankfurt/M, 1975.

Pinkard, Terry., "Reason, Recognition, and Historicity", *Subjektivität und Anerkennung* (hrsg. von Barbara Merker, Georg Mohr, Michael Quante Mentis) Verlag, 2004.

Riedel, Manfred, *Theorie und Praxis im Denken Hegels*, ein Ullstein Buch, 1976.

Siep, Ludwig, *Anerkennung als Prinzip der praktischen Philosophie*, München, 1979.

__________, “The contemporary relevance of Hegel's practical philosophy”, *Hegel New Directions*(ed. by Katerina Deligiorgi), McGill-Queen's Univ. Press, 2006.

Wood, Allen W., *Hegel's Ethical Thought*, Cambridge Univ. press. 1990.

김형찬

고려대학교 국어국문학과 · 철학과 졸업. 고려대학교 대학원 철학박사. 전 동아일보 학술 전문기자. 현재 고려대학교 철학과 교수이다. 주요 논문으로는 「통일의 가치와 통일철학의 성찰」, 「조선유학의 理 개념에 나타난 종교적 성격 연구」, 「마음의 理氣와 자연의 理氣」, 「內聖外王을 향한 두 가지 길」, 「위정척사론의 저항적 민족주의와 국민국가 체제 이후의 문화중심주의」 등이 있다.

김철운

강원대학교 철학과 졸업. 고려대학교 대학원 철학박사. 현재 고려대학교 철학연구소 연구교수이다. 논문으로는 「공자-죽음에서 삶의 희망을 봄」, 「공자와 맹자의 경제사상」, 「순자의 욕망론」, 「『십익』 子曰 문장의 철학적 검토」, 「이제현의 실학적 학문관」, 「놀이하는 몸(homo ludens): 자연과 인공의 경계에서-고려시대와 조선시대의 산수유기(山水遊記)를 중심으로-」 등이 있고, 역서로는 『중국경학사의 기초』(공역), 『일곱 주제로 만나는 동서비교철학』가 있고, 저서로는 『유가가 보는 평천하의 세계』, 『공자와 유가』, 『순자와 인문세계』 등이 있다.

전병욱

고려대학교 한문학과 졸업. 고려대학교 대학원 철학박사. 고려대학교 철학연구소 연구교수를 거쳐 현재 성신여자대학교 번역거점연구소 선임연구원으로 일하고 있다. 주요논문으로 「朱子哲學의 '日用工夫'의 의미 변화- 中和論辨 시기의 工夫論을 중심으로」, 「중화논변에서 주자 철학의 '격물'설」, 「朱子 仁說에서 '知覺'의 의미」 등이 있다.

조준호

고려대학교 철학연구소 연구교수. 동국대학교 및 인도 델리대 불교학과 석사 · 박사. BK(Brain Korea) 21 불교사상연구단과 동국대학교 불교학술원 전임연구원을 역임하였다. 저서로 『우파니샤드 철학』과 『불교-종교문화적 그리고 사상적 기원에 대한 비판적 검토』 『실천불교의 이념과 역사』(공저), 그리고 역서로는 Kahawatte Siri Sumedha Thera의 『인도불교부흥운동의 선구자- 제2의 아소카 아나가리카 다르마팔라』 등이 있다. 주요 논문으로는 「대승의 소승폄하에 대한 반론」, 「초기불교에 있어 止 觀의 문제」, 「위빠사나 수행의 인식론적 근거」, 「초기불교중심교리와 선정수행의 제문제-화두선 전통과의 교두보 확보를 위하여」, 「무명(無明)과 공(空): 욕망의 비실재성에 대한 불교적 통찰」, 「평상심(平常心)과 도(道): 욕망의 질적 전환을 통한 삶의 대긍정」 등이 있다.

홍성민

한국외국어대학교 철학과 및 중국어과 졸업. 고려대학교 대학원 철학과 석사 및 박사학위 취득. 고려대학교 민족문화연구원 한국사상연구소 연구원, 중국사회과학원 역사연구소 방문학자, 고려대학교 철학연구소 연구교수를 거쳐 현재 숙명여자대학교 교양교육원 의사소통센터 조교수로 일하고 있다. 주요 논문으로 「從工夫論看朱子知識論的意義: 以身體與實踐知的關係爲中心」, 「戴震之中和論」, 「수욕달정(遂欲達情), 공감의 윤리와 욕망의 소통」, 「주자 수양론에서 기질변화설의 의미」, 「주자 미발론의 특징: 일상의 수양을 위한 마음 이론」 등이 있고 『從民本走向民主: 黃宗羲思想研究』(공저)와 『성학십도(聖學十圖): 역주와 해설』(공역)이 있다.

허경

고려대학교 불문학과 졸업. 동 대학원 철학 석사 및 스트라스부르그 대학교에서 「미셸 푸코와 근대성」이라는 제목으로 박사학위 취득. 고려대학교 철학연구소 연구교수 및 삼성생명과학연구소 실험동물연구센터 위원. 주요논문으로 「푸코의 벨라스케스 – <시녀들>, 혹은 표상의 표상성」, 「미셸푸코의 ≪말과 사물≫에 나타난 '생명' 개념」, 「체계에의 정열 – 푸코의 레비스트로스 수용」 등이 있다.

소병일

고려대학교 철학과 졸업. 고려대학교 대학원 철학박사. 현재 고려대학교 철학연구소 연구교수이다.

주요논문으로는 「헤겔의 욕망론」(박사학위논문), 「예나 시기 헤겔의 욕망과 인정 개념」, 「정념의 형이상학과 그 윤리학적 함의」, 「인륜성의 실현으로서 욕망의 변증법」 등이 있다.

서양철학에서 욕망과 감정을 주제로 연구 중이다.

자기실현의 동력으로서의

욕망

초판인쇄 | 2011년 8월 19일
초판발행 | 2011년 8월 19일

지 은 이 | 고려대 철학연구소
펴 낸 이 | 채종준
펴 낸 곳 | 한국학술정보(주)
주 소 | 경기도 파주시 문발동 파주출판문화정보산업단지 513-5
전 화 | 031) 908-3181(대표)
팩 스 | 031) 908-3189
홈페이지 | http://ebook.kstudy.com
E-mail | 출판사업부 publish@kstudy.com
등 록 | 제일산-115호(2000. 6. 19)

ISBN 978-89-268-2510-5 93100 (Paper Book)
978-89-268-2511-2 98100 (e-Book)

책에 대한 더 나은 생각, 끊임없는 고민, 독자를 생각하는 마음으로 보다 좋은 책을 만들어갑니다.